高等职业教育经济与管理类专业系列教材

互联网+教材

U0661176

经济学基础

（第二版）

主　编　刘　希　沈月中　吴海波
副主编　田　华　张丽丽　易　伦
　　　　李丽玲　范惠丽
主　审　王玲玲

扫码申请更多资源

南京大学出版社

前　言

经济学基础是高职院校财经类专业的职业基础课程，该课程主要介绍市场经济基本理论，同时培养学生在实际生活中应用市场经济基本理论的实践能力。通过这一课程的学习，学生们可以快速地接受和领会经济学基础知识，提高认识问题、分析问题和解决问题的能力。现有的经济学基础教材的最大缺点是偏重于理论，要求学生有一定的经济数学知识储备，这给高职学生学习带来很大的困难。本书为了解决这个问题，在编写中注重"以能力为本位，以贴近生活为目标"，围绕"适度、够用"的原则，尽量减少数学表达，注重在教学过程中培养学生解决经济生活实际问题的能力。

本教材内容编写按照学生在经济活动中的角色分为消费者、生产者、管理者，加上基础导论共四个项目。导论部分介绍了经济发展历史、基本含义及需求供给原理；消费者项目介绍了消费者的收入来源及效用最大化问题；生产者项目介绍了生产者目标及产量、成本、利润变化趋势，结合市场环境分析生产者利润最大化行为；管理者项目从微观经济管理(即市场失灵)和宏观经济管理两个角度说明经济运行的规律，阐述了宏观经济核算指标、宏观经济目标、政策等。

本书坚持正确的政治方向，将党的二十大精神融入各项目内容，努力体现课程思政元素，以中国特色社会主义市场经济为主线，从适应高职高专教材改革需要出发，以全面反映当代经济理论最新内容，用实际案例解决抽象的理论问题为主要特色，努力从方法和形式上有所突破和创新。在内容上，本书结合当前经济活动的一些新理论、新发展和新变化，引入了大量阅读材料，帮助学生形成正确的思维模式，提高理解和认识问题的能力。本书不仅注重基本理论的介绍，还注重案例的导入和分析，既体现了经济学的理论性、思想性和体系的完整性，同时又介绍了解决经济学问题的方法。在编写形式上，专门编写了教学目标、同步练习等，力求探索出一种"讲、读、研、用、练"一体化的教材模式，以尽可能适应精讲多练、强调能力和能动性的新型教学方式的需要。本书除了可作为高职学生学习教材外，也可作为经济学初学者的入门阅读书籍。

本书由武汉城市职业学院刘希、广州城建职业学院沈月中、湖北生物科技职业学院吴海波担任主编，武汉民政职业学院田华，武汉城市职业学院易伦、李丽玲、范惠丽担任副主编，感谢武汉城市职业学院王玲玲教授对本书编写的指导。在编写过程中，参阅了国内外许多经济学方面的有关文献，包括在互联网上吸收参考许多案例资料，在此对这些作者深表谢意。感谢南京大学出版社编辑的辛勤劳作。

由于编者水平有限，书中如有不足之处敬请批评指正。

编　者
2023 年 5 月

目　录

项目一　经济学基础认知

项目二　消费者行为分析

项目三　生产者行为分析

项目四　经济管理

项目一
经济学基础认知

模块1　经济学导论

教学目标

了解经济学发展史，初步了解稀缺性与资源配置以及经济学基本的定义、假设、分析方法等；理解经济体制、价格机制，在此基础上了解微观经济学和宏观经济学的基本内容，为进一步学习经济原理做准备。

教学重点

1. 经济学的基本含义；
2. 经济学研究的基本问题；
3. 经济学的研究方法。

课前阅读

为什么要学习经济学

张维迎

经济学是经济学家提供给社会大众的一种改进生活、认识世界的武器。或许你并不想做一名经济学家，但即使如此，你仍然应该学点经济学。

首先，学习经济学有助于你做出更好的个人决策。在你的一生中，你需要做出各种各样的经济决策。比如说，在即将完成高中学业的时候，你需要决定是否去上大学？在大学毕业的时候，你需要决定是继续在国内读研究生，还是出国留学，或者去工作？在工作之后，你要决定如何花费你的收入：多少用于现在的消费？多少用于储蓄？如何投资你的储蓄？是买股票还是存在银行？或许有一天你成了一名企业的老板或经理，此时，你需要决定你的企业应该生产什么产品？卖什么样的价格？在什么媒体上做广告？招收什么样的人员？提拔谁当你的助手？如此等等，不一而足。为什么说决策是重要的？因为你的资源是有限的——你的时间有限，收入也有限。如果你参加工作，就可能没有时间上大学；如果你把钱用于买房子，就可能没有钱再来买汽车。所以你必须在各种竞争性的需求之间分配你有限的资源。更为麻烦的是，你的决策常常是在不确定的情况下做出的。比如说，当你选择学无线电专业的时候,你并不知道当你毕业的时候,这个专业的就业前景如何。为了避免决策的失误,你需要一些理论的指导。经济学是有关个人选择的科学,学习经济学有助于你做出更好的决策。明白了这一点,你就明白了为什么经济学是西方大学里听众最多的选修课。

其次,学习经济学有助于你理解你生活于其间的世界是如何运转的。你的生活状况不仅取决于你自己的决策,而且依赖于其他人的决策,以及周围环境的变化。理解你周围的世界如何运行,自然有助于改进你的决策。你可能为生活中的许多事情感到惊奇。比如说,当你想买一台电视机的时候,只要支付必要的价格,就可以把它从商场搬回家;当你在大街上走得饥肠辘辘的时候,走进一家饭馆就可以指挥别人给你上菜,而无须回家自己做饭。而事实上,你事前并没有告诉电视机的生产厂家为你生产一台电视机,也没有通知饭馆的老板为你准备饭菜。那么,是什么因素使你得到你想要的东西?经济学是关于人们之间的决策如何相互作用的科学。学了经济学,你就可以明白市场这只"看不见的手"如何使自利的个人为大家服务;你也可以明白,为什么中国电信的服务那么差,而收费却那么高;为什么北京的"面的"司机有拒载现象,而奥迪车司机却不拒载;为什么一个流行歌手演出一晚上可以赚好几万元,而一个建筑工人一个月却只能赚几百元;为什么利率一上升股票价格就下跌;为什么中国经济增长这么快,而下岗工人却越来越多;为什么国有企业设备那么好,而就是竞争不过民营企业;为什么那么多国有企业的厂长经理一生勤勤恳恳,一到59岁就犯贪污罪……

再次,学习经济学有助于你理解政府政策的优与劣。每个社会都离不开政府,学习了经济学,你会明白我们为什么需要政府,什么是政府应该干预的,什么是政府不应该干预的。我们需要政府,是因为在存在诸如外部性、公共产品这样的场合,依靠市场不能达到资源的有效配置。比如说,如果没有政府的干预,自私自利的企业家也许会让你喝太多的污水;如果没有政府,私人部门也许不会提供给你诸如路灯这样的公共产品。特别地,我们需要政府来提供市场交易所需要的规则和秩序这样一类公共产品,需要政府保护我们的个人财产和人身安全。但政府对市场的过多干预常常导致供给不足、价格扭曲、资源浪费、垄断横行。政府的政策选择不仅影响整个社会的资源配置效率,而且影响包括你在内的每个公民的福利。所以当你希望政府制定某种政策的时候,你必须谨慎考虑这种政策的不利后果。经济学常识有助于你思考这样的问题。比如说,如果你是一个打工仔,你也许会认为政府应该制定一个"最低工资法"保护你的利益,或者向富人多征税来补贴你,而经济学原理会告诉你,这样做的后果也许是你根本就找不到工作。再比如,作为消费者,你也许会认为政府应该对商品的价格做出限制,而经济学会告诉你,这样做的后果是你也许再也买不到这种商品。常识可能会误导你,经济学会使你不过于迷信政府。

最后,学习经济学可以改进你的思考方式。经济学是一门科学。科学是什么?科学是一种思考问题的方式。如同天文学家通过观测天体现象来归纳天体运行规律一样,经济学家通过观测现实经济现象归纳经济规律。经济学家有自己的语言和思维方式。诸如需求、供给、弹性、消费者剩余、机会成本、比较优势、外部性、信息不对称、均衡等等,是经济学的基本语言。掌握了这些经济学语言,你就可以更好地思考你周围的世界是如何运行的。外行人常常批评经济学家看问题过于简单,而他们忘了,科学的力量就在于把复杂的现象简单化。经济学就像一张指路图,它舍弃了现实中的许多细节,却使你更清楚自己要去的地方。

你没有必要成为一位经济学家，但知道经济学是如何思考问题是有益的，至少，你不大容易被蹩脚的经济学家和夸夸其谈的政治家所蒙蔽。无论你今后干什么，你不会后悔自己学过经济学。

任务 1　经济学的产生及发展历史

经济，指一定范围（国家、区域）内，组织一切生产、分配、流通和消费活动与关系的系统的总称。而研究经济问题、探讨经济发展规律、解释经济现象成因的社会科学即称为经济学。

关于“经济”一词的由来，唯物主义代表色诺芬在他的《经济论》中将“家庭”及“管理”两词的结合理解为“经济”。严复曾将经济一词译为“生计”。日本人将其正式译为“经济”，后由孙中山先生从日本将这一说法引入中国。

英文中 economy 源自古希腊语 οικονομία（家政术）。οικοs为家庭的意思，νομοs是方法或者习惯的意思。因此，其本来含义是指治理家庭财物的方法，到了近代扩大为治理国家的范围，为了区别于之前的用法也被称为“政治经济学”（Political Economy）。这个名称后来被马歇尔改回经济学（Economics）。到了现代，如果单称经济学的话，是在政治经济学或者更广的层面来考虑经济，因此一般在指经济学的时候经济学与政治经济学是同义的。

在中国古汉语中，早有“经济”一词，是“经邦”和“济民”“经国”和“济世”，以及“经世济民”等词的综合和简化，含有“治国平天下”的意思。内容不仅包括国家如何理财、如何管理其他各种经济活动，而且包括国家如何处理政治、法律、教育、军事等方面的问题。包括在“经世济民”内的“经济”一词，很早就从中国传到日本。西方资产阶级经济学在 19 世纪传入中、日两国。日本最先把 economics 译为“经济学”；中国的严复则译为“生计学”。到 1903 年以后，中国学者才逐渐采用“经济学”这个学科名称。20 世纪 30—40 年代，有的经济学家在编写和翻译马克思主义经济学著作时，则将其称为“政治经济学”或“新经济学”。1949 年中华人民共和国成立后，中国经济学界大多数把马克思主义的理论经济学称为“政治经济学”，而对政治经济学以外的理论经济学和应用经济学则使用“经济学”一词。20 世纪 80 年代以来，经济学已逐渐成为各门类经济学科的总称，具有经济科学的含义。

古代许多思想家早就已经开始研究经济问题，并提出了不少今天看来仍有影响的思想。在西方，最早出现的经济学思想可以追溯到古希腊时期。但是，经济学作为一门独立的学科则是与资本主义生产方式的形成同时产生的。西方经济学从它产生到现在，经历了重商主义、资产阶级古典经济学、新古典经济学和当代经济学四个重要发展时期。

一、奴隶社会时期和欧洲中世纪时期的经济思想萌芽

一般公认，世界上现存第一本经济学著作是古希腊色诺芬（Xenophon，约前 430—约前 355 或 354）的《经济论》，英语单词“Economy”“Economics”即源于此。该书采用苏格拉底与别人对话的形式，讨论如何管理奴隶主家庭农场，堪称“古代微观经济学”。他还著有《雅典的收入》，论述如何增加雅典国家收入，堪称“古代宏观经济学”。此外，柏拉图（Platon，前

427—前 347)所著《理想国》,从社会分工的角度论述奴隶经济制度的合理性,以及如何巩固和完善奴隶经济制度,强调农业的基础地位,主张限制商业、高利贷和私有财产。亚里士多德(Aristoteles,前 384—前 322)所著《政治论》主要论述奴隶经济制度的合理性,以及如何巩固奴隶经济制度,《伦理学》分析商品等价交换现象,认为货币使不同的商品等价。

欧洲封建社会始于公元 476 年,终于 1640 年,其间战乱、灾荒和瘟疫连绵不断,经济、文化黯然失色,人称黑暗的"中世纪"(Middle Ages)。意大利神学家阿奎那(Thomas Aquienas,1225 或 1226—1274)著有《神学大全》,根据上帝意志论证封建农奴制度的合理性,认为上帝创造万物有高低之分,"下等人"应当受"上等人"统治。同时,提出公平价格理论、货币理论、商业理论和利息论,为商品经济的发展做了折中和辩护,有一定历史进步意义。

二、重商主义——经济学的萌芽时期

1492 年哥伦布(Cristoforo Colombo,约 1451—1506)"发现"美洲大陆之后,国际贸易成为当时西欧主要经济增长点,催生了"重商主义"(Mercantilism),是现代西方经济学的萌芽。

重商主义产生于 15 世纪,终止于 17 世纪中期。这是资本主义生产方式的形成与确立时期。重商主义的主要代表人物有英国经济学家威廉·配第、约翰·海尔斯、威廉·斯塔福德、托马斯·曼,以及法国经济学家安·德·孟克列钦等人。他们的代表作是威廉·配第的《赋税论》和托马斯·曼的《英国得自对外贸易的财富》。

重商主义者认为只有金银才是财富,主张促进商业发展,开展国际贸易,实行贸易管制。第一次正面肯定商业和商品经济,堪称"革命性"突破。

早期重商主义主张"货币差额论",即只出口不进口,主要代表作是 1581 年于英国匿名发表的《对我国同胞某些控诉的评述》。

晚期重商主义主张"贸易差额论",即少进口多出口,主要代表人物有法国的孟克列钦(Antoine de Montchrétien,1575—1622,又译"蒙克莱田",1615 年发表《献给国王和王后的政治经济学》,首次使用"政治经济学"一词)、柯尔培尔(Jean Baptiste Colbert,1619—1683)以及英国的托马斯·孟(Thomas Mun,1571—1641,又译托马斯·曼,1621 年发表《论英国与东印度公司的贸易》)。

重商主义的基本观点是:金银形态的货币是财富的唯一形态,一国的财富来自对外贸易,增加财富的唯一方法就是扩大出口、限制进口,这样就必须实行国家对经济的干预,即用国家的力量来扩大出口、限制进口。重商主义的这些观点,反映了资本原始积累时期资本主义经济发展的要求。重商主义仅限于对流通领域的研究,其内容也只是一些政策主张,并没有形成一个完整的经济学体系,只能说是经济学的萌芽时期。

三、资产阶级古典经济学——经济学的形成时期

资产阶级古典经济学(Bourgeois Classical Economics)是现代西方经济学理论的雏形,古典经济学是从 17 世纪中期开始,到 19 世纪 70 年代前为止。主要代表人物有英国经济学家威廉·配第、亚当·斯密、大卫·李嘉图、约翰·马尔萨斯,以及法国经济学家让·巴蒂斯

特·萨伊、布阿吉尔贝尔、西斯蒙第等。

最重要、最杰出的代表人物是亚当·斯密(Adam Smith,1723—1790),代表作是1776年出版的《国民财富的性质和原因的研究》(简称《国富论》);英国经济学家配第(William Petty,1623—1687),主要著作有《赋税论》《献给英明人士》《政治算术》《货币略论》等;大卫·李嘉图(David Ricardo,1772—1823),主要著作是《政治经济学及赋税原理》。

亚当·斯密1776年出版的《国富论》被称为经济学史上的第一次革命——对重商主义的革命,标志着现代经济学的诞生,建立了以自由放任为中心的经济学体系。

以亚当·斯密为代表的古典经济学家基于资本主义工业迅速发展的实际,提出了不同于重商主义的观点,古典经济学研究的中心是如何增加国民财富。

(1) 财富是物质产品,劳动是财富的源泉。

他们强调财富是物质产品,要增加国民财富就必须通过增加资本积累和分工来发展生产。因此,他们研究了经济增长、价值、价格和收入分配等广泛的经济问题。

(2) 市场自动调节比人为的调节更能符合社会整体利益,即"看不见的手原理(Principle of Invisible Hand)",据此主张自由放任政策。

古典经济学的政策主张是自由放任,主张通过价格这只"看不见的手"来调节经济的运行,使人们在追逐自己利益的过程中实现社会资源合理而有效的配置。古典经济学自由放任的思想反映了自由竞争时期经济发展的要求。古典经济学家认为国民财富的增长源泉是劳动,增加财富的途径是通过增加资本积累和分工来发展生产,把经济研究从流通领域转到生产领域,使经济学成为一门真正独立的学科。

资产阶级古典经济学的另一分支是法国的"重农学派"(Physiocrats),主要代表人物有魁奈、西斯蒙第、萨伊等人。

魁奈(Francois Quesnay,1694—1774),1758年发表《经济表》,反对重商主义,主张自由贸易。但由于法国小农经济比重较大,工业发展相对落后,因此认为只有农业才是社会财富的源泉,货币只是流通手段;工业只是对农产品进行加工,是农业的附属物;对外贸易只是一种等价交换,都不能增加社会财富。

四、新古典经济学——微观经济学的形成与发展时期

19世纪30年代以后,资产阶级古典经济学分化为两支,即以马克思(Karl Marx,1818—1883)、恩格斯(Friedrich Engels,1820—1895)为主要代表的马克思主义政治经济学,以及以英国经济学家马歇尔(Alfred Marshall,1842—1924,1890年出版《经济学原理》)为主要代表的"新古典经济学"(Neo-Classical School),马克思主义者一般称之为"庸俗经济学"(Vulgar Economics)。

新古典经济学从19世纪70年代的"边际革命"开始,到20世纪30年代结束。这一时期经济学的中心仍然是自由放任,它是古典经济学的延伸。但由于它用新的方法论述了自由放任思想,并建立了说明价格如何调节经济的微观经济学体系,因而被称为新古典经济学。

19世纪70年代初,奥地利经济学家门格尔、英国的杰文斯、瑞士的瓦尔拉斯几乎同时但又各自独立地提出了边际效用价值论,揭开了"边际革命"的序幕。边际效用价值论者认

为:效用是价值的源泉,而边际效用是衡量价值的尺度,物品的价值量则是由该物品合理使用时产生的最小效用所决定。这里采用了一种新的分析方法,即边际分析法。正是这种分析方法使经济学进入了一个新的时期,标志着新古典经济学的开始。其后,1890 年英国经济学家阿弗里德·马歇尔综合了当时的各种经济理论,出版了《经济学原理》一书。他把边际效用价值论和生产费用论等结合起来,应用供求均衡原理建立了一个以"均衡价格理论"为核心的经济学体系,奠定了现代微观经济学的理论基础。因此该书被称为新古典经济学理论的代表作,马歇尔则被认为是新古典经济学理论的主要代表和创始人。

"新古典经济学"为资本主义市场经济制度"辩护",认为市场完美有效,能够自动实现资源最佳配置,奠定了现代微观经济学理论的基本框架,包括均衡价格理论、消费者行为理论、厂商理论、分配理论等。该学派没有明确研究宏观经济现象,一般认为其宏观经济学观点是:市场经济能够自动实现充分就业,不需要政府干预。

虽然新古典经济学的政策主张仍然是自由放任,但他们明确地把资源配置作为经济学研究的中心,论述了价格如何使社会资源配置达到最优化,从而在理论上证明了市场机制的完善性。他们把需求分析与供给分析结合在一起,建立了现代微观经济学的框架体系。由于该体系是以完全竞争为前提的,所以在 20 世纪初出现垄断后便与现实发生了冲突。1933 年,英国经济学家 J. 罗宾逊和美国经济学家 E. 张伯伦分别出版了《不完全竞争经济学》和《垄断竞争理论》一书,分析了不完全竞争或垄断竞争条件下的资源配置问题,对马歇尔所创立的微观经济学体系做了最重要的补充,为微观经济学确立了完整的理论体系,是微观经济学的重大发展。

五、当代经济学——宏观经济学的形成与发展时期

当代经济学是以 20 世纪 30 年代凯恩斯主义的出现为标志的。这一时期,经济学得到了全面而深入的发展,但由于各国资本主义发展的特点不同,以及经济学家们的研究角度、理论观点、分析方法与政策主张的不同,又形成了许多不同的经济学流派。这一时期的经济学可以分为三个阶段。

第一阶段是凯恩斯革命时期。这一时期从 20 世纪 30 年代到 50 年代之前。1929—1933 年资本主义国家所爆发的空前的经济大危机,使得新古典经济学论述的市场调节的完善性的神话被打破。传统的经济理论与经济现实发生了尖锐的冲突,经济学面临着它有史以来的第一次危机。1929 年 10 月 24 日,以纽约股市暴跌为起点,爆发了持续 7 年之久席卷整个资本主义世界的"大危机"。为了摆脱危机,美国总统罗斯福(Franklin Roosevelt,1882—1945)在 1933 年 3 月 4 日就职后,立刻大规模干预经济,史称"罗斯福新政(Roosevelt New Deal)"。在此背景下,在此形势下,1936 年英国经济学家 J. M. 凯恩斯发表了《就业、利息和货币通论》(*The General Theory of Employment, Interest and Money*,简称《通论》)一书。严厉批判新古典经济学,提出"有效需求决定国民收入"原理,这本书从总需求的角度分析国民收入,并用有效需求不足来解释失业存在的原因。在政策上则提出了国家干预经济的主张,并提出了一整套国家干预经济进行需求管理的办法。凯恩斯的这些观点被绝大部分西方经济学家所接受,他的政策主张也被西方发达国家的政府采纳,史称"凯恩斯革命"(Keynesian Revolution),这次革命所产生的以国民收入决定理论为中心,以

国家干预为基调的理论和政策主张，形成了当代宏观经济学体系，标志着现代宏观经济学诞生。因此，凯恩斯被称为当之无愧的宏观经济学之父。

第二阶段是凯恩斯主义发展时期。这一时期从 20 世纪 50 年代到 60 年代末。战后，西方各国都加强了对经济生活的全面干预，凯恩斯主义得到了广泛的传播与发展。1945 年第二次世界大战结束以后，以美国麻省理工学院教授 P. 萨缪尔森(1915—2009)为主要代表的一些经济学家，试图弥合凯恩斯理论与新古典经济学之间的分歧，把凯恩斯主义的宏观经济学与新古典经济学的微观经济学结合起来，建立了一个适合于当代资本主义需要的、既有微观经济理论又有宏观经济理论的新体系，遂形成了所谓“新古典综合派”(Neo-Classical Synthesis)。

新古典经济学适用于经济繁荣状态，属于微观经济学；凯恩斯理论适用于经济萧条状态，属于宏观经济学。1948 年萨缪尔森出版《经济学》(第 1 版)是这一学派形成的标志，该书也成为世界上最畅销的经济学教科书。

第三阶段是自由放任思想复兴时期。这一时期始于 20 世纪 70 年代。凯恩斯主义的经济理论和政策在西方各国推行之后，引起了许多问题，出现了经济停滞与失业和通货膨胀并存的“滞胀”局面，导致资本主义经济面临恶化。凯恩斯主义陷入困境，而以美国经济学家 M. 弗里德曼为首的货币主义所主张的自由放任思想却得以复兴。他们从不同的角度论述了市场机制的完善性，提出了减少国家干预，充分发挥市场机制作用的主张。

现代西方经济学流派众多，下面简单介绍一下目前影响力较大的货币主义学派和新制度学派。

(一) 货币主义学派

货币主义学派(Monetarism)又称“芝加哥学派”(Chicago School)，反对凯恩斯主义的急先锋，其创始人及主要代表美国经济学家弗里德曼(Milton Friedman，1912—2006)20 世纪 50 年代就开始反对凯恩斯主义。他认为长期内存在“自然失业率”(Natural Rate of Unemployment)，即在没有货币因素干扰的情况下，当劳动市场在竞争中达到均衡时，由技术水平、风俗习惯、资源数量等实际因素决定的固有的失业率，包括自愿失业(Voluntary Unemployment)、摩擦性失业(Frictional Unemployment)和结构性失业(Structural Unemployment)等。自然失业率是保持零通货膨胀率的最低失业率，当政府采取扩张性财政政策与货币政策时，短期内由于货币幻觉，实际工资(Real Wages)暂时下降，厂商扩大生产，增加就业，但长期内，由于“适应性预期”(Adaptive Expectation)，工人会要求提高名义工资(Nominal Wage)，引起实际工资和失业率回升，结果仅仅是通货膨胀(Inflation)。

弗里德曼还提出“恒常收入假说”(Permanent Income Hypothesis of Consumption)，认为消费者不是根据“现期收入”而是根据“恒常收入”来安排消费，因此短期内扩张性政策不可能刺激消费，再次否定了干预政策的有效性。弗里德曼认为“唯有货币最要紧”，主张“单一规则的货币政策”(Single-Rule Policy of Money)，即每年根据实际国民收入的增长按某一固定比例增加货币供给，以稳定货币，稳定经济，根除滞胀。而要稳定货币，就必须放弃政府对经济的干预，实行经济自由主义。1968 年美国经济学家布朗纳(K. Brunner)在《货币和货币政策的作用》一文中首次使用“货币主义”一词。

(二) 新制度经济学

新制度经济学(New Institutional Economics,简称 NIE)是一个新型的经济看法。其透过着重一些社会及法律的规范去扩展经济学的范畴。"新制度经济学"一词最早在 1975 年由奥利弗·威廉姆森(Oliver Williamson)所确立。新制度经济学源于罗纳德·科斯(Ronald H. Coase,1910—2013)1937 年发表的论文《企业的性质》,其对于制度架构和交易成本(交易费用)在经济活动中扮演角色的重要而深入的看法,影响了一代代的世界范围内的经济学家,而且影响力逐渐扩散到其他社会科学领域。新制度经济学主要包括交易费用理论、产权理论、企业理论、制度变迁理论四个基本理论。

为新制度经济学的形成和发展做出过贡献的学者(以下人员均获诺贝尔奖)主要有:哈耶克(1974)、布坎南(1986)、科斯(1991)、诺思(1993)、维克里(1996)、斯蒂格利茨(2001)。美国经济学家奥利弗·威廉森和埃莉诺·奥斯特罗姆因在经济管理分析方面所做的贡献而获得 2009 年诺贝尔经济学奖。威廉森是"新制度经济学"的著名学者,他的研究表明,市场和诸如公司等层级组织代表着不同的治理结构,在解决利益冲突方面采取了不同的方法。威廉森著作较多,包括《资本主义的经济制度》等。

新制度经济学的分析方法在社会科学各领域中的影响逐渐扩大。有人认为,新制度经济学和微观经济学、宏观经济学一起构成了现代西方经济学的理论体系。

六、西方经济学与中国

西方经济理论在我国的引进和传播比马克思主义经济理论的引进和传播要早。19 世纪 80 年代,中国的一批早期资产阶级改良主义者就开始传播一些西方经济知识。此后,康有为、梁启超、严复、孙中山等资产阶级改良派和革命者又较为系统地翻译、介绍、研究、阐述了西方古典经济思想及近代经济思想。从 19 世纪 80 年代到 20 世纪 40 年代,西方经济理论在我国的引入和传播虽然时间较长,但从总体上看这方面的学术研究水平不高,甚至还没有做到将西方经济学说完整、系统地翻译介绍进来。

1979 年以后,西方经济学的引入、传播、研究、应用进入了一个大发展的阶段。为了大规模地介绍和研究西方经济学,1979 年开始筹备成立外国经济学说研究会,并出版了一批普及性读物和教程。新中国成立以后专事西方经济学和经济学说史教学研究的学者并不多,但进入 20 世纪 80 年代,这方面的教学和研究人员的数量急剧增加,而且学习这一学科的人也越来越多。尤其是 80 年代末,一批赴国外留学并取得学位的学者陆续回国。他们不仅受到系统的西方经济学训练,而且还了解和掌握了西方经济学发展的前沿状态,因而推动了我国西方经济学的传播和研究向更大规模和更高层次展开。

对于西方经济理论的态度和评价,也有一个发展过程。新中国成立以后一直至 20 世纪 70 年代末,我国学术界对西方经济理论基本上是持批判态度,评价基本是否定的。80 年代初,这种情况发生了变化,从全盘否定转变为批判、借鉴、利用。在外国经济学说研究会第二次全国年会上,学会理事长陈岱孙教授指出,当代西方经济学是西方资本主义制度的产物。这些国家的经济制度和我们的社会经济制度根本不同,因而,现代西方经济学作为一个体系,不能成为我们国民经济发展的指导理论,但不等于西方经济学没有值得我们参考、借鉴、利用的地方。在若干主要方面,现代西方经济学对于促进我们经济建设现代化是有用的。

这一评价得到了大多数学者的赞同，在当时具有相当的代表性。

从 20 世纪 80 年代中叶起，随着我国市场化改革的深入，同时由于西方文化的日渐传播，有一部分中青年学者对西方经济学持基本接受的态度。他们认为基于马克思主义原理上的中国社会主义经济学过于抽象和空泛，不能解释现实经济，无力解决经济发展过程中出现的各种矛盾现象。而西方经济学的实证分析及概念范畴至少可以解释现实经济，并能说明人们经济行为的动机和目标。西方经济学对研究对象和前提条件有严密的定义和规范，而且在逻辑上建立了完整的理论框架。随着中国经济商品化、市场化的深化，西方经济学的适用性也就越来越大。这些学者的观点一度很有市场，而且在一定程度上影响了政府的宏观经济决策。

到了 20 世纪 80 年代末 90 年代初，同样是一些中青年学者，其中有一些还是从国外留学归来的，他们对全盘接受西方经济学的观点提出异议。他们基于对西方经济学更全面、更准确的学习和研究，指出西方经济学本身有很多缺陷，甚至一些最基本的假设条件也有不合理性。由于西方经济学的理论前提有很大的局限性，将其整个理论框架用于分析中国经济就会出现很多谬误，产生一些似是而非的结论。所以他们致力于从前提条件、分析方法、理论框架上对西方经济学进行“改造”和创新，使其理论更具有张力，能够解释中国经济。

在对西方经济学的态度上，至今仍有部分学者认为西方经学对于中国经济而言，除了那些描述经济现象的资料和计量方法外，其他内容基本无用。但学术界大多数人认为西方经济学对于中国经济的发展和中国社会主义经济学的发展是可以起到借鉴和利用作用的。经济学作为研究人类社会经济现象和人们经济行为的科学，本身具有一般规定性，它的一些基本原理和方法并不因为国家的差别而有什么不同。因为资源稀缺及其有效配置是任何社会都要遇到的问题；实现经济福利的最大化也是任何社会的目的。在使稀缺资源最优配置的目的和手段上，不同国家、不同社会之间是有相同之处的。在中国的历史上，长期存在着过分强调经济学的特定阶级属性的倾向，而忽视了经济学的一般性。其实，在社会科学中，经济学的一般性是很明显的。所以，国际交流将有利于使经济学成为一门更少社会制度壁垒、更多通用语言的社会科学。从我国的发展趋势看，只要市场化改革不发生逆转，西方经济学的一些基本理论和分析方法必然会融入中国的社会主义经济学，两者一起构成新的理论框架，形成新的主流经济学。

任务 2　经济学的基本概念

不同时代和不同国家的经济学家对经济学有着各种各样的定义与说明。有人从经济学研究和考察人们的经济活动角度，认为经济学是研究人类社会生活中经济问题的一门科学；有的人从面对稀缺性现实必须做出选择角度，认为经济学是研究经济主体怎样进行选择的一门学科；有的人从经济主体为着既定目的去参与经济活动的角度，认为经济学是研究在经济活动中的经济行为的一门科学；有的人从有限经济资源的配置的角度，认为经济学是研究经济资源的有效配置的一门学科；有的人从经济社会的福利角度，认为经济学是研究在既定资源条件下怎样增加社会福利的一门学科。

从20世纪30年代起，英国经济学家L.罗宾斯提出的定义被普遍接受：经济学是研究用具有各种用途的稀缺资源来满足人们目的的人类行为科学。罗宾斯的定义强调了经济资源的稀缺性和人们面临的选择。以后的经济学定义都以此为基础演化发展。

美国在20世纪60年代末出版的《国际社会科学百科全书》中的经济学定义：经济学是研究稀缺资源在无限而又有竞争性的用途之间配置的问题。它是一门研究人与社会寻求满足他们的物质需求与欲望的方法的社会科学，这是因为他们所支配的东西不允许他们去满足一切愿望。

萨缪尔森在《经济学》第17版中对经济学的定义：经济学是研究人和社会如何进行选择，来使用可以有其他用途的稀缺的资源以便生产各种商品，并在现在或将来把商品分配给社会的各个成员或集团以供消费之用。

一、资源的稀缺性

稀缺性(Scarcity)是人类社会面临的一个永恒的问题，即稀缺性的存在是绝对的，是一条普遍的规律。人类社会的基本问题是生存与发展；赖以生存和发展的基础是物质生活资料。即生存与发展就是不断地用物质产品和劳务来满足人们日益增长的需求。需求源于欲望，而欲望是一种缺乏的感受与求得满足的愿望，人类的欲望是无限的。人们所生产的物质生活资料，相对于人们的欲望来说总是有限的或稀缺的，总不能充分满足人们各种各样的需求。

稀缺性是指相对于人类的无穷欲望而言资源总是不足的，这种资源的相对有限性就是稀缺性。这里所说的稀缺性不是指资源绝对数量的多少，而是指相对于人的无限的欲望而言，社会用于满足欲望的资源总是不足的，再多的资源也是稀缺的。一个社会的资源在一定时期总是有限的。经济学所说的稀缺性就是指无限的欲望和有限的资源之间的关系。

稀缺性存在于一切社会和人类历史的各个时期。从现实看，无论是贫穷的还是富裕的国家，无论是富可敌国的富豪，还是一贫如洗的难民，都要面对资源的稀缺性，只是稀缺的内容有所不同。因此，客观存在的物质生活资料稀缺性的事实，就是经济问题产生的根源，也是经济学研究的出发点。只要有人类社会，就会有稀缺性。稀缺性的存在产生了经济学。经济学所研究的基本问题正是由于这种稀缺性所决定的。或者说由于稀缺性的普遍存在而引起选择的必要性，就必然产生经济学。

二、资源配置

一切经济问题都来源于稀缺性。资源的稀缺性决定了任何一个社会都必须通过一定的方式把有限的资源合理分配到社会的各个领域中去，以实现资源的最佳利用。

所谓资源配置，就是把资源分配到各种可供选择的用途中，以生产出能够满足人们不同需要的不同物品。有效地配置资源是经济学的最基本问题。

资源配置即在一定的范围内，社会对其所拥有的各种资源在其不同用途之间分配。即用最少的资源耗费，生产出最适用的商品和劳务，获取最佳的效益。

由于稀缺性的存在，决定了每一个社会和个人都必须做出选择。怎样使有限的物品和劳务在有限的时间内去满足人们最急需和最迫切的欲望，成为人类社会经济生活的首要问题。

选择是指为最大限度满足人们的欲望和需求，怎样利用现有资源去生产经济物品。或者说，选择是在一定的约束条件下，在不同可供选择的事件中进行挑选的活动。稀缺性使人们不能得到所有想要的东西，不得不在有限的资源下做出选择。

经济学就是要如何在给定的约束条件下做出最佳选择，亦即资源配置优化。最优化或经济化是做出选择的基本原则。

假定一个社会用全部资源可以生产出满足人们一定需要的两种物品：生活物资和战略物资。如果只生产生活物资可以生产 5 万吨，只生产战略物资可以生产 15 万件，在这两种极端的可能性之间，还存在着生活物资和战略物资的不同数量组合。在决定生活物资与战略物资的生产时，我们提出了 A、B、C、D、E、F 六种组合方式，则可以做出表 1－1－1。

表 1－1－1　生活物资与战略物资的生产可能性组合

可能性组合	生活物资（万吨）	战略物资（万件）
A	0	15
B	1	14
C	2	12
D	3	9
E	4	5
F	5	0

从表 1－1－1 可以看到，生活物资与战略物资之间存在着替换关系，多生产一单位的生活物资就要少生产一定单位的战略物资；反之，多生产一单位的战略物资就要少生产一定单位的生活物资。相对于人类无穷尽的欲望而言，资源是有限的。有限的资源生产出的产品的产量总是有限的。由于稀缺性的存在，人类社会在资源一定的条件下不可能生产出无限的生活物资与战略物资。在这种情况下，面临着选择问题：人们必须做出究竟该生产多少生活物资和多少战略物资的决策。

经济学家把选择概括为三个方面：

第一，生产什么（What）。资源的有限性决定了不能生产人们所需要的所有产品，而必须有所取舍。用小麦与大豆的例子来说，就是生产小麦还是生产大豆；或者生产多少小麦，多少大豆，即在小麦与大豆的各种可能性组合中选择哪一种。

第二，如何生产（How）。用什么方法来进行生产。生产方法实际就是如何对各种生产要素进行组合，是多用资本少用劳动，用资本密集型方法来生产；还是少用资本多用劳动，用劳动密集型方法来生产。不同的方法尽管可以达到相同的产量，但经济效率是不相同的。

第三，为谁生产（For Whom）。这是指生产出来的产品和财富如何在社会成员之间进行分配。例如，小麦与大豆按什么原则分配给社会各阶层与各个成员。

稀缺性是人类社会各个时期和各个社会所面临的永恒问题，所以，选择，即“生产什么”，“如何生产”和“为谁生产”的问题，是人类社会所必须解决的基本问题。这三个问题被称为资源配置问题，也就是微观经济学研究的问题。经济学正是为了解决这三个基本问题而产生的。正是从这个意义上，一般认为，经济学就是研究稀缺资源在各种可供选择的用途中进行合理配置的科学。

三、机会成本与生产可能性曲线

（一）机会成本

西方经济学家认为，经济学是要研究一个经济社会如何对稀缺的经济资源进行合理配置的问题。从经济资源的稀缺性这一前提出发，当一个社会或一个企业用一定的经济资源生产一定数量的一种或几种产品时，这些经济资源就不能同时被使用在其他的生产用途方面。这就是说，这个社会或这个企业所获得的一定数量的产品收入，是以放弃用同样的经济资源来生产其他产品时所能获得的收入作为代价的。由此，便产生了机会成本(Opportunity Cost)的概念。

任何选择都是有代价的。一旦某一选择确定，便导致机会成本。因此，机会成本是用所失去的最佳选择的价值来度量的成本或收益。如果做出一项选择而不能不放弃另一项选择，那么，这另一项选择在实际上可能的最高代价，称之为该项选择的机会成本。

在制定国家经济计划中，在新投资项目的可行性研究中，在新产品开发中，乃至工人选择工作中，都存在机会成本问题。它为正确合理的选择提供了逻辑严谨、论据有力的答案。在进行选择时，力求机会成本小一些，是经济活动行为方式的最重要的准则之一。

机会成本的两个条件：

（1）所使用的资源具有多种用途。机会成本本质上是对不能利用的机会所付出的成本，因为企业选择了这种用途，就必然丧失其他用途所能带来的收益。如果资源的使用方式是单一的，那就谈不上各个机会的利益比较。只有当资源具有多用性的时候，企业才要考虑机会成本，这是考虑机会成本的一个前提条件。

（2）把可能获得的最大收入视为机会成本。考虑机会成本时并不是指任何一个使用方式，而是指可能获得最大收入的使用方式。

完整地看，一项决策要运用多项资源，应当使决策收益至少是使用多种资源的机会成本的总和。机会成本成了衡量人们选择是否经济性的标准，收益大于或等于机会成本时，是经济的；否则，选择就不经济。机会成本与资源稀缺程度呈正比，且机会成本递增。

（二）生产可能性曲线

生产可能性曲线也叫生产可能性边界，是指一个经济社会在一定的技术条件下，充分利用既定的社会资源所能生产的各种商品的最大数量的不同组合。

假定一个社会的人口、技术、资本和自然资源等都是既定的，再假设这个社会所需要的仅是 X 与 Y 两类商品。用横轴表示 X 商品的数量，用纵轴表示 Y 商品数量，那么，如果这个社会所有资源都用于生产 X 商品，可以生产 OA 的数量；如果这个社会所有的资源都用于生产 Y 商品，可以生产 OB 的数量；如果这个社会所有资源不是用来单纯生产一种商品而是在这两类商品之间分配使用，那么就能生产这两类商品可能的不同组合，如 C 点、D 点、E 点、F 点等。把这些所有的可能的组合点连接起来，在坐标图中就得到了一个社会的生产可能性曲线，即曲线 AB。如图1－1－1所示。

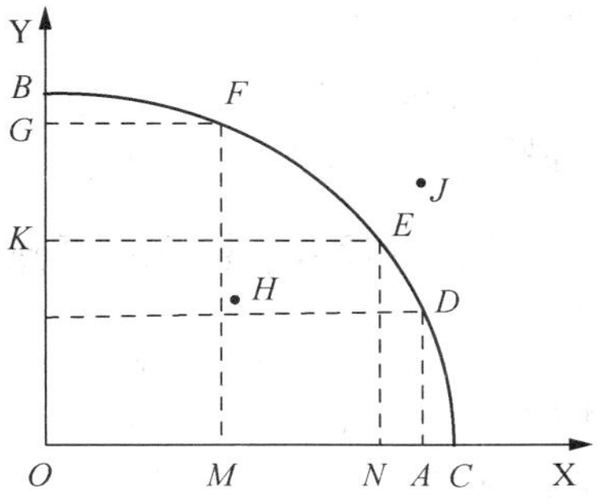

图 1-1-1　生产可能性曲线

生产可能性曲线把坐标平面分成两个部分,落在曲线以内的点如 H 点,表示没有充分利用现有资源的条件下生产出来的 X 商品与 Y 商品的组合;落在曲线以外的点如 J 点,表示即使充分利用现有社会资源也不可能生产的两类商品的组合。只有在生产可能性曲线上的点,才是可能的有效的生产组合,亦即资源得到充分有效的使用,从而有可能最大限度地满足人们需要的组合。但是,既然在生产可能性曲线上的所有点,都表示充分利用现有资源可能生产的产品组合,那么,哪一点表示的商品组合为最优组合或最佳资源配置呢？或者说,哪一点表示的产品组合能最大限度地满足人们的需要呢？这就有一个选择的问题,因为选择不同的点所代表的满足程度是不同的。例如,选择 F 点意味着这个社会将会生产较多数量的 Y 商品和较少数量的 X 商品;而选择 D 点,则意味着这个社会将会生产较多数量的 X 商品和较少数量的 Y 商品。但是无论怎样,由于社会资源是稀缺的,它要多生产一种商品,就得付出少生产另一种商品的代价,这就是机会成本。例如,对于可能性 E 和 F 之间的选择,多生产出 X 商品,即 ON 数量的 X 商品的机会成本就是 KB 数量的 Y 商品;多生产出 Y 商品,即 OG 数量的 Y 商品的机会成本就是 MA 数量的 X 商品。因而,生产某产品的机会成本就是以同一资源生产另一个最佳产品或提供服务时所能获得的利益。对于整个社会来说,由于资源是稀缺的,当社会确定以某种方式使用资源时,不仅已做出了生产某些产品的决定,同时也做出了不生产另一些产品的决定,因而那些社会决定不予生产的产品,就可以被视为社会决定生产的产品的机会成本。因此,选择就意味着牺牲。

将生产可能性曲线上的任意两点进行比较,可以看出,若一种商品生产多了,就必然会减少另一种商品的生产。很清楚,对于一个社会来说,首先要充分利用稀缺的资源,实现在生产可能性曲线上的生产,然后再根据经济目标,在曲线上点所代表的各种生产可能性组合之间进行选择。而且,人类社会的发展,也不能仅仅满足于达到生产可能性曲线的水平,还要使既定的资源生产出更大的产量(如达到 J 点)。这牵涉技术进步的问题。因此,资源的稀缺不仅引起资源的配置问题,而且还引起了资源利用问题。

(三) 资源利用

资源利用就是人类社会如何更好地利用现有的稀缺资源,使之生产出更多的物品。研究资源利用即要解决以下三个相关问题:

第一,充分就业问题。即如何使稀缺资源得到充分利用,经济生活中既不存在资源的闲置,也无资源的浪费,并且使社会既定资源所能实现的产量达到最大。

第二,经济波动和经济增长问题。资源的充分利用不仅是一个时点的要求,它还是一个时期的要求。但在现实中,在相同的资源限制条件下,一国的产量不能始终保持最大,产量会时高时低,这表现为一国经济的周期性波动。研究资源的充分利用就是要考虑如何用既定资源生产出更多的物品,即实现经济的持续增长。

第三,物价稳定问题。现代社会是一个以货币为交换媒介的商品社会,物价的变动对资源配置与利用所引起的各种问题的解决都影响很大。物价水平过低会导致资源利用不足,失业增加，这就是通货紧缩问题；物价水平过高可能导致资源利用过度，造成通货膨胀问题。因此，经济学研究资源的充分利用，就必须涉及货币购买力的变动，即如何实现物价稳定的问题。资源利用方面的问题是宏观经济学要考察的问题。

四、不同的资源配置路径

在社会化大生产条件下，当前世界上基本经济体制有两种：一是计划经济体制，即通过中央计划来决定生产什么，如何生产和为谁生产；一是市场经济体制，即通过市场上价格的调节来决定生产什么，如何生产与为谁生产。

（一）计划经济

计划经济(Command Economy)，或计划经济体制，又称指令型经济，是一种中央集权的经济体系，是以计划作为资源配置主要方式的经济体制。资源配置通过中央政府的统一计划进行，由中央政府来决定生产什么、生产多少和如何生产，企业或生产单位完全是计划的执行者，对资源配置没有什么影响。在这种体系下，国家在生产、资源分配以及产品消费各方面，都是由政府或财团事先进行计划。计划部门根据社会需要和可能，以计划配额、行政命令来统管资源和分配资源。计划配置方式是按照马克思主义创始人的设想，在社会主义社会，生产资料将由全社会占有，商品货币关系将不再存在，因而资源配置的方式主要是计划，即通过社会的统一计划来决定资源的配置。在苏联和东欧国家，正是按照这一理论来实践的，把计划作为资源配置的主要方式。我国改革开放以前的一段时间里，计划也曾经是资源配置的主要方式，而市场的作用受到很大的限制。在计划资源配置方式中，在一定条件下，这种方式有可能从整体利益上协调经济发展，集中力量完成重点工程项目。但是，配额排斥选择，统管取代竞争，市场处于消极被动的地位，从而易于出现资源闲置或浪费的现象。

（二）市场经济

市场经济(Market Economy)，又称为自由市场经济或自由企业经济，是一种分散决策的经济体系，是以市场作为资源配置主要方式的经济体制。在这种体系下产品和服务的生产及销售完全由自由市场的自由价格机制所引导，而不是像计划经济一般由国家所引导。资源配置通过市场机制或价格机制实现的，每个消费者、生产者或经营者都是相互独立的，政府对企业的经营决策一般不进行直接干预，生产什么、生产多少和如何生产都完全由企业按照自己的经营目标，根据市场价格的变动和市场供求情况来决定。市场经济的一般规定性和构成要素包括：① 市场机制是推动生产要素流动和促进资源配置的基本机制；② 企业是自主经营、自负盈亏、自我发展和自我约束的市场主体；③ 政府不直接干预企业的生产经营活动，而主要是通过经济政策来调节经济运行；④ 所有经济活动都是在一整套法律法规体系的约束下进行的。

市场成为资源配置的主要方式是从资本主义制度的确立开始的。在资本主义制度下，社会生产力有了较大的发展，所有产品、资源都变成了可以交换的商品，市场范围不断扩大，进入市场的产品种类和数量越来越多，从而使市场对资源的配置作用越来越大，市场成为资本主义制度下资源配置的主要方式。这种方式可以使企业与市场发生直接的联系，企业根据市场上供求关系的变化状况，根据市场上产品价格的信息，在竞争中实现生产要素的合理配置。但这种方式也存在着一些不足之处。例如，由于市场机制作用的盲目性和滞后性，有可能产生社会总供给和社会总需求的失衡，产业结构不合理，以及市场秩序混乱等现象。

计划和市场是资源配置的两种基本手段。在市场经济里并没有一个中央协调的体制来指引其运作，但是在理论上，市场将会透过产品和服务的供给和需求产生复杂的相互作用，进而达成自我组织的效果。市场经济作为一种好的经济活动组织方式成为绝大多数人的共识。但这并不意味着计划经济就是不好的，只能说其不适合当前生产力发展的需求。当然，市场经济也并非完美无缺。因此，还需要政府用各种干预手段来纠正市场经济的不足。经济学家把这种以市场调节为基础，又有政府适当干预的经济体制称为混合经济，又叫现代市场经济。

任务 3　经济学的研究方法

一、研究的基本假设

（1）完全理性。个体最优化行为起着关键的作用，它是“价格调节使整个社会的资源配置实现最优化”的前提。经济行为是理性的。西方经济学家认为，人都是自私的，首先要考虑自己的经济利益，在做出一项经济决策的时，对各种方案进行比较，选择一个花费最少，获利最多的方案。这样的人就是“经济人”，有理性的经济行为。理性的行为也可以表述为：产生最优化的行为。一个经济社会的三个基本组织结构：

① 消费者。花一定的收入进行消费，使自己获得最大的满足。追求效用最大化。

② 生产者。追求利润最大化。

③ 政府。对既定目标寻求最优化决策。例如，政府建立社会保障体系，要寻求如何以最少的投入让绝大多数人享受最大的保障，如何做到公平等等。

（2）市场出清。商品价格具有充分的灵活性，使市场的需求与供给迅速到平衡，可以实现资源的充分利用，不存在资源闲置或浪费。

（3）完全信息。消费者和厂商可以免费、迅速、全面地获得各种市场信息。假设从事经济活动的主体对各种信息都充分了解。比如对于消费者来说，完全的信息是指消费者了解欲购商品的价格、性能、使用后自己的满足程度等等。只有掌握充分的信息，市场主体才能做出最有利于自己的决策。

假设在现实中并不完全符合实际，但能不能说假设就没有意义呢？并非如此，经济分析做出假定，是为了在影响人们经济行为的众多因素中，抽出主要的、基本的因素，在此基础上，可以提出一些重要的理论来指导实践。假设是理论形成的前提和条件。但假设在大体上不违反实际。

二、微观分析与宏观分析

（一）微观分析

微观分析是指以单个经济单位为研究对象，通过研究单个经济单位的经济行为和相应的经济变量单项数值的决定来说明价格机制如何解决社会资源的配置问题。微观分析所得到的结论被称为微观经济学。

在理解微观经济学概念时应注意以下几点：

第一，研究的对象是单个经济单位的经济行为。单个经济单位是指组成经济的最基本的单位：家庭与厂商。家庭是经济中的消费者和生产要素的提供者，它以实现效用（即满足程度）最大化为目标。厂商是经济中的生产者和生产要素的需求者，它以实现利润最大化为目标。

第二，解决的问题是资源配置。资源配置即生产什么，如何生产和为谁生产的问题。解决资源配置问题就是要使资源配置达到最优化，即在这种资源配置下能给社会带来最大的经济福利。微观经济学从研究单个经济单位的最大化行为入手，来解决社会资源的最优配置问题。

第三，中心理论是价格理论。在市场经济中，家庭和厂商的行为要受价格的支配，生产什么，如何生产和为谁生产都由价格决定。价格像一只看不见的手，调节着整个社会的经济活动，从而使社会资源的配置实现最优化。因此，价格理论是微观经济学的中心理论，其他内容则围绕这一中心理论。正因为如此，微观经济学也被称为价格理论。

第四，研究方法是个量分析。个量分析是对单个经济单位和单个经济变量的单项数值及其相互关系所做的分析。例如，某种商品的价格，某种产品的产量就属于价格和产量这类经济变量的单项数值。微观经济学就是分析这类个量的决定、变动及其相互之间的关系。

微观经济学的理论体系框架，如图 1-1-2 所示。

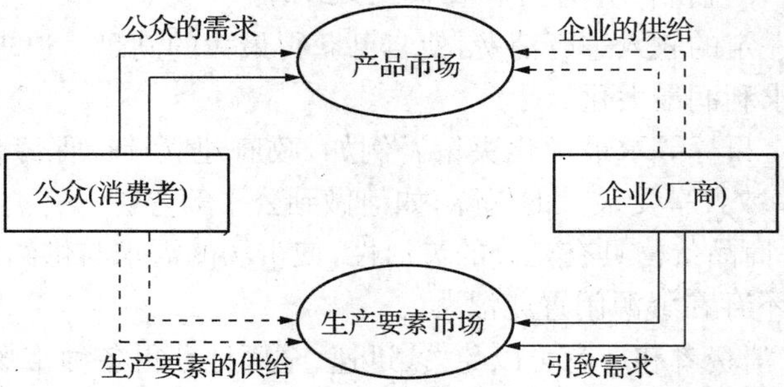

注：图中的实线、虚线各表示需求关系和供给关系

图 1-1-2　微观经济学的理论体系

（二）宏观分析

宏观分析是指以整个国民经济为研究对象，通过研究经济中各有关总量的决定及其变化来说明资源如何才能得到充分利用。宏观分析所得到的结论被称为宏观经济学。

在理解宏观经济学概念时应注意以下几点：

第一，研究的对象是整体经济。也就是说，宏观经济学所研究的不是经济活动中的各个单位，而是由这些单位所组成的整体。这样，宏观经济学就要研究整体经济的运行方式与规律，从总体上分析经济问题。

第二，解决的问题是资源利用。宏观经济学把资源配置作为既定的前提，分析现有资源未能得到充分利用的原因，达到充分利用的途径，以及如何增长等问题。

第三，中心理论是国民收入决定理论。宏观经济学把广义的国民收入(国内生产总值等总量概念)作为最基本的总量，以国民收入的决定为中心来研究资源利用问题，分析整个国民经济的运行。国民收入决定理论被称为宏观经济学的核心。其他理论则是运用这一理论来解释整体经济中出现的各种问题。

第四，研究方法是总量分析。总量是指能反映整个经济运行情况的经济变量。这种变量有两类：一类是个量的总和，如国民收入是组成整个经济的各个单位的收入之总和，总投资是各个企业的投资之和等等；另一类是平均量，如价格水平是各种商品与劳务的平均价格等等。总量分析就是分析这些总量的决定、变动及其相互关系，并通过这种分析说明经济的运行状况，决定经济政策。因此，宏观经济学也被称为"总量经济学"。

（三）微观经济学和宏观经济学的关系

作为经济学的不同组成部分，微观经济学和宏观经济学两者之间有着非常密切的联系，主要表现在以下几个方面：

第一，微观经济学与宏观经济学是相互补充的。为了实现经济学的目的，使得社会经济福利最大化，既要实现资源的最优配置，又要实现资源的充分利用。微观经济学是在假定资源已实现充分利用的前提下，分析如何达到最优配置的问题；宏观经济学则是在假定资源已实现最优配置的前提下，分析如何达到充分利用的问题。两者从不同的角度分析社会经济问题。因此，微观经济学与宏观经济学不是相互排斥的，而是相互补充的，它们共同组成经济学的基本原理。

第二，微观经济学与宏观经济学的研究方法都是实证分析方法。微观经济学与宏观经济学都把社会经济体制作为既定的前提，不分析社会经济体制变动对经济的影响，只分析这一经济体制下的资源配置与利用问题。这种不涉及体制问题，只分析具体问题的方法就是实证分析。因此，微观经济学与宏观经济学都属于实证经济学的范畴。

第三，微观经济学是宏观经济学的基础。单个经济单位之和构成整体经济，宏观经济学分析的经济总量就是由经济个量加总而成的，对宏观经济行为和经济总量的分析是以一定的微观经济学分析为基础的。举个例子，失业理论和通货膨胀理论作为宏观经济学的重要组成部分，总要涉及劳动供求和工资决定理论，以及商品价格如何决定的理论，而充分就业的宏观经济模型，正是建立在以完全竞争为假定前提的价格理论和工资理论基础之上的。

三、实证分析与规范分析

实证分析说明经济现象"是什么"以及社会经济问题"实际上是如何解决的"。这种方法首先要提出对经济现象给予解释的理论，然后用事实来验证理论，并依据理论对未来做出预测。实证分析是从"现有的事实"，推导出"将会是什么"的逻辑结构。当经济理论把自己局限于表述经济活动的原因与结果以及各经济变量的函数关系时，这种理论就称为实证经济学。

规范分析研究经济活动"应该是什么"或社会经济问题"应该是怎样解决的"。这种方法就是依照经济事物的社会价值判断，规范经济政策措施和经济行为后果的是否可取性。规范分析是从"现有的事实"，推导出"应当如何"的逻辑结构。当经济学的研究把因果分析与价值判断结合在一起时，这种经济学就叫作规范经济学。

比如说，“70年代世界油价暴涨主要是由垄断力量达成的”。这句话就是比较客观的，是一个人通过经济模型得出来的结果，你无可辩驳，这就是实证分析。“效率比平等更重要”。世界上没有一个经济定理这样说，有的人会认为效率重要，而平均主义者会认为平等更重要。这就带有主观评价，这就是规范分析。

著名经济学家凯恩斯在《政治经济学的范畴与方法》一书中用规范分析和实证分析对两种不同的科学进行了分类。实证，就是讲是什么，比较客观，就是我不做任何评价，只给你一个客观道理，客观描述事物现在存在的一个状态。规范，就是做评价，有自己的主观观点，描述事物应该是一个什么样的状态。

同步练习

一、选择题

1. 之所以要权衡取舍，是因为欲望是无限的，而资源是(　　)。

A. 有效的　　B. 经济的　　C. 稀缺的　　D. 边际的

2. 经济学所说的稀缺性是指(　　)。

A. 资源绝对数量太少了

B. 资源相对于人类欲望而言太少了

C. 资源相对于人口的数量而言太少了

D. 资源分配不公，总是被少数人占有，而大多数人缺乏足够的资源

3. 反映资源稀缺性特征的主要是(　　)。

A. 生产可能性曲线　　B. 机会成本

C. 决策的稳定性　　D. 社会资源总量的变动

4. 失业问题如果反映在生产可能性曲线图上，可记为(　　)。

A. 生产可能性曲线内的一点　　B. 生产可能性曲线上的一点

C. 生产可能性曲线以外的一点　　D. 不在该平面直角坐标系上

5. 在既定的资源约束下，社会最有效率生产的商品组合位于(　　)。

A. 生产可能性曲线外　　B. 生产可能性曲线上

C. 生产可能性曲线内　　D. 生产可能性曲线内外的任一点

6. (　　)不属于实证主义陈述。

A. 1990年的海湾危机引起石油价格上升，并导致了汽油消费的下降

B. 穷人应该不纳税

C. 美国经济比俄罗斯经济增长得更快

D. “让一部分人先富起来”政策，拉开了中国居民收入的贫富差距

7. 自由放任的市场经济制度是(　　)。

A. 集中决策　　B. 分散决策

C. 计划决策　　D. 多个决策单位一起选择最优方案

8. 中央集权的计划经济(　　)。

A. 以分散决策为主　　　　B. 以集中决策为主

C. 分散决策和集中决策相结合　　　　D. 以私有产权为基础

二、实训项目

1. 机会成本是你为了得到一种东西所放弃的东西。由于天下没有免费的午餐,为了得到下列每种东西,可能要放弃什么?

(1) 张三可以全职工作或上大学。他选择了上大学。

(2) 张三可以全职工作或上大学。他选择了工作。

(3) 在本题中,上大学代替工作的机会成本是什么?

2. 项目:时间的稀缺问题。

实训目的:通过实训正确认识稀缺性概念,以促进珍惜和有效利用资源。

实训形式:调查分析。

实训指导(指实训步骤):

第一步:资源稀缺性的概念理解。

第二步:给出一定单位时间要求在此时间内提高某两类不同项目的成绩。

第三步:分组分析可行性方案,并选出最优方案。

第四步:同学们分组按照最优方案进行实际操作以提高项目综合成绩并进行比较。

活动举例:

(1) 在半小时内学习并提高投篮与跳绳的综合成绩。

(2) 在两小时内学习并复习专业英语词汇与经济数学公式,提高综合成绩。

(3) 假期时间用于旅游还是打工的选择分析。

微信扫码查看

模块 2　需求与供给

教学目标

了解需求、供给等相关概念，掌握影响需求、供给的相关因素，掌握供求相互作用如何决定均衡价格和数量，能够应用市场均衡理论解释实际经济现象；了解需求价格弹性的含义、计算方法及应用。

教学重点

1. 需求的影响因素及需求定理；
2. 供给与供给定理；
3. 市场均衡及其变动；
4. 需求价格弹性的计算及应用。

课前阅读

供需并重建立房地产长效机制

在去年下半年限购集体加码之下，曾经火爆的一二线城市房地产市场在今年得以冷却——价格趋稳、成交骤降。但楼市的短期平稳，并没有让公众以及决策层放松警惕。

近日，中央财经领导小组召开第十五次会议，提出要完善一揽子政策组合，引导投资行为，合理引导预期，保持房地产市场稳定。需充分考虑到房地产市场特点，把握“房子是用来住的、不是用来炒的”的定位，深入研究短期和长期相结合的长效机制和基础性制度安排。

这也是决策层短期内二度提及房地产长效机制。去年 12 月结束的中央经济工作会议明确表示，要综合运用金融、土地、财税、投资、立法等手段，加快研究建立符合国情、适应市场规律的基础性制度和长效机制。

目前来看，之所以一二线城市房地产在今年趋稳，主要得益于去年下半年的限购、限贷政策。从 1 月份 70 城房价统计数据看，一二线城市新建商品住宅和二手房价格环比基本止涨，成交则大幅下降，如上海住房成交量创下近年新低，新房网签量环比下滑四成，同比下滑七成。

毋庸置疑，限购、限贷以及提高首付之类的政策，单纯在需求端进行抑制，非长久之策。且从以往限购的经验看，虽然能在短时间内稳定房价，但随之而来的反弹不可避免，因为限购限贷都有其时效性，并未解决楼市过热的根本问题。

其中至为重要的一点，就是部分城市住房供应不足。即便当前中国住宅用地和住房供给总体过剩，但供给的结构性问题依然严峻。根据监测数据，在16个热点城市中，2016年有8个城市住宅用地供应量少于上年同期，减少较多的有厦门(50.2%)、上海(47.5%)、广州(41.9%)、北京(30.8%)、苏州(21.1%)。住房供应的不足，也是今年热点城市新房成交骤降的原因。正是这种情况，令民众对于热点城市房价平稳未能产生长久预期。

因此，欲建立房地产市场长效机制，应该供给、需求并重，促进房地产市场持续平稳运行。

最有效的无疑是增加供给。城市化的核心在于"人的城市化"，热点城市的房地产供应，要以常住人口而非户籍人口为基准，根据人口流动情况分配建设用地指标。换言之，热门城市应合理增加住宅用地供应，以此缓解目前热点楼市库存供不应求的状态。以北京、上海为例，2 000多万常住人口中有四成左右为外地户籍，这些人工作、生活都在大城市，城市规划应等同视之。

财税也是重要手段，针对此前热议的"北京有人买一百套房"等情况引发供应不足，就空余房产征税宜早不宜迟。以中国目前的情形来看，如国际上通行的全面征收房产税自然不合适，且与目前土地70年使用权问题，在法理上有一定的冲突。因此，可对人均拥有住房面积超过一定标准进行征税，比如在部分热点城市推行人均一定居住标准以上部分征收，全面实施不动产登记。如此既可激活存量，增加有效供应以抑制房价过热，亦可为政府增加财政收入。

此外，让租赁成为解决住房问题的途径，也是长效机制的一个重要内容。日前住建部举办新闻发布会，提出将加快立法，逐步使租房居民在基本公共服务方面与买房居民享有同等待遇，建立健全住房租赁市场监管体制，规范发展住房租赁市场。

住房是重大民生问题，房地产业也是国民经济的重要行业。如何让房子回归居住属性，既不至于金融资本化引发资金"脱实入虚"，又能够对经济发展有所裨益，亟待建立平稳发展的长效机制。

（资料来源：《第一财经日报》，2017年3月2日）

任务1　需求原理

一、需求的概念

需求是指在某一特定时期内，在每一价格水平上消费者愿意而且能够购买的商品量。

在理解需求这一概念时，应强调以下两点：

第一，需求不同于需求量。需求量是在某一既定的价格下，消费者愿意而且能够购买的数量。例如，某品牌的冰激凌蛋卷，价格为1元/个时，2010年1月某地市场的需求量为700个；2月份价格升至2元/个时，需求量为600个；3月份价格升至3元/个时，需求量为500

个;4 月份价格升至 4 元/个时,需求量为 400 个。而需求则是不同价格下所对应的不同需求量的统称,如上例中冰激凌蛋卷每一价格所对应的需求量的组合为冰激凌蛋卷的需求。

第二,需求必须同时具备两个条件:一是消费者必须具有购买意愿。例如,鸦片战争以后,英国商人为能打开中国这个广阔的市场而欣喜若狂,把大量洋布运到中国。结果与他们的梦想相反,中国当时仍然处于一种自给自足的封建经济,在此基础上形成了保守、封闭甚至排外的社会习俗。那时,上层人士穿丝绸,一般老百姓穿自家织的土布为主,洋布根本卖不出去。二是具有支付能力。例如,住房问题。大多数家庭都希望能拥有宽敞舒适的商品房,但昂贵的价格使得许多家庭在相当时期内不具备购买商品房的支付能力。没有支付能力的购买意愿只是需要而不构成需求。因此,需求是购买欲望和支付能力的统一,两者缺一不可。

二、需求的表示方法

(一) 需求表

需求表是表示某种商品的各种价格与其所对应的需求量之间关系的表格,如表1-2-1所示。通过表格将某商品的价格与在每一价格水平时所对应的需求量联系起来,就构成了该商品的需求表。

表 1-2-1　商品的需求表

价格—数量组合	A	B	C	D	E	F	G
价格(元)	1	2	3	4	5	6	7
需求量(个)	700	600	500	400	300	200	100

(二) 需求曲线

需求曲线是某种商品价格与需求量之间关系的图形表现形式,即表示商品价格与需求量之间关系的曲线。图 1-2-1 是根据表 1-2-1 绘制的一条需求曲线。

在图 1-2-1 中,横轴 OQ 表示商品的数量,纵轴 OP 表示商品的价格,D 为需求曲线。需求曲线向右下方倾斜,表明需求量与价格呈反方向变动。

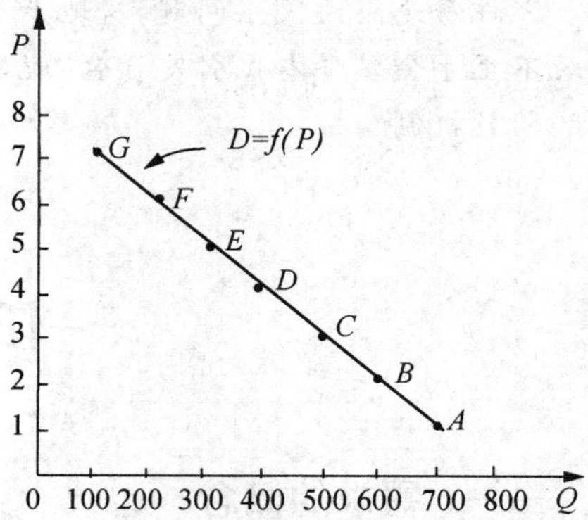

图 1-2-1　需求曲线

应该指出的是,与数学上的习惯相反,在微观经济学分析需求曲线和供给曲线时,通常以纵轴表示自变量 P,以横轴表示因变量 Q。

图 1-2-1 中的需求曲线是一条直线,实际上,需求曲线可以是直线型的,也可以是曲线型的。当需求函数为线性函数时,相应的需求曲线是一条直线,直线上各点的斜率是相等的。当需求函数为非线性函数时,相应的需求曲线是一条曲线,曲线上各点的斜率是不相等的。

(三) 需求函数

我们把影响需求的各种因素作为自变量,用 $a,b,c,d,\cdots,n$ 表示,把需求作为因变量,用

D 或者 Q_d 表示，则可以用函数关系来表示需求与其影响因素之间的关系，这种函数关系称为需求函数，公式为：

$$D=f(a,b,c,d,\cdots,n)$$

由于商品自身的价格是其中最基本的因素，因此，为了简化分析，通常假定其他因素不变，仅分析商品自身价格与需求量之间的关系，并以 P 表示价格，则需求函数可以表示为：

$$D=f(P)$$

如果某商品需求量与价格之间是线性关系，即需求曲线是一条直线，则需求函数为：

$$D=\mathrm{a}-\mathrm{b}P \quad (\mathrm{a}、\mathrm{b}\text{ 为常数，且 }\mathrm{a}、\mathrm{b}>0)$$

三、需求的影响因素

一种商品的需求数量是由许多因素影响和共同决定的，其中主要的因素有：

第一，商品自身的价格。在其他条件不变的情况下，需求量的多少与商品自身价格的高低呈反比，即商品自身价格越高，需求量越小；商品自身价格越低，需求量越大。

第二，相关商品的价格。当一种商品本身的价格保持不变，而和它相关的其他商品的价格发生变化时，这种商品的需求量也会发生变化。相关商品之间的关系有两种：替代关系和互补关系。替代关系是指两种商品可以互相代替来满足同一种欲望，如牛肉与猪肉。当牛肉价格不变而猪肉价格上升时，猪肉的需求量会减少，牛肉的需求会因此而增加。即替代品价格变化引起该商品需求量呈同方向变动。互补关系是指两种商品互相补充共同满足人们的同一种欲望，如汽车与汽油。当汽车价格不变而汽油价格上升时，汽油的需求量会减少，汽车的需求也会因此而减少。即互补商品价格变化引起该商品需求呈反方向变动。

第三，消费者的收入水平。对于大多数商品来说，当消费者的收入提高时，就会增加对该商品的需求。相反，当消费者的收入水平下降时，就会减少对该商品的需求。

第四，消费者偏好。消费者对某种商品的偏爱程度会对该商品的需求产生影响，偏爱程度越高，需求越大；相反，偏爱程度越低，需求越小。商业广告的目的之一，是通过影响人们的偏好，从而影响对该商品的需求。

第五，消费者对未来的预期。如果消费者预期某种商品价格将上涨，就会做出增加当前购买的决定，致使当前需求增加；如果消费者预期某种商品价格将下降，就会做出减少当前购买的决定，致使当前需求减少。消费者对未来的预期还包括对未来收入和支出的预期，政府政策倾向的预期等。例如，某消费者预期自己将面临失业的威胁，就会减少一些非生活必需品的开销，致使当前需求减少。

第六，其他。包括人口数量变动、人口结构变动、政府的经济政策等。一般来讲，人口数量的增减会使需求发生同方向变动。人口结构的变动主要影响需求的结构，如人口老龄化的国家，时髦服装、滑雪等刺激性运动项目的需求会减少，而保健品和老年常用药的需求会增加。政府会通过采取一些鼓励需求或抑制需求的政策来调节需求，如政府提高利率会减少消费，而实行消费信贷制度则会增加消费。

四、需求定理

从需求表或需求曲线可以得出，商品的价格越低，市场对该商品的需求量越多，反之亦然。商品价格与需求量之间呈反方向变动关系，这种现象普遍存在，被称为需求定理。其基本内容是：在其他条件不变的情况下，某商品的需求量与价格呈反方向变动，即需求量随商品自身价格的上升而减少，随商品自身价格的下降而增加。需求定理强调其他因素不变这一前提，即在相关商品价格、消费者收入、消费者偏好等因素保持不变的情况下，研究需求量随价格的变动关系。离开了这一前提，需求定理就无法成立。

值得注意的是，需求定理反映的是一般规律，这一定理也有例外情况。例如，钻石、豪华型轿车等炫耀性商品。此类商品常因价格昂贵而显示其珍贵及拥有者的身份和地位，因此，价格越高，需求量反而会增加，价格下降，因其不能再代表身份和地位，对它们的需求量反而会减少。而某些低档生活必需品在特定的条件下，价格上涨，人们的购买量反而会增加，这种商品被称为“吉芬商品”。英国经济学家吉芬发现，在1854年爱尔兰发生灾荒时，土豆的价格虽然上涨，但许多低收入的家庭反而更多地消费土豆。其原因是灾荒造成爱尔兰人民实际收入急剧下降，不得不增加这类低档生活必需品的消费。此外，有价证券和黄金等投机性商品，当它们价格小幅度升降时，需求按正常情况波动，大幅度升降时，受“买涨不买跌”心理和预期等因素的影响，需求曲线出现不规则的变化。

五、需求量的变动与需求的变动

需求曲线是以其他可能影响需求量的因素不变为前提来研究需求量与商品自身价格的函数关系的。但假如其他因素中的一个发生了变化，那么需求曲线将如何表示这种变化呢？这里便涉及两个重要的概念：需求量的变动和需求的变动。

需求量的变动是指在其他因素不变的条件下，由商品自身价格变动所引起的该商品需求数量的变动，图形表现为商品的价格和需求数量组合沿着同一条既定的需求曲线的移动。如图1-2-2所示，当价格为P_1时，需求量为Q_1，当价格由P_1下降到P_2时，需求量由Q_1增加到Q_2，在需求曲线上表现为从a点向b点移动。可见，在同一条需求曲线上，向左上方移动是需求量的减少，向右下方移动是需求量的增加。

需求的变动是指在商品自身价格不变的条件下，由于其他因素的变动（如收入水平变动等）所引起的该商品的需求数量的变动，图形表现为需求曲线的平行移动。如图1-2-3所示，在商品价格P_0保持不变的情况下，收入减少时，需求数量由Q_0减少到Q_1，需求曲线由D_0移动到D_1；收入增加时，需求数量由Q_0增加到Q_2，需求曲线由D_0移动到D_2。可见，需求曲线向左移动，表明需求减少；需求曲线向右移动，表明需求增加。

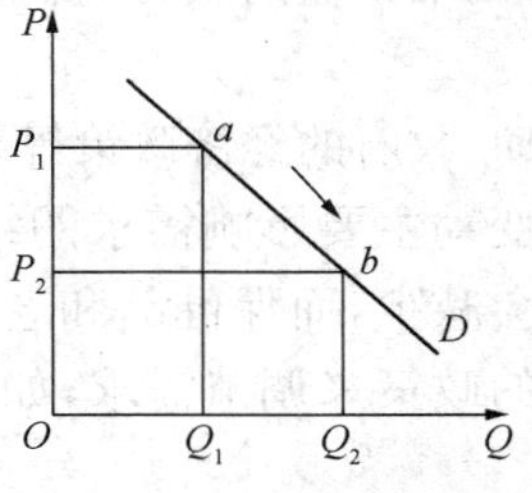

图1-2-2 需求量的变动

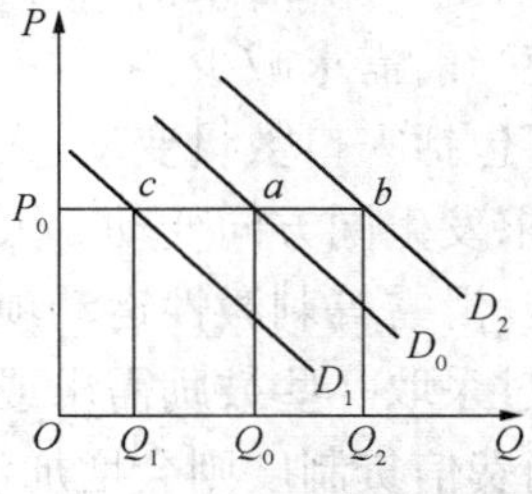

图1-2-3 需求的变动

需求量的变动和需求的变动的区别有两点：一是引起变动的原因不同，需求量随着价格变化而改变，需求是价格以外的因素变化引起；二是变化的表现形式不同，需求量的变化表现为点在曲线上的移动，需求的变动表现为需求曲线的移动。

任务 2　供给原理

一、供给的概念

供给是指在某一特定时期内，在每一价格水平上生产者愿意而且能够出售的商品量。理解供给概念同样需要注意以下两点。

第一，供给不同于供给量，供给量是在某一既定的价格下，生产者愿意而且能够出售的数量。例如，某商品价格为 2 元/个时，2016 年 2 月某地市场的供给量为 0 个；3 月份价格升至 3 元/个时，供给量为 200 个；4 月份价格升至 4 元/个时，供给量为 400 个。而供给则是不同价格下所对应的不同供给量的统称，如上例中每一价格对应的供给量的组合为该商品的供给。

第二，供给也必须具备两个条件：一是生产者愿意出售，二是生产者有供给能力。缺乏任何一个条件，都不能形成有效供给。

二、供给的表示方法

（一）供给表

供给表是表示商品的供给量与价格之间函数关系的表格，如表 1-2-2 所示。

表 1-2-2　商品的供给表

价格—数量组合	*A*	*B*	*C*	*D*	*E*
价格(元)	2	3	4	5	6
供给量(个)	0	200	400	600	800

（二）供给曲线

供给曲线是某种商品价格和供给量之间函数关系的图形表现形式。图 1-2-4 是根据表 1-2-2 绘制的一条供给曲线。

图中的横轴 OQ 表示商品数量，纵轴 OP 表示商品价格，S 为供给曲线。供给曲线向右上方倾斜，表明供给量与价格呈同方向变动。

如同需求曲线一样，供给曲线可以是直线型，也可以是曲线型。如果供给函数是一元一次的线性函数，则相应的供给曲线为直线型；如果供给函数是非线性函数，则相应的供给曲线就是曲线型的。直线型的供给曲线上的每点的斜率是相等的，曲线型的供给曲线上的每点的斜率则不相等。

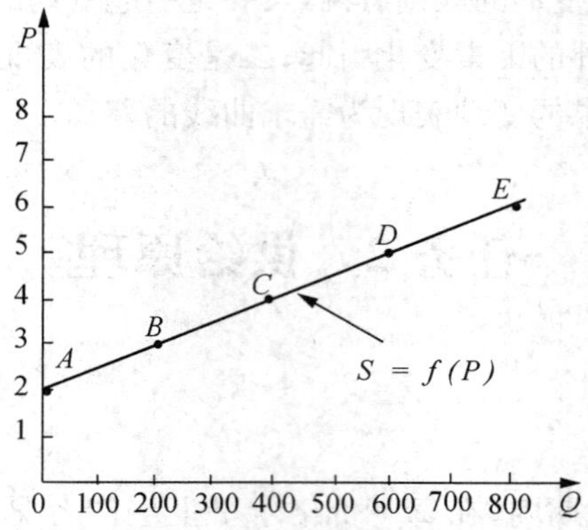

图 1-2-4　供给曲线

（三）供给函数

如果把影响供给的各种因素作为自变量，用 $a,b,c,d,\cdots,n$ 表示，把供给作为因变量，用 S 或 Q_s 表示，则可以用函数关系来表示供给与其影响因素之间的关系，即供给函数，公式为：

$$S=f(a,b,c,d,\cdots,n)$$

由于商品自身的价格是其中最基本的因素，因此，为了简化分析，通常假定影响供给的其他因素不变，仅分析商品自身价格与供给量之间的关系，并以 P 表示价格，则供给函数可以表示为：

$$S=f(P)$$

如果某商品供给量与价格之间是线性关系，即供给曲线是一条直线，则供给函数为：

$$S=-\mathrm{c}+\mathrm{d}P \quad (\mathrm{c}、\mathrm{d}\text{ 为常数，且 }\mathrm{c}、\mathrm{d}>0)$$

三、供给的影响因素

一种商品的供给数量受多种因素影响，其中主要有：

第一，商品自身的价格。在其他条件不变的情况下，供给量的多少与商品自身价格的高低呈正比，即商品自身价格越高，供给量越大；商品自身价格越低，供给量越小。

第二，相关商品的价格。当一种商品的价格保持不变，而和它相关的其他商品的价格发生变化时，该商品的供给量会发生变化。例如，对某个生产小麦和玉米的农户来说，在玉米价格不变和小麦价格上升时，该农户就可能增加小麦的耕种面积而减少玉米的耕种面积。

第三，生产技术。生产技术的提高会使资源得到更充分的利用，从而增加供给。例如，某炼钢厂采用了新的燃煤技术，煤的使用量降低三分之一，生产成本大大下降，因而在产品价格保持不变的情况下，厂商愿意供应更多的产品。

第四，投入品价格。在商品价格不变的情况下，投入品价格上涨，生产成本增加，利润减少，供给会减少；反之，投入品价格下降，生产成本减少，利润增加，供给会增加。例如，在冰激凌蛋卷价格等因素不变的条件下，如果糖的价格上涨，意味着厂商的生产成本增加，供给将会减少。

第五，厂商对未来的预期。厂商对未来经济持乐观态度，会增加供给；持悲观态度，则会减少供给。

第六，政府政策。政府采取鼓励投资与生产的政策（如减税），可以刺激生产，增加供给。反之，政府采取抑制投资与生产的政策（如增税），则会抑制生产，减少供给。

四、供给定理

根据上述分析，我们可以把商品价格与供给量之间的关系概括为供给定理：在其他条件不变的情况下，某商品价格上涨，供给量就会增加；价格下降，供给量就会减少，即商品价格与其供给量呈同方向变动。

需要注意的是，供给定理反映的是一般规律，这一定理也有例外情况。一是有些商品的供给量是固定的，如古代文物、已故作家的作品，即使出售价格再高也无法增加供给数量。二是某些厂商在大规模生产时平均成本锐减，这时商品价格虽有所下降，但厂商仍愿意提供更多的商品。此类商品往往是那些可适于机械化大批量生产的高技术产品，如小汽车和电视机的生产等等。三是劳动的供给有其特殊性，当工资开始提高时，劳动的供给会增加，当工资水平上升到一定程度后，劳动者感到对货币的需要并不迫切了，这时工资再提高，劳动者也不会再供给更多的劳动量，而对休息、娱乐和旅游更感兴趣。此外，证券和黄金市场，当价格小幅度升降时，供给按正常情况波动，大幅度升降时，供给则会出现不规则的变化。

五、供给量的变动与供给的变动

如同我们要区分需求量的变动与需求的变动一样，在进行供给分析时，也要区分供给量的变动与供给的变动。

供给量的变动是指在其他因素不变的条件下，由商品自身价格变动所引起的该商品供给数量的变动，图形表现为商品的价格和供给数量组合沿着同一条既定的供给曲线移动，如图 1-2-5 所示。当价格为 P_1 时，供给量为 Q_1，当价格由 P_1 上升到 P_2 时，供给量由 Q_1 增加到 Q_2，在供给曲线上表现为从 a 点向 b 点移动。可见，在同一条供给曲线上，向左下方移动是供给量的减少，向右上方移动是供给量的增加。

供给的变动是指在商品自身价格不变的条件下，由于其他因素的变动（如投入品价格变动等）所引起的该商品的供给数量的变动，图形表现为供给曲线的平行移动，如图 1-2-6 所示。在商品价格 P_0 保持不变的情况下，投入品价格下降时，在同样价格水平下，厂商所获得的利润增加，从而产量增加，供给量由 Q_0 增加到 Q_1，供给曲线由 S_0 移动到 S_1；反之，投入品价格上升时，供给会减少，供给曲线由 S_0 移动到 S_2。可见，供给曲线向左移动，表明供给减少；供给曲线向右移动，表明供给增加。

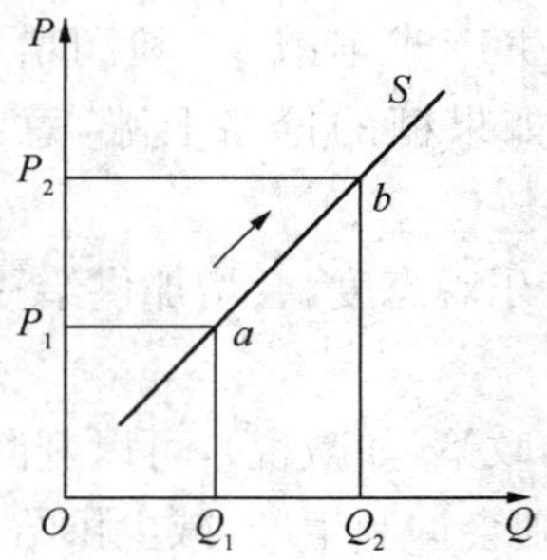

图1-2-5　供给量的变动

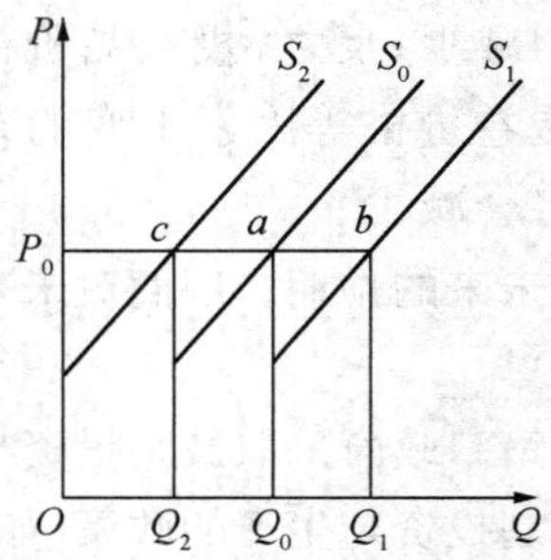

图1-2-6　供给的变动

任务3　均衡价格及其应用

我们已经知道，需求曲线说明了消费者对某种商品在每一价格下的需求量是多少，供给曲线说明了生产者对某种商品在每一价格下的供给量是多少。但是，它们都没说明这种商品的价格究竟是如何决定的。对供给和需求关系所形成的市场均衡价格的分析，是微观经济中最基本的分析。

一、均衡价格的形成

在经济学中，均衡是指各种对立的、变动着的经济变量由于力量相当而处于一种相对静止不变的状态。市场均衡是指在某段时间内，某一市场中商品的需求量正好和商品的供给量相等时的状态。

需求定理说明了消费者希望以最低的价格购买他所想买的商品，而供给定理则说明了生产者希望以最高的价格销售他所想卖的商品。需求价格是指消费者对一定量商品所愿意支付的最高价格；供给价格则是指生产者为提供一定量商品所愿意接受的最低价格。在某种商品的各种可能的价格中必然有一个双方都愿意接受的价格，这个价格称为均衡价格，即一种商品需求与供给相等时的价格。在均衡价格水平下相等的供求数量被称为均衡数量。

从几何意义上说，一种商品市场的均衡出现在该商品的市场需求曲线和市场供给曲线相交的交点上，该交点被称为均衡点。均衡点上的价格和相等的供求量分别被称为均衡价格和均衡数量。市场上需求量和供给量相等的状态也被称为市场出清的状态。

图1-2-7是将图1-2-1中的需求曲线和图1-2-4中的供给曲线结合在一起所绘制的。

在图1-2-7中，需求曲线与供给曲线相交于E点，即均衡点为E，均衡价格P_e为4，均衡数量Q_e为400。当市场价格为3元/个时，冰激凌蛋卷的需求量是500个，而在这个价格下生产者愿意供给的数量仅为200个，面临这种供不应求的状态，消费者将提高价格来得到他所要购买的数量，同时又会刺激生产者增加供给。则冰激凌蛋卷的价格必然上升，一直上升到均衡价格4元的水平，而需求量逐步由500个减少为400个，供给量逐步由200个增加为400个，达到供求量相等的均衡数量400个。如果价格为6元/个时，生产者在这个价格

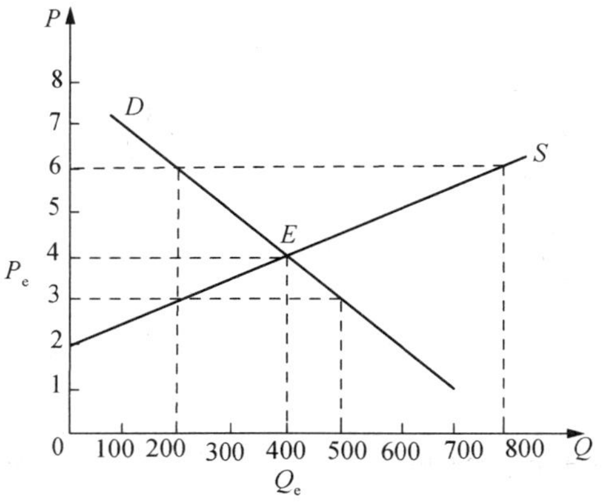

图 1－2－7　均衡价格和均衡数量

下愿意供给的数量达到了 800 个，而由于高价，消费者愿意购买的数量仅为 200 个，供远大于求，这种状态下，消费者将压低价格来购买，同时又会促使生产者减少供给量。则冰激凌蛋卷的价格必然下降，一直下降到均衡价格 4 元的水平，与此同时，需求量逐步由 200 个增加为 400 个，供给量逐步由 800 个减少为 400 个，从而实现供求量相等的均衡数量 400 个。

可见，市场遵循这样的规律：当需求量大于供给量时会刺激市场价格上升；当需求量小于供给量时能促使市场价格下降。市场上的需求者和供给者会调整自己的需求和供给，一直到供求相等时为止，市场的这种自我调节机制被亚当・斯密比作一只"看不见的手"。

二、均衡价格的变动

由上述分析可知，需求和供给共同决定市场均衡，市场均衡又决定了商品价格以及买者所购买和卖者所生产的该商品的数量。均衡价格和均衡数量取决于需求曲线和供给曲线的位置，也就是说需求或供给的变动将引发均衡的变动。

（一）需求变动对均衡价格的影响

假设卫生组织发布一份报告，称多吃冰激凌蛋卷不利于身体健康，将对冰激凌蛋卷的销售产生影响。由于卫生组织的报告使人们减少消费冰激凌蛋卷，需求曲线向左移动，如图 1－2－8。需求曲线由 D_0 移动到 D_1，表明在每种价格水平下，冰激凌蛋卷的需求量都减少了。需求曲线 D_1 与供给曲线 S 相交于 E_1，决定了新的均衡价格为 P_1，均衡数量为 Q_1。反之，需求曲线向右移动，新的均衡价格为 P_2，均衡数量为 Q_2。这说明需求变动将引起均衡价格和均衡数量同方向变动。

（二）供给变动对均衡价格的影响

假设生产冰激凌蛋卷的企业的工人工资上涨，将对冰激凌蛋卷的销售产生什么影响呢？

工人工资上涨，使生产成本增加，减少了企业在任何一种既定价格水平下生产并销售的冰激凌蛋卷数量，供给曲线向左移动，如图 1－2－9。供给曲线由 S_0 移动到 S_1，供给曲线 S_1 与需求曲线 D 相交于 E_1，决定了新的均衡价格为 P_2，均衡数量为 Q_1。反之，供给曲线向右移动，新的均衡价格为 P_1，均衡数量为 Q_2。这说明供给变动将引起均衡价格反方向变动和均衡数量同方向变动。

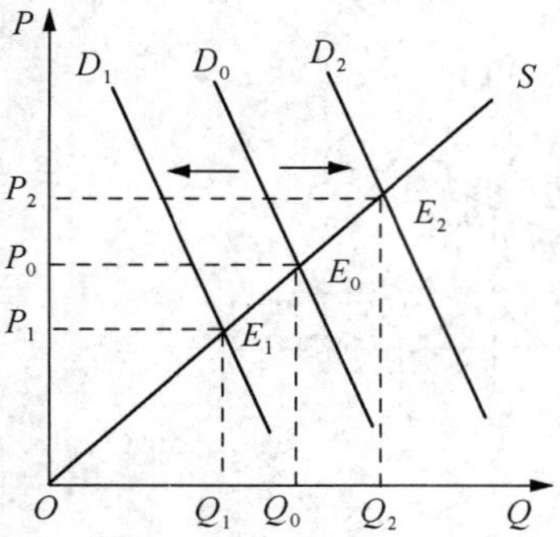

图 1-2-8　需求变动对均衡价格的影响

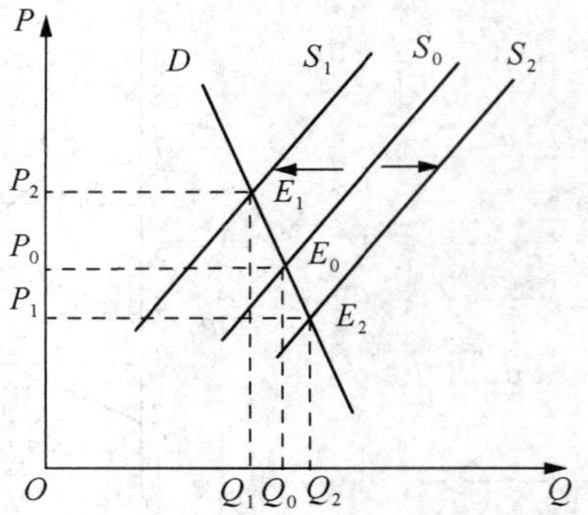

图 1-2-9　供给变动对均衡价格的影响

最后，需要指出的是，如果需求和供给同时发生变动，则商品的均衡价格和均衡数量的变化是难以确定的。这要结合需求和供给变化的具体情况来分析。

三、供求定理

从上述关于需求与供给变动对均衡的影响分析可以得出如下结论，我们称之为供求定理：

第一，需求的增加引起均衡价格上升，需求的减少引起均衡价格下降。

第二，需求的增加引起均衡数量增加，需求的减少引起均衡数量减少。

第三，供给的增加引起均衡价格下降，供给的减少引起均衡价格上升。

第四，供给的增加引起均衡数量增加，供给的减少引起均衡数量减少。

供求定理是经济学中一个非常重要的定理，具有广泛的实用价值。它可应用于有形和无形商品市场的分析，包括货币汇率的分析也可以用该定理进行分析。

四、均衡价格理论的应用

（一）均衡价格在经济中的作用

在市场自由竞争的条件下，均衡价格是调节经济的“看不见的手”，指挥着社会经济的运行，驱动着每个经济人的活动。需求和供给相互作用决定价格。需求增加或供给减少都会使价格上升；需求减少或供给增加都会使价格下降。反过来，价格的升降又会使需求和供给发生变化，从而使市场实现相对的均衡状态。

价格对市场经济的调节作用主要表现在：

第一，价格是反映市场供求状况的指示器。市场供求受各种因素的影响，每时每刻都在变化，这种变化必然要反映在价格上，即商品价格上升，表示需求大于供给；反之，价格下降，表明需求小于供给。人们可以通过价格的波动直观了解供求的变动。

第二，价格的变动可以调节市场供求关系。价格上升会使需求减少，供给增加；价格下降会使需求增加，供给减少，从而使市场实现相对的均衡状态。

第三，价格可以使资源配置达到最优化。通过价格调节需求与供给，最终会使需求与供给趋于一致。这时社会资源通过价格分配在各种用途上，实现了消费者的效用最大化和生产者的利润最大化，实现资源配置的最优化。

（二）价格政策

根据价格理论，价格可以自发调节需求和供给，最终使供求相等，实现资源最优配置。但在现实中，由于种种条件的限制，价格调节并不一定能达到理论上的这种完善境地。而且，有时由供求关系决定的价格对经济不一定是最有利的。例如，2007 年，由于猪蓝耳病的爆发和大面积蔓延，导致大量生猪死亡，使生猪生产受到极大打击，市场猪肉供需矛盾加剧，价格迅速上升，影响了人们的生活。因此，市场均衡价格不一定符合整个社会的利益。为此，国家有必要制定一些价格政策来适当调控市场价格。价格政策包括许多种，这里主要介绍两种：支持价格和限制价格。

1. 支持价格

支持价格又称最低限价，是政府为了扶持某一行业的发展而规定的该行业产品的最低价格，如图 1－2－10 所示。该行业某商品由供求关系所决定的均衡价格为 P_e，均衡数量为 Q_e，政府为了扶持该行业的发展而制定的支持价格为 P_1，$P_1 > P_e$，此时供给量为 Q_S，需求量为 Q_d，供给量大于需求量，产品出现过剩。为了防止价格下跌，政府就要收购剩余产品用于储备、出口等。

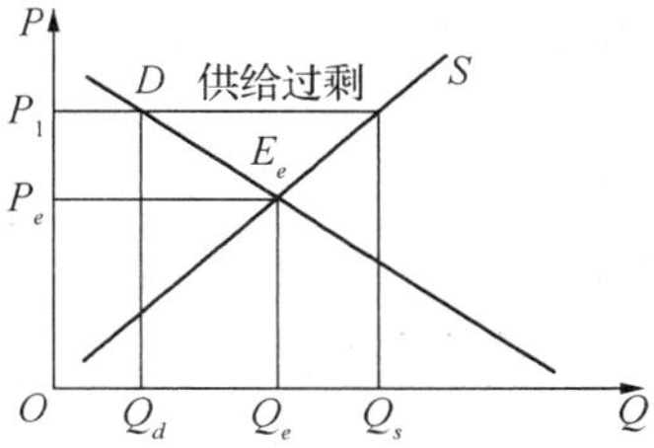

图 1－2－10　支持价格

支持价格的运用对于经济发展的稳定有着极其重要的意义。其作用是：第一，稳定生产，减缓经济危机的冲击。第二，通过对不同产业产品的不同的支持价格，可以调节产业结构，使之适应市场变动。第三，可以扩大投资，促进生产效率的提高。但支持价格也有负作用。例如，许多国家实行的农产品最低限价和最低工资都属于支持价格政策。农产品最低限价的目的是稳定农业生产和增加农民收入，但也客观上导致了农产品过剩，同时收购过剩的农产品也增加了财政负担。而最低工资，它有利于维护低收入者的利益，但它也引起了失业，鼓励了青少年退学，并使一些不熟练工人无法得到他们所需要的在职培训。

2. 限制价格

限制价格是指政府为了限制某些生活必需品的物价上涨而规定的这些商品的最高价格，如图 1－2－11 所示。某商品由供求关系所决定的均衡价格为 P_e，均衡数量为 Q_e，但在这一价格水平时，部分生活贫困的人将买不起，因而政府对这一部分商品实行限制价格政策，限制价格为 P_1，$P_1 < P_e$，此时商品实际供给量为 Q_s，需求量为 Q_d，供给量小于需求量，产品供不应求。为了维持限制价格，政府可实行配给制控制需求量。

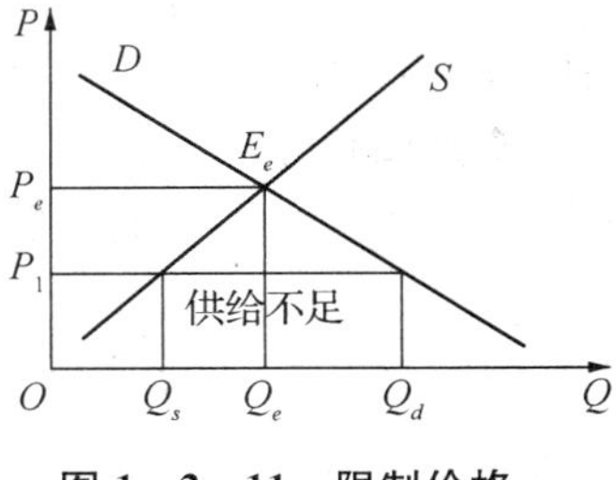

图 1－2－11　限制价格

限制价格的实行虽然有利于社会平等的实行，有利于社会的安定，但也有不利作用。例如，租金控制，这种政策的目的是帮助穷人更能租得起房子，但它也导致了可供出租的房子数量减少，而需求又因低房租而增加，从而引起短缺。而且，低房租也会使房东不愿意花钱维持和改善房屋状况，使房客住房质量下降。此外，限制价格下的配给制还可能引发低效率和社会风气的败坏等。因此，一般经济学家都反对长期采用限制价格政策。限制价格一般是在战争或自然灾害等特殊时期使用。

任务 4　弹性理论

需求定理和供给定理告诉我们，需求量和供给量都随商品自身价格的变动而变动，但并没有说明需求量和供给量变动对商品自身价格变动的反应程度。因此，本节我们将引入弹性概念，它为我们提供一个对供求与价格变化之间关系进行量化分析的工具。

弹性原是物理学名词，指一物体对外部力量的反应程度。在经济学中，弹性是指经济变量之间存在函数关系时，因变量对自变量变化的反应程度。弹性的大小可用弹性系数 E 来表示。设两个经济变量之间的函数关系为 $Y=F(X)$，则弹性系数的公式为：

$$E=\frac{\text{因变量变动的百分比}}{\text{自变量变动的百分比}}=\frac{\Delta Y/Y}{\Delta X/X}=\frac{\Delta Y}{\Delta X}\cdot\frac{X}{Y}$$

一、需求弹性

在影响商品需求数量变动的各种因素中，经济学家侧重从量上分析商品自身的价格、相关商品的价格以及消费者收入水平这三种因素与需求量之间的函数关系，即需求价格弹性、需求交叉价格弹性及需求收入弹性。

（一）需求价格弹性

1. 需求价格弹性的含义及计算

需求价格弹性，简称价格弹性或需求弹性，是指价格变动所引起的需求量变动的比率，它反映了需求量变动对价格变动的敏感程度。计算公式为：

$$E_d=\frac{\text{需求量变动的百分比}}{\text{价格变动的百分比}}=-\frac{\Delta Q/Q}{\Delta P/P}=-\frac{\Delta Q}{\Delta P}\cdot\frac{P}{Q}$$

式中，E_d 表示需求价格弹性的弹性系数，Q 代表需求量，ΔQ 代表需求量的变动量，P 代表价格，ΔP 代表价格的变动量。

由于需求量一般是与价格呈反方向变动，所以需求价格弹性系数为负值。在实际运用中，为便于比较，就在公式中加了一个负号，以使需求价格弹性系数 E_d 为正值。

【例题解析】

某商品价格从 3 元上升至 5 元，需求量从 10 单位下降至 6 单位，求该商品的需求价格弹性。

解　$E_d=-\frac{\Delta Q}{\Delta P}\cdot\frac{P}{Q}=-\frac{6-10}{5-3}\times\frac{3}{10}=0.6$

如果换个角度，某商品价格从 5 元下降至 3 元，需求量从 6 单位增加至 10 单位，则需求价格弹性为：

$$E_d=-\frac{\Delta Q}{\Delta P}\cdot\frac{P}{Q}=-\frac{10-6}{3-5}\times\frac{5}{6}=1.67$$

显然，两种计算结果不一致。产生这种差别是因为尽管 ΔQ 和 ΔP 的绝对值都相等，但

P 和 Q 所取的基数值不相同。避免这种问题的一种方法是用中点法计算弹性，即用两点价格的平均值$\frac{P_1+P_2}{2}$和两点需求量的平均值$\frac{Q_1+Q_2}{2}$来分别代替 P 值和 Q 值，因此，需求价格弹性计算公式又可以写为：

$$E_d=-\frac{\Delta Q}{\Delta P}\cdot\frac{\frac{P_1+P_2}{2}}{\frac{Q_1+Q_2}{2}}$$

该公式也被称为需求价格弹性的中点公式。

根据中点公式，上例中需求价格弹性为：

$$E_d=-\frac{6-10}{5-3}\cdot\frac{\frac{3+5}{2}}{\frac{10+6}{2}}=1$$

2. 需求价格弹性的类型

根据需求价格弹性系数的大小，一般把需求价格弹性分为五种类型，如表 1－2－3 所示。

表 1－2－3　需求价格弹性分类表

弹性系数	类　型	含　义	图　形
$E_d=0$	需求完全无弹性	无论价格如何变化，需求量都不变	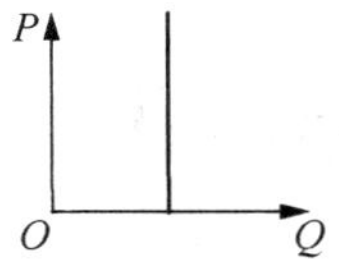
$0<E_d<1$	需求缺乏弹性	需求量变动幅度小于价格变动幅度	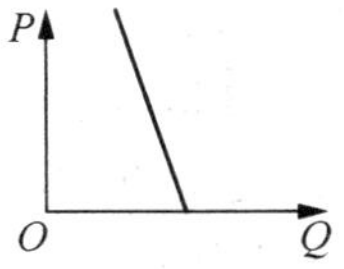
$E_d=1$	需求单位弹性	需求量变动幅度等于价格变动幅度	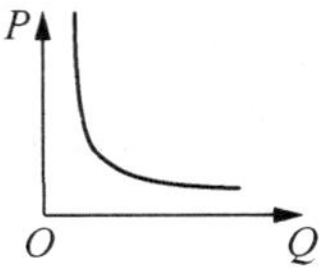
$1<E_d<\infty$	需求富有弹性	需求量变动幅度大于价格变动幅度	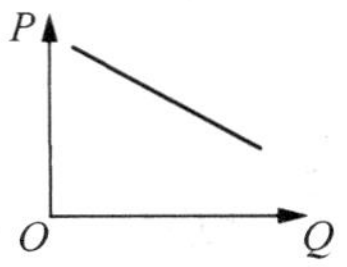
$E_d\rightarrow\infty$	需求完全有弹性	当价格为既定时，需求量无限	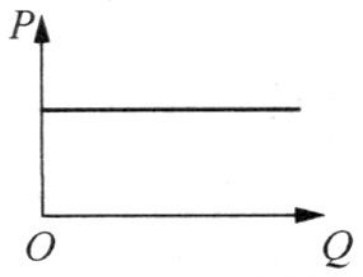

现实生活中较为常见的是需求缺乏弹性和需求富有弹性的类型。大米、蔬菜等生活必需品属于需求缺乏弹性的类型，而奢侈品、高档消费品等属于需求富有弹性的类型。

3. 需求价格弹性的影响因素

影响需求价格弹性的因素有很多，主要包括以下几个：

第一，商品的可替代程度。可替代品越多，需求越富有弹性，因为消费者从这种物品转向其他物品较为容易。例如，节假日的旅游出行，航空旅行的需求就较富有弹性，因为可选择汽车旅行、火车旅行等代替。而对于食盐来说，没有很好的替代品，所以，食盐价格的变化所引起的需求量的变化几乎为零，它的需求价格弹性是极其小的。

第二，消费者对商品的需求程度。像大米、油、盐、酱、醋等生活必需品，需求程度大而稳定，因而需求价格弹性就小；而像游艇、珠宝等奢侈品、高档消费品的需求价格弹性就较大。

第三，商品消费支出占消费者收入的比重。在家庭支出中占较小比重的商品，如毛巾、香皂、牙膏之类的商品，消费者往往不太重视价格的变化，需求弹性就小；反之，消费支出占消费者收入比重较大的商品，如汽车、珠宝之类的商品，价格变动对需求的影响大，其需求弹性也大。

第四，时间框架。物品的需求往往在长期内更富有弹性。因为，当消费者决定减少或停止对价格上升的某种商品的购买之前，他一般需要花费时间去寻找和了解该商品的可替代品。例如，当汽油价格上升时，消费者在短期内对汽油的消费只会略有减少。但随着时间的推移，人们会购买更省油的汽车，或转而乘坐公共交通工具，或搬到离工作地点近的地方。在几年之内，汽油的需求量会更大幅度地减少。

【知识专栏】

为什么粮食开放而食盐管制

从古到今，食盐都是实行政府专营的，即使是改革开放的今天，粮食都已经开放了十多年了，但是食盐仍然实行着专营，而且这种现象不光是在我国，在世界上许多国家都是无一例外地对食盐控制得很严。

连号称市场典范的美国，几乎所有商品都是由市场供求来确定生产销售的，但政府却对食盐控制得非常严格。采取协会和政府共同管理的管理模式，政府审批食盐开采，所有的制盐企业都必须在美国食品医药管理局进行登记；由美国盐业协会等行业协会和政府相关部门共同制定出各种盐的技术指标，设立专门机构对不同用途的盐的指标进行监督检查。

民以食为天，粮食比盐重要多了，为什么国家能够让粮食开放，却要监管食盐呢？

促成国家对盐的严格控制的因素有很多，从经济学的角度来说，需求弹性是造成国家对盐的严格管制的主要因素。相对而言，食盐即使升价10%，其需求量也不会怎么变化，其需求弹性远远小于1，是一种非常缺乏需求弹性的商品。当然粮食的需求弹性也非常小，但与食盐比起来，粮食的需求价格弹性还是比较丰富的，粮食品种繁多，大米、小麦、高粱、玉米等都可以相互替代。而食盐几乎找不到替代品。

正是由于食盐非常缺乏需求价格弹性，即使价格高昂，市场需求量也基本不会下降，为了防止商人逐利而引发市场混乱，从而给经济发展造成不良影响，甚至引发社会动乱，为了国计民生，国家才对其实行严格的管制。

（资料来源：于跃龙.你一定要知道的经济常识[M].中国纺织出版社，2010）

4. 需求价格弹性的应用

（1）需求价格弹性与厂商的总收益。

在现实生活中，经常会发生这样的现象：有的厂商提高自己的产品价格，能使自己的销售收入提高，而有的厂商提高自己的产品价格，却反而使自己的销售收入减少了。这意味着，以降价促销来增加销售收入的做法，对有的产品适用，对有的产品却不适用。如何解释这种现象呢？这便涉及商品的需求价格弹性和厂商的总收益两者之间的相互关系。

厂商的总收益指厂商出售一定量商品所得到的全部收入，它等于商品的价格乘以商品的销售量。在此假定销售量等于市场上的需求量。如果以 TR 代表总收益，P 为价格，Q 为销售量，则

$$TR=P\times Q$$

由于商品的需求价格弹性不同，所以，价格变化对总收益的影响也不一样。

① 需求富有弹性的商品，价格变动与总收益的关系。

假定打印机需求价格弹性系数 $E_d=2$，每台打印机的售价为 500 元，销售量为 100 台，分别分析价格下调 10%和上调 10%时，厂商的收益状况。

解　当价格下调 10%，由 $E_d=2$，可得数量增加 20%，则

$P_2=500-500\times10\%=450$(元/台)

$Q_2=100+100\times20\%=120$(台)

$TR_1=P_1\times Q_1=500\times100=50\ 000$(元)

$TR_2=P_2\times Q_2=450\times120=54\ 000$(元)

$TR_2-TR_1=54\ 000-50\ 000=4\ 000$(元)

$TR_2>TR_1$，表明价格下跌，总收益增加。

当价格上调 10%，由 $E_d=2$，可得数量减少 20%，则

$P_3=500+500\times10\%=550$(元/台)

$Q_3=100-100\times20\%=80$(台)

$TR_3=P_3\times Q_3=550\times80=44\ 000$(元)

$TR_3-TR_1=44\ 000-50\ 000=-6\ 000$(元)

$TR_3<TR_1$，表明价格上调，总收益减少。

由上例可知，如果某商品的需求富有弹性，当该商品的价格下降时，需求量增加的幅度大于价格下降的幅度，从而使总收益增加。反之，当商品价格上升时，总收益减少。这也是我们日常生活中所说的“薄利多销”的原因所在。

② 需求缺乏弹性的商品，价格变动与总收益的关系。

假设大米的需求价格弹性系数 $E_d=0.5$，每千克大米的价格为 4 元，销售量为 100 千克，分别分析价格下调 10%和上调 10%时，厂商的收益状况。

解 当价格下调 10%，由 $E_d=0.5$，可得数量增加 5%，则

$P_2=4-4\times10\%=3.6$(元/千克)

$Q_2=100+100\times5\%=105$(千克)

$TR_1=P_1\times Q_1=4\times100=400$(元)

$TR_2=P_2\times Q_2=3.6\times105=378$(元)

$TR_2-TR_1=378-400=-22$(元)

$TR_2<TR_1$，表明价格下跌，总收益减少。

当价格上调 10%，由 $E_d=0.5$，可得数量减少 5%，则

$P_3=4+4\times10\%=4.4$(元/千克)

$Q_3=100-100\times5\%=95$(千克)

$TR_3=P_3\times Q_3=4.4\times95=418$(元)

$TR_3-TR_1=418-400=18$(元)

$TR_3>TR_1$，表明价格上调，总收益增加。

由上例可知，如果某商品的需求缺乏弹性，当该商品的价格下降时，需求量增加的幅度小于价格下降的幅度，从而使总收益减少。反之，当商品价格上升时，总收益增加。

③ 需求单位弹性的商品，价格变动与总收益的关系。

对于需求单位弹性的商品，提高价格或降低价格对厂商的总收益都没有影响。因为厂商变动价格所引起的需求量的变动率是相同的。这样一来，由价格变动所造成的收益的增加量或减少量刚好等于由需求量变动所带来的总收益的减少量或增加量。所以，无论厂商是提价或是降价，总收益都是固定不变的。

为便于比较，我们把需求价格弹性与总收益变化的关系归纳如表 1-2-4 所示。

表 1-2-4 需求价格弹性与总收益的关系

需求弹性的数值	种 类	对总收益的影响
$e_d>1$	富有弹性	价格上升，总收益减少 价格下降，总收益增加
$e_d=1$	单位弹性	价格上升，总收益不变 价格下降，总收益不变
$0<e_d<1$	缺乏弹性	价格上升，总收益增加 价格下降，总收益减少

(2) 丰收悖论与谷贱伤农。

丰收悖论是经济学中非常著名的一个悖论.内容是设想某年大自然对农业格外恩惠，寒冷的冬季冻死了害虫，适于播种的春天早早到来，夏季丰沛的雨水使禾苗茁壮成长，阳光灿烂的秋季又使农作物易于收割和运输。年终，农民琼斯一家高高兴兴地围坐在火炉旁计算一年的收入。结果使他们大吃一惊:少见的好年景和大丰收却使这个农家的收入比往年减少！他的邻居以及其他地方的农民也遭遇相同的命运。

其实这个问题在我国古代早有论述。《汉书·食货志上》:“籴甚贵，伤民；甚贱，伤农。

民伤则离散，农伤则国贫。”我们把这种现象称为“谷贱伤农”。

丰收悖论的成因何在？萨缪尔森用需求弹性分析了这种奇特的矛盾现象。他认为：“答案就在于人们对食品的需求弹性。”需求弹性是衡量需求量对价格变动反应程度的概念。如果一种物品的需求量对价格变动的反应大，可以说这种物品的需求是富有弹性的；如果一种物品的需求量对价格变动的反应小，可以说这种物品的需求是缺乏弹性的。一般说，必需品倾向于需求缺乏弹性，而奢侈品倾向于需求富有弹性。丰收悖论的主要成因在于小麦、玉米等基本粮食作物缺乏需求弹性。因而，就这些必需品而言，消费者对于小麦、玉米这类产品的价格变动反应迟钝。这就意味着，收成好时，农民整体的总收益低于收成不好的时候。也就是说，粮食收成好时，供给增加从而降低了价格，但粮食价格降低并不会刺激需求有较大增加。因此，收成好反而使全体农民的总收益下降了。

（二）需求交叉价格弹性

1. 需求交叉价格弹性的含义及分类

需求交叉价格弹性衡量一种商品需求量变动对另一种商品价格变动的反应程度。计算公式为：

$$E_{xy}=\frac{X\text{ 商品需求量变动的百分比}}{Y\text{ 商品价格变动的百分比}}=\frac{\Delta Q_x/Q_x}{\Delta P_y/P_y}=\frac{\Delta Q_x}{\Delta P_y}\cdot\frac{P_y}{Q_x}$$

式中，E_{xy}表示需求交叉价格弹性系数，Q_x表示 X 商品的需求量，ΔQ_x表示 X 商品需求量的变动量，P_y表示 Y 商品的价格，ΔP_y表示 Y 商品价格的变动量。

需求交叉价格弹性是正数还是负数取决于两类商品是替代品还是互补品。替代品，需求交叉价格弹性为正值。表示随着 Y 商品价格的上升，消费者会减少 Y 商品的购买，转而增加对其替代品 X 商品的需求量。由于 Y 商品价格和 X 商品的需求量呈同方向变动，所以，其需求交叉价格弹性为正值。互补品，需求交叉价格弹性为负值。表示随着 Y 商品价格的上升，消费者会减少 Y 商品的购买，因而对其互补品 X 商品的需求量也会减少。而且需求交叉价格弹性绝对值越大，两种商品之间的互补性就越强。

2. 需求交叉价格弹性的应用

第一，理解需求交叉价格弹性，有助于企业决策和个人投资。比如你看人家经营一种商品十分赚钱，你也做起同样的生意来，这就是经营别人产品的替代品，这样势必加剧了市场竞争，恐怕竞争中被淘汰的就是你。其实，经营畅销品的互补产品不失为一种很好的思路。有的中小企业，靠着与汽车配套的思路，生产车用地毯、车灯、反光镜配件，结果取得了良好的经营业绩。

第二，理解需求交叉价格弹性，有助于企业制定合理价格。例如，生产彩色喷墨打印机和墨盒两种产品的企业的定价。彩色喷墨打印机是基本品，墨盒是配套品，基本品应定价低，配套品应定高价，事实也就是这样，彩色喷墨打印机一台售价仅为 400～500 元人民币，低价很诱人，但买下后才发现更换一个墨盒的价格是 200 元人民币，一种色彩的油墨用完，不换墨盒就不能保证画面质量，而换三个墨盒的价格比一台彩色喷墨打印机还贵。根据交叉弹性的定价原理，面对基本品——打印机，定价过高消费者处于主动地位，需求弹性较大，只有定低价才能吸引消费者购买，一旦基本品买下，配套品的选择余地就小了，消费者往往处于缺乏替代的被动地位，此时定高价能够获取较高利润，如果反过来基本品定价高结果导致需求者寥寥无几，那么配套品定价再低也已失去意义。

（三）需求收入弹性

1. 需求收入弹性的含义及分类

需求收入弹性衡量了需求量变动对收入变动的敏感程度。计算公式为：

$$E_m = \frac{\text{需求量变动的百分比}}{\text{收入变动的百分比}} = \frac{\Delta Q/Q}{\Delta I/I} = \frac{\Delta Q}{\Delta I} \cdot \frac{I}{Q}$$

式中，E_m表示需求收入弹性系数，Q 代表需求量，ΔQ 代表需求量的变动量，I 代表收入，ΔI 代表收入的变动量。

一般来说，消费者的收入与需求量是同方向变动的。但各种商品的需求收入弹性大小并不相同，依据需求收入弹性数值，可将商品分为以下几种：一是正常品，收入提高，需求量增加，需求收入弹性系数为正值。其中像食物、衣服等生活必需品的收入弹性较小，因为即使消费者收入很低，他们也要购买这一类商品。而像钻石和游艇这类奢侈品往往收入弹性很大，因为消费者觉得，如果收入太低，他们完全可以不消费这类商品。二是劣等品，如低档面料等，收入提高，需求量减少，需求收入弹性系数为负值。

2. 需求收入弹性的应用：恩格尔定律

19 世纪，德国统计学家恩格尔从长期统计资料分析中发现，随着人们收入的增加，用于食品方面的支出在全部支出中所占的比重越来越小，这被称作恩格尔定律。食物支出在全部支出中所占的比例，称为恩格尔系数。

恩格尔系数是衡量一个国家或一个家庭富裕程度与生活水平高低的标志。一般来说，恩格尔系数越高，即食物支出在全部支出中的比重越高，那么用于医疗、教育、娱乐等方面的支出较少，所以富裕程度和生活水平越低；同理，恩格尔系数越低，代表富裕程度和生活水平越高。联合国粮农组织提出了一个划分贫困与富裕之间的标准：恩格尔系数在 59%以上为贫困；50%～59%之间为温饱；40%～50%为小康；30%～40%为富裕；30%以下为最富裕。1978 年中国农村家庭的恩格尔系数约 68%，城镇家庭约 59%，平均计算超过 60%，中国是贫困国家，温饱还没有解决。当时中国没有解决温饱的人口两亿四千八百万人。改革开放以后，随着国民经济的发展和人们整体收入水平的提高，中国农村家庭、城镇家庭的恩格尔系数都不断下降。到 2003 年，中国农村居民家庭恩格尔系数已经下降到 46%，城镇居民家庭约 37%，加权平均约 40%，就是说已经达到小康状态。可以预测，中国农村、城镇居民的恩格尔系数还将不断下降。根据《时事报告》杂志 2016 年第 2 期《6.9%的经济增速怎么看》提供的数据，中国 2015 年恩格尔系数已经降为 30.6%。

二、供给弹性

（一）供给价格弹性的含义

供给弹性通常是指供给价格弹性，它衡量供给量变动对价格变动的敏感程度。计算公式为：

$$E_s = \frac{\text{供给量变动的百分比}}{\text{价格变动的百分比}} = \frac{\Delta Q/Q}{\Delta P/P} = \frac{\Delta Q}{\Delta P} \cdot \frac{P}{Q}$$

式中，E_s表示供给价格弹性系数，Q 代表供给量，ΔQ 代表供给量的变动量，P 代表价格，ΔP 代表价格的变动量。

（二）供给价格弹性的分类

根据不同商品供给价格弹性的大小，一般把商品分为五类，如表 1－2－5 所示。

表 1－2－5　供给价格弹性分类

弹性系数	类　型	含　义	图　形
$E_s=0$	供给完全无弹性	无论价格如何变化，供给量都不变	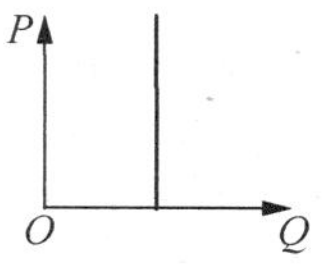
$0<E_s<1$	供给缺乏弹性	供给量变动幅度小于价格变动幅度	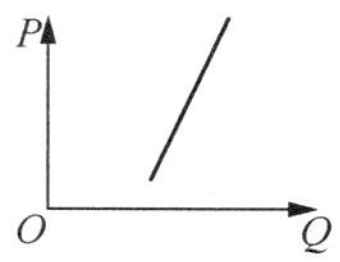
$E_s=1$	单位供给弹性	供给量变动幅度等于价格变动幅度	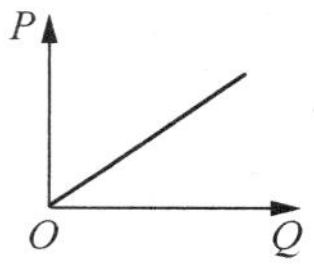
$1<E_s<\infty$	供给富有弹性	供给量变动幅度大于价格变动幅度	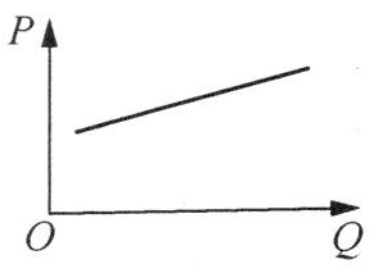
$E_s\to\infty$	供给完全有弹性	当价格为既定时，供给量无限	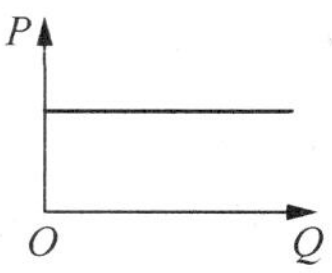

在现实生活中，供给完全无弹性、单位供给弹性和供给完全有弹性比较少见，大多数商品的供给不是富有弹性就是缺乏弹性。一些不可再生性资源如土地以及无法复制的珍品的供给价格弹性等于零，而在劳动力严重过剩地区劳动力供给曲线具有完全弹性的特点。

（三）供给价格弹性的影响因素

影响供给价格弹性的因素有很多，其中主要有：

第一，时间因素。当商品价格发生变化时，厂商对产量的调整需要一定的时间。在短期内，厂商要根据商品的涨价及时地增加产量，或根据商品的降价减少产量，都存在不同程度的困难，则供给弹性小，反之，供给弹性大。

第二，生产成本的变化。在其他条件不变的情况下，如果产量增加只引起边际成本轻微的提高，则产品的供给弹性就大；相反，如果产量增加促使边际成本显著增加，则供给弹性就小。

第三，生产周期的长短。在一定时期内，对于生产周期较短的产品，则产量调整比较快，供给弹性大；反之，生产周期较长的产品，供给弹性小。

同步练习

一、选择题

1. 张某对面包的需求表示(　　)。

A. 张某买了面包

B. 张某没有买面包，而买了煎饼

C. 面包每个 1 元时，张某准备用现有的收入买 4 个，而每个为 2 元时，准备买 1 个

D. 张某准备买 10 个，但钱没带够

E. 以上都不表示需求

2. 需求规律说明(　　)。

A. 药品的价格上涨会使药品质量提高

B. 计算机价格下降导致电视销售量增加

C. 丝绸价格提高，游览公园的人数增加

D. 汽车的价格提高，汽车的销售量减少

E. 羽毛球的价格下降，球拍的销售量增加

3. 当出租车租金上涨后，对公共汽车服务的(　　)。

A. 需求增加　　B. 需求量增加　　C. 需求减少　　D. 需求量减少

E. 无法确定

4. 需求的减少意味着需求量(　　)。

A. 在任何价格水平下都不降低　　B. 仅在均衡价格水平下降低

C. 在一些价格水平下降低　　D. 在大部分价格水平下降低

E. 在所有价格水平下降低

5. 下列哪一项会导致面包的需求曲线向右移动(　　)。

A. 面粉价格的上涨　　B. 果酱价格的上涨

C. 收入的下降　　D. 花生酱价格的下降

6. 对大白菜供给的减少，不可能是由于(　　)。

A. 气候异常严寒　　B. 政策限制大白菜的种植

C. 大白菜的价格下降　　D. 化肥价格上涨

E. 无法确定

7. 如果一种物品价格高于均衡价格(　　)。

A. 存在过剩，而且价格将上升　　B. 存在过剩，而且价格将下降

C. 存在短缺，而且价格将上升　　D. 存在短缺，而且价格将下降

8. 如果一种物品价格低于均衡价格（　　）。

A. 存在过剩，而且价格将上升　　B. 存在过剩，而且价格将下降

C. 存在短缺，而且价格将上升　　D. 存在短缺，而且价格将下降

9. 文明社会中，人们对火葬服务的需求特征是（　　）。

A. 消费者的需求随价格的提高而提高

B. 消费者的价格需求弹性较小

C. 消费者的价格需求弹性很大

D. 消费者的价格需求弹性为 1

10. 影响需求量的主要因素是（　　）。

A. 消费者的偏好　　B. 消费者收入水平

C. 消费者的预期　　D. 商品的价格

11. 在其他条件不变的情况下，商品的价格越高，则（　　）。

A. 供给量越大　　B. 供给量越小　　C. 供给越大　　D. 供给越小

12. 限制价格的条件下，往往会出现（　　）。

A. 黑市交易　　B. 超额供给

C. 政府收购过剩品　　D. 均衡交易量增加

13. 一种商品价格下降对其互补品最直接的影响是（　　）。

A. 互补品的需求量增加　　B. 互补品的需求曲线向右移动

C. 互补品的供给曲线向右移动　　D. 互补品的价格下降

14. 在其他条件不变的条件下，商品的价格越高则（　　）。

A. 需求量越大　　B. 需求量越小

C. 供给量不变　　D. 供给量越小

15. 下列物品可视为互补品的是（　　）。

A. 乒乓球和乒乓球拍　　B. 白菜和茄子

C. 牛肉和猪肉　　D. 汽车和火车

16. 影响商品供给量增加的是由于（　　）。

A. 生产技术水平提高　　B. 生产技术水平下降

C. 生产成本提高　　D. 商品本身价格提高

17. 粮食的需求价格弹性较小是由于（　　）。

A. 它在消费者预算支出所占的比重小　　B. 它的替代程度高

C. 它的用途较广泛　　D. 它是消费者基本生活必需品

18. 下列各组物品可称为替代品的是（　　）。

A. 乒乓球和乒乓球拍　　B. 长途汽车和火车

C. 大床和棉被　　D. 台灯和节能灯泡

19. 市场供给减少将导致（　　）。

A. 均衡价格下降，均衡数量增加

B. 均衡价格下降，均衡数量减少

C. 均衡价格上升，均衡数量减少

D. 均衡价格不变，均衡数量不变

20. 影响汽车需求量变动的因素是（　　）。

A. 汽车价格　　B. 消费者收入

C. 技术进步　　D. 汽油价格

21. 下列哪一件事使手表需求曲线向右移（　　）。

A. 手表的价格下降

B. 如果手表是正常物品，消费者收入减少

C. 如果手表电池与手表是互补品，手表电池价格下降

D. 手表的价格上升

22. 以下各项除了（　　）都使手表供给曲线向右移动。

A. 手表价格上升

B. 用于制造手表的技术进步

C. 用于制造手表的工人工资下降

D. 制造者预期未来手表价格下降

23. 假设公寓的均衡价格是每月 500 元，而政府规定租金限制在 250 元。由于租金限制，下列哪一种情况是不可能发生的（　　）。

A. 住房短缺　　B. 房东对公寓租赁者提供较差的服务

C. 等待租房的买者会排长队　　D. 公寓的质量将提高

24. 一种物品需求增加，将会引起（　　）。

A. 均衡价格和数量增加　　B. 均衡价格和数量减少

C. 均衡价格上升，而均衡数量减少　　D. 均衡价格下降，而均衡数量增加

25. 一种物品供给减少，将会引起（　　）。

A. 均衡价格和数量增加　　B. 均衡价格和数量减少

C. 均衡价格上升，而均衡数量减少　　D. 均衡价格下降，而均衡数量增加

二、实训项目

1. 分析下列事件的影响。

(1) 对冰激凌市场：

① 夏季天气屡创高温。

② 夏季发生地震摧毁了几家冰激凌工厂。

(2) 对家用车市场：

① 钢铁工人的罢工提高了钢材价格。

② 工程师开发出用于家用车生产的新的机器。

③ 客货两用车价格上升。

④ 股市崩盘减少了人们的财产。

2. 禁毒使得与毒品有关的犯罪减少还是增加？

3. 当大学的农业科学家培育出能比现有品种更高产的小麦杂交品种时，种小麦的农民会有什么变动，他们愿意接受新的品种吗？小麦市场会发生什么变动？

4. 奶茶市场的需求与供给表如下：

价格(元)	需求量(杯)	供给量(杯)
4	135	26
5	104	53
6	81	81
7	68	98
8	53	110
9	39	121

(1) 画出需求与供给曲线。该市场上的均衡价格和均衡数量是多少？

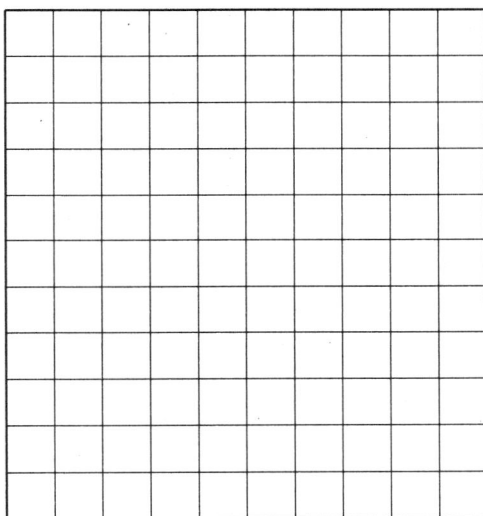

(2) 如果该市场上实际价格高于均衡价格,什么会使市场趋向于均衡？

(3) 如果该市场上实际价格低于均衡价格,什么会使市场趋向于均衡？

(4) 如果科学家发现,多喝奶茶会导致肥胖,这对奶茶的均衡价格和均衡量有什么影响？

微信扫码查看

项目二
消费者行为分析

模块1　消费者收入

教学目标

了解消费者的收入来源，理解工资、地租、利息等生产要素报酬的决定及其特点，了解收入分配衡量的指标和标准。

教学重点

1. 消费者收入来源；
2. 工资、地租、利息等生产要素报酬的决定及其特点；
3. 收入分配衡量的指标和标准。

课前阅读

价值悖论

作为生活必需品的水价值很低，奢侈品钻石的价值却很高，但为什么水的价值比钻石低？尽管在维持生存的价值上水要高出钻石，但是市场价水却不如钻石。当消费量较小时，两者相比水的边际效用要大于钻石，因此两者都缺少的时候，水的价值就更高。事实上，现在我们对水的消费量往往都比较大，钻石的消费量却远没有那么大。

大量水的边际效用小于少量钻石的边际效用，而并不应该比较总价值。尽管水作为人类生存必需品的总体价值十分大，但是全球的水资源足够充沛，水的边际效用也就处在相对较低水平。

急需用水的领域一旦被满足，水就被用作不那么紧急的用途，边际效用因此递减。所以，水的总量增加，水的总体价值就减少。钻石的情况就不同了，不管地球上到底有多少钻石，市场上的钻石始终是少量，一颗钻石的用途比一杯水大得多得多得多。所以钻石对于人更有价值，钻石的价格远高于水。

对此，亚当·斯密在《国富论》中指出：没什么东西比水更有用；能用它交换的货物却非常有限；很少的东西就可以换到水。相反，钻石没有什么用处，但可以用它换来大量的货品。

钻石与水的价值悖论，即是中国俗谚中的：物以稀为贵。

根据这一现象，亚当·斯密用价值论来解释，即交换价值和使用价值。水的使用价值很高，但几乎没有交换价值；相反，钻石虽然使用价值很低，但交换价值却很高。

任务1 消费者收入

消费者产生消费行为消耗的资源就是消费者的收入。消费者收入(Consumer Income)是指消费者个人从各种来源所得到的货币收入，通常包括个人的工资、奖金、其他劳动收入、退休金、助学金、红利、馈赠、出租收入等。消费者收入主要形成消费资料购买力，这是社会购买力的重要组成部分。

一、消费者收入的来源

消费者收入的来源就是其自身拥有的生产要素的报酬。生产要素是指为进行生产和服务活动而投入的各种经济资源。人的欲望要用各种物质产品或劳务来满足。物质产品或劳务要用各种资源来生产。资源是指人们用于生产物品和劳务的人力资源、自然资源、资本资源和企业家才能。

(1) 人力资源，即劳动力；

(2) 自然资源，包括土地、矿藏、森林、水域等等，这里主要指土地；

(3) 资本资源，由以上两种资源生产出来的厂房、设备、原材料等；

(4) 企业家才能，指管理者对生产活动的组织和协调能力。企业家是一个经济学的概念，它是说明企业经营者的一种素质，而不是一种职务；企业家可以是董事长、总经理；但董事长、总经理并非都是企业家。

这些经济资源也被称为生产要素。以上也就是生产要素的四种类型：劳动、土地、资本与企业家才能。

生产要素的市场价格，由其需求和供给决定，具有不同于一般商品的需求和供给的特点，不同生产要素均衡价格决定具有不同特点。

四种主要生产要素价格：工资、利息、地租和利润。

土地、资本具有两种价格；劳动、企业家才能只有服务价格。本教材所讲生产要素价格除非特别指明，指的都是生产要素的服务价格。

生产要素价格构成厂商成本，也构成要素所有者的收入，要素价格决定也是国民收入在要素所有者之间的分配问题。即“产品成本＝要素收入＝产品价值”。

二、工资——劳动价格的决定

劳动力所提供劳务的报酬就是工资，即劳务这种生产要素的价格。在这一过程中，劳动者提供了劳动，获得了作为收入的工资。

劳动价格的决定要分为完全竞争条件和不完全竞争条件下分别进行分析。

(一) 完全竞争条件下工资的决定

完全竞争劳动市场具有以下特征：所有劳动都是同质的无差别的，该种劳动的供给者很多，劳动要素的需求者也很多，因而，任何单个劳动的供给者和需求者都不能影响劳动的价格；每个供给者和需求者都不可能形成各自的垄断，但可以自由地进入或退出市场。

完全竞争劳动市场均衡工资是由劳动的需求和劳动的供给相互作用的结果。

劳动需求是指在各种可能的工资下，企业愿意雇佣的劳动数量。对于每一个具有理性的企业而言，总是根据利润最大化的原则来选择使用劳动的数量。当工资水平提高时，所有企业使用劳动的数量将减少，从而劳动的市场需求量减少；反之，当工资水平降低时，单个企业对劳动需求量的增加将导致劳动的市场需求量增加。表现在图像上，便如图 2－1－1 所示（纵轴 W 为工资水平，横轴 L 为劳动需求量），劳动需求曲线 D_L 自左上方向右下方倾斜。

劳动供给是指在各种可能的价格水平（工资）下，人们愿意提供的劳动数量。劳动供给有自己特殊的规律，一般来说，当工资增加时，劳动会增加，但工资增加到一定程度后，如果再继续增加，劳动不但不会增加，反而会减少。这是因为，工资收入增加到一定程度后，货币的边际效用递减，足以抵制劳动的负效应，从而劳动会减少。表现在图像上如图 2－1－1 所示，S_L 为劳动供给曲线，当工资低于一定水平（W_1）时，工资越高，劳动供给量越大；当工资越过一定水平（W_1）后，工资越高，劳动供给量越小。

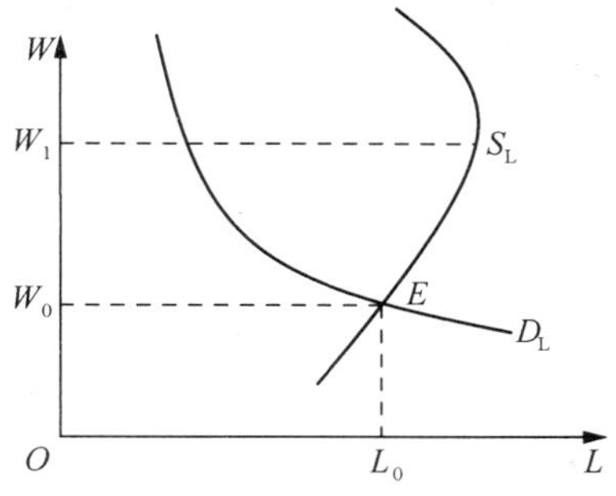

图 2－1－1　劳动的供求曲线

在完全竞争市场条件下，劳动供求关系决定了均衡工资，劳动需求曲线与劳动供给曲线的交点就是均衡点，该点对应的工资是劳动市场均衡工资，即能使劳动市场供求相等的工资，此时，劳动的供给量和需求量相等。现实生活中，市场工资是围绕均衡工资而上下波动的，当劳动的需求大于供给时，工资会上升，从而增加劳动的供给，减少劳动的需求；当劳动的需求小于供给时，工资会下降，从而减少劳动的供给，增加劳动的需求。正如价格的调节使物品市场实现供求相等一样，工资的调节也使劳动市场实现供求平衡，并保证充分就业。

影响劳动供给的主要因素有：劳动的价格——工资率；劳动者的偏好，即指劳动者对工作或闲暇的选择；人口总量或人口规模；劳动力与其他要素相比较的投放比率；劳动者受教育的程度、职业及地理分布以及有关的立法制度等。

【案例欣赏】

更高的收入还是更好的生活质量

李玲是某电脑公司的职员，她负责公司的销售，几年下来，凭借聪明和努力，每个月的薪水在 1 万元以上。今年春天，公司的销售经理升职了，总经理提出由她来做销售公司的经理，谁知却被她婉言谢绝了。其理由是，一旦出任这个职位，势必要花费更多的精力和时间，这样自己的生活质量就会下降，如果不能好好休息的话，工作质量也会下降。她对记者说：

"如果当经理,我每月薪水增加3000多元,可是我却会失去更多的东西,我宁愿不要这3000多元,而维持一种生活质量。"

（资料来源:黄海沧.西方经济学课程讲义）

（二）不完全竞争条件下工资的决定

现实生活中,劳动市场存在不完全竞争,主要表现在:

（1）自由进入某一职业劳动市场的条件存在限制。例如,接受训练的能力有限,工会的反对或其他的阻碍,因而,能够进入该市场的人,总是比希望进入该市场的人少。

（2）雇主的市场力量。当某一劳动市场的雇主只是少数几个厂商时,就会形成买方垄断。这些雇主可以通过协议或单方面的行动,把工资压低到低于竞争性市场通常的水平。

（3）工会的力量。通过组织工会,工人能够对抗雇主的买方垄断,使工资接近甚至高于竞争性的工资水平。

（4）工资法律的限制,如政府实行的最低工资标准。

（5）习惯的限制,如种族、性别等方面的歧视。

不完全竞争市场有两种不同的情况:一种是买方垄断的市场,劳动的供给是由众多的相互竞争的劳动者提供的劳动所形成,而购买劳动的厂商只有一家,即对劳动的需求是垄断购买的情况;另一种是卖方垄断的市场,对劳动的需求是由众多的相互竞争的厂商购买形成的,而劳动者却由工会组织在一起,成为要素市场的卖方垄断者。在这种不完全竞争的劳动市场上,工会对工资的决定通常起着重大的作用,这里,我们重点介绍一下工会在工资决定中的作用。

工人通过工会组织在一起,集体出售他们的劳动。工会组织会尽量采取措施以提高工人的工资,具体方法有:① 限制劳动的供给。工会通过支持移民限制,缩短每周工时,延长休假期,限制雇佣童工和女工,高额的入会费,拒绝接受新会员,降低劳动强度等,这些都是曾经使用过的限制劳动供给的方法。在需求不变的情况下,通过减少劳动的供给,可以提高工资,但会使就业人数减少。② 增加对劳动的需求。工会可以使劳动需求增加。通过支持保护关税、广告竞争等办法,增加对厂商产品的需求,以提高对劳动的需求。在劳动供给不变的条件下,工会通过增加对劳动的需求,改变市场上劳动的供求关系,使需求大于供给,从而使工资上升,这样不但会使工资增加,而且还可以增加就业机会。③ 最低工资法。工会通过其强大的力量迫使政府通过法律形式规定最低工资,这样即使在劳动供给大于需求的情况下,也可以使工资维持在一定水平上。但这种方法可能会带来一定的失业人口。工会虽然在工资的决定中起了很重要的作用,但其影响程度同时也受到一些因素的限制。例如,整个经济形势的好坏、劳资双方力量对比、政府干预的程度与倾向性、工会的斗争方式与艺术、社会对工会的同情和支持程度等。工会只有善于利用各方面的条件,才能尽可能多地争取为工人提高工资的机会。

从长期看,由于劳动者可以自由流动或改换行业,又有新劳动者加入,所以,劳动者数量是可变的。这种可变性导致劳动供给曲线的弹性较大。

三、地租——土地价格的决定

（一）地租

我们需要区分两种土地的价格：购买价格和租赁价格。土地的购买价格是个人为了无限期地拥有一定量的土地生产要素而支付的价格。租赁价格是个人为了在一定时期内使用一定量的土地生产要素而支付的价格。从一般意义上说，土地购买价格的决定与其他商品的价格一样，所以不再分析；这里我们着重分析土地的租赁价格，即地租。

所谓地租就是指作为生产要素的土地的价格，是土地所有者对生产过程的贡献而获得的收入，它是使用土地这一生产要素的价格。地租由土地的供给与需求决定。

1. 土地的需求

土地的需求是指在各种可能的地租下，人们对土地的需求量。厂商对土地的需求取决于土地的边际生产力（即土地的边际产品价值），土地的边际生产力也是递减的。由于每个厂商使用土地的边际生产力服从递减规律，因而土地的市场需求曲线是一条向右下方倾斜的曲线，如图 2-1-2 所示。

2. 土地的供给

土地的供给是指在各种可能地租下，人们愿意提供的土地数量。土地作为一种自然资源具有数量有限、位置不变，以及不能再生的特点。土地的供给是固定的，因为一个地区，它可以利用的土地总有一定的限度，这样，土地的供给数量不随地租率的变动而变动，所以土地的供给曲线是一条与横轴垂直的直线，如图 2-1-3 所示。

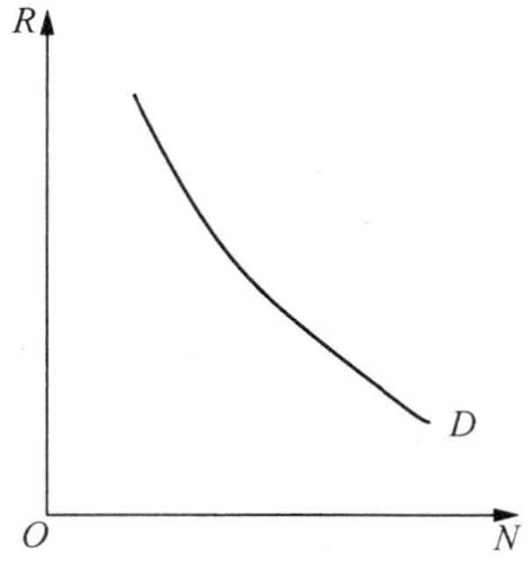

图 2-1-2　土地的市场需求曲线

N:土地的供给量；R:地租率

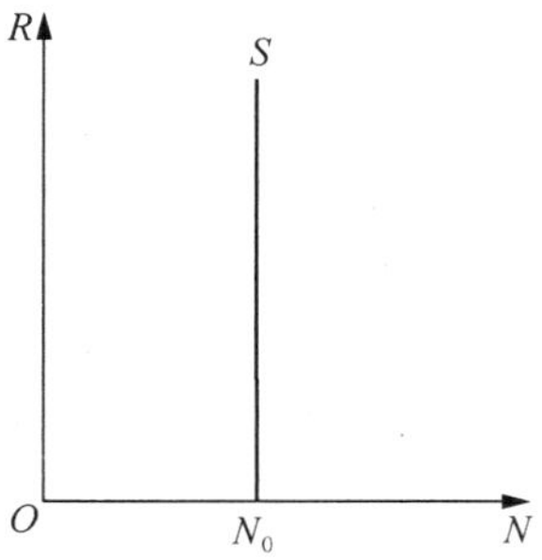

图 2-1-3　土地的市场供给曲线

N:土地的供给量；R:地租率

（二）地租的决定

地租是土地这一生产要素的价格，同劳动和资本的价格由该要素的供给与需求共同决定，劳动的需求取决于劳动的边际生产力之值一样，地租率的高低也由土地的供求决定，租地人对土地的需求取决于土地的边际生产力。但由于土地这种自然资源并非人类劳动的产物，也不能通过人类劳动增加其供应量，它具有数量有限、位置不变，以及不能再生产的特点。因此，地租的性质和地租率的大小的决定具有与劳动的工资和资本的利息不完全相同的特点。

由于土地的供给量是固定不变的，因此，土地的供给曲线是一条与横轴垂直的线。而土地的边际生产率是递减的，因此，取决于土地的边际生产力的需求曲线是一条向右下方倾斜的曲线。两条曲线的交点决定地租水平，如图 2-1-4 所示。

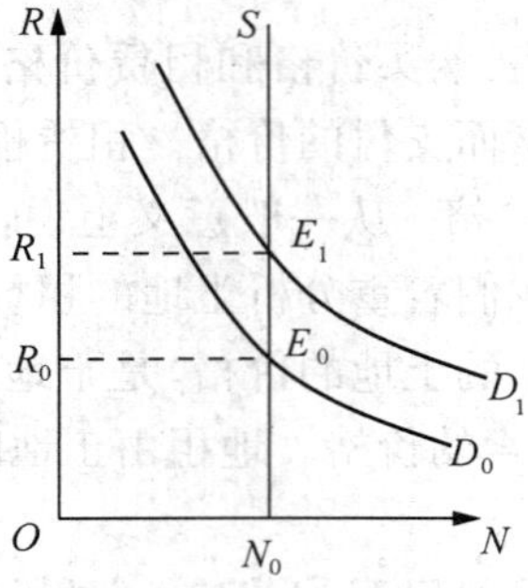

图 2-1-4　土地的市场需求曲线变动

N：土地的供给量；R：地租率

随着经济的发展，对土地的需求不断增加，而土地的供给不能增加，这样，地租就有不断上升的趋势。

将向右下方倾斜的土地的市场需求曲线与土地供给曲线结合起来，即可决定使用土地的均衡价格。

1. 地租的变化规律

随着经济的发展，对土地的需求不断增加，而土地的供给不能增加，这样，地租就有不断上升的趋势。

如图 2-1-4 所示，横轴为土地量 N，纵轴为地租 R，垂直于横坐标线 S_N 为土地的供给曲线，向右下方倾斜的曲线 D_N 为土地的需求曲线，D_N 与 S_N 相交于 E 点。

从图 2-1-4 中可以看出，土地的供给量固定为 N_0，需求曲线与供给曲线的交点所对应的均衡价格即为地租 R_0。

然而随着经济的发展，生产力水平的不断提升，人们对土地的需求也在不断增加，但由于土地供给的特殊性使得土地的供给是固定的，因此，地租有不断上升的趋势。

图 2-1-4 中，当土地的需求增加时，土地的需求曲线由 D_0 向上移至 D_1，土地的供给曲线不变。D_0、D_1 分别与 S_N 相交于 E_0、E_1 两点，所决定的地租分别为 R_0、R_1，$R_1 > R_0$。这就说明了地租是随着土地的需求增加而增加的。

2. 经济租金、准租金、级差地租

(1) 经济租金。

如果生产要素所有者所得到的实际收入高于他们所希望得到的收入，则超过的这部分收入就被称为经济租金。经济租金是指要素收入与转移收入的差额。转移收入是指要素在次优用途上可能获得的报酬。土地所有者得到的地租就是经济租金。土地的供给量是固定的，不管地租怎么变化，土地的供给量仍然保持不变。换句话说，土地是自然的赠予，即使地租降到接近于零的水平，土地所有者也会提供土地。如果他们不提供土地，那么他们将什么也得不到。因此，地租不是经济社会为得到土地而必须支付的报酬，它是土地所有者得到的超过愿意接受的收入部分，因而是一种生产者剩余，是土地所有者得到的额外部分，该收入是土地所有者实际收入的增加。

纯粹经济租金(或称纯经济地租)是指从长期来看,供给固定且不存在其他用途的要素的报酬。纯粹经济租金的特点:不是要素成本改变,使用该要素生产出来的商品的价格变化,而是相应商品的价格决定着使用该要素的成本——石油的价格决定着油田的租金,而不是油田的租金决定着石油的价格。

油田的供给大体上是固定的,且油田只能用于开采石油,油田的报酬可看成为纯经济租金。是一个店面的租金贵导致商家所卖的商品价格高,还是该店面地点好,东西好卖也能卖出好价钱,导致该店面的租金贵?这也是经济租金可以解释的。

【案例解析】

某电影明星年收入500万元,他从事其他工作最多可获得年薪10万元,其经济租金为490万元。类似的情况还有超级明星现象。为美国NBA队打球的姚明每年的收入为1 000万美元,他之所以能得到如此高的收入是因为像他这样的专门人才的供给极少,而对他的需求却增长很快。因而,他的收入大大超过了使他留在篮球界所必须支付的最低报酬,其剩余的部分就是经济租金。

(2) 准租金。

准租金是指供给固定资产(供给固定且不存在其他用途的生产要素)在短期内所得到的收入。因其性质类似地租,而被马歇尔称为准租金。

$$准租金 = 企业总收益 - 总可变成本$$

准租金是指在短期内供给固定不变的生产要素的报酬。所有一切人为形成的实物资本和人力资本,其供给量在短期内是固定的,而在长期中却是一个可变量。例如,生产设备、出租的房屋、各种专业人才等资源,它们在短期内供给不变的情况下所得到的报酬就是准租金。我们以生产设备为例做一分析。在短期内,企业的生产设备的供给量是固定不变的,要生产一部分新的机器设备需要一定的时间。因此,在这段时间内,如果需求增加了,生产要素的报酬就要提高。这部分资金的报酬就是准租金。但是,在长期里,准租金将消失。这种生产要素的报酬所以称为"准租金",是因为它在短期里和租金的特点极为相似,属于一种租金;但它又不是真正的租金,它在长期里将消失。

准地租与经济地租是不一样的,准地租仅在短期内存在,而经济地租在长期中也存在,属于长期分析,它的存在是以要素供给量的稀缺和对它的高需求增长为前提的。

(3) 级差地租。

级差地租的存在有两个必要的条件:一是土地的有限性;二是土地的肥沃程度和位置上的差异。由于土地肥沃程度和位置不同,等量投资的劳动生产率就会不一样,因而人们尽可能选择产出水平高的土地和地段优先耕种。

级差地租理论一般有两种形态。

从经济学角度来看,人们耕种劣等地的原因是市场对农产品需求增长。在劣等地土地上生产出来的农产品也能售出的情况下,市场上的农产品的价格实际上是按照劣等地土地投入的劳动量来计算的。这样，级差地租便产生了，它是获得的超过劣等地平均利润的超额利润。这是级差地租的第一种形态。

由于存在“土地报酬率递减规律”，即使是在同一块土地上，如果连续追加等量劳动和资本，产出量也终将下降，就使这块土地上的原始投资获得了超额利润，并形成级差地租。这是级差地租的第二种形态。

四、利息——资本价格的决定

（一）利息和利息的表示

为什么资本能带来利息？资本是一种重要的生产要素，是由经济制度本身生产出来并被用作投入要素以便进一步生产更多的商品和劳务的物品。其可以与其他要素一样在市场上被租借出去，因此，作为生产服务资本也有一个价格，即个人为在有限时期内使用资本要素而支付的价格，或者说，资本所有权所得到的价格，这一价格通常称为利息。资本的净生产力是资本能带来利息的根源。利息是使用资本这一生产要素的报酬，即资本的价格是资本所有者的收入。西方经济学认为，资本之所以能带来利息，这是因为使用资本可以提高生产效率。

利息是资本这种生产要素的价格。资本的所有者提供了资本，就可以获得利息。在计算利息时，要与工资的计算方式区别开来，因为利息不是用货币的绝对量来表示，而是用利息率表示。

所谓利息率是指在一定时期（通常指一年）内一定量的货币资本所得的利息与货币资本的比率。利息率也是一种价格，即资本的借方使用这部分资本时向资本所有者支付的价格。

正因为利率也是一种价格，所以它本质上与商品价格以及生产要素价格的决定没有区别。在资本市场上，利息率也是取决于资本的需求和供给。

如货币资本为 10 000 元，一年内获得利息为 500 元，则（年）利息率为 5%。5%就是 10 000元的货币资本在一年内提供生产性服务的报酬，即这 10 000 元的价格。

由此可见，利息率 r 可用公式表示为：

$$r = \frac{Z}{P}$$

Z 为资本服务的年收入即资本的价格，P 为资本价值。这一公式是没有考虑资本本身的变化的，假如在这一时期，物价发生了上升或下跌，资本价值本身就会产生减值或增值，因此利息率公式可修改为：

$$r = \frac{Z + \Delta P}{P}$$

式中，ΔP 为资本价值的增量，可以大于、小于或等于零。

（二）利息率的决定

1. 资本的需求

企业借入资本是为了进行投资，其目的是为了实现利润最大化，这样投资的多少就取决于利润率与利息率之间的差额。利润率与利息率的差额越大，纯利润就越大，企业就越愿意投资。反之,结果相反。所以在利润率既定的情况下,利息率与投资呈反方向变动,即资本的需求曲线是一条向右下方倾斜的曲线。

2. 资本的供给

资本的供给主要来自于人们的储蓄。人们之所以愿意储蓄,是为了获取利息。所以利息率越高,人们储蓄的就越多。反之,结果相反。所以利息率与储蓄呈同方向变动,即资本的供给曲线是一条向右上方倾斜的曲线。

3. 均衡利息率的决定

均衡利息率的形成,是资本的供给与需求共同决定的,即资本的供给曲线与需求曲线相交时决定的利息率,其决定过程与均衡价格的过程是一样的。在这里就不再详细分析了。

五、消费收入理论

(一) 绝对收入假说

凯恩斯在1936年发表的《就业、利息和货币通论》中提出了消费函数的概念。凯恩斯认为,在所有影响消费的因素中,收入是最重要的因素,消费是收入的函数。随着收入的增加,消费也会增加,但是消费的增加没有收入增加得多。

(二) 相对收入假说

杜森贝利提出了相对收入假说,他认为居民的消费会受到自己过去的消费习惯以及周围消费水平的影响,也就是说,消费取决于相对收入。相对收入假说具有示范效应和棘轮效应。

(1) 示范效应。居民的消费水平会受到周围其他人的消费水平的影响。人们会与处在同一社会阶层的其他居民进行比较,力图使自己的消费水平不低于所处的社会阶层的平均水平。

(2) 棘轮效应。棘轮效应是指消费者的现期消费会受到过去消费的影响,即使收入下降,消费者依然保持过去的消费习惯,不会降低消费水平。因此,消费受过去最高水平的收入和消费的影响。

(三) 生命周期假说

莫迪利安尼在20世纪50年代提出了生命周期假说,他认为消费者会对整个人生做出消费计划,在整个生命周期内完成最优的资源配置。也就是说,消费不仅仅取决于现期收入,它是由整个生命周期内的所有收入决定的。生命周期假说提出,消费者在收入较高的青年时期和中年时期进行储蓄,老年时期的消费来自整个生命周期的储蓄积累。也就是说,每一阶段的消费取决于当期收入和已经积累的财富值。

(四) 持久收入假说

弗里德曼在1957年出版的《消费函数理论》中提出了持久收入假说,他指出消费者的消费并不完全由现期收入决定,主要由永久收入决定,即可以预期到的长期收入。弗里德曼把可支配收入划分为持久收入和暂时收入。持久收入是消费者若干年的收入的加权平均值。

(五) 生命周期—持久收入假说

生命周期假说和持久收入假说在内容上非常相似,两者看重的都是未来收入。生命周期假说强调储蓄的重要性,把财富和收入都纳入消费函数;持久收入假说强调消费者一生的预期收入。随着消费收入理论的发展,两种理论结合起来,形成了生命周期—持久收入假说(LC-PIH)。

（六）现代收入理论

霍尔于 1978 年提出了随机游走假说，将理性预期引入了消费函数，用随机方法修正持久收入和生命周期假定。霍尔指出，消费遵循随机游走，如果预期消费会发生变化，则当期消费的边际效用与预期的未来消费的边际效用不同，因此消费者会调整其当期消费，直至预期消费不再变化为止。

兰德于 1968 年提出了预防性储蓄假说。储蓄的一个重要动机是预防未来风险，风险厌恶的消费者会增加预防性储蓄，用以防范未来收入的不确定性所带来的风险，保证自己的消费水平不会因为收入的减少而下降。

霍尔、迪顿、米什金等人提出了流动性约束模型，消费者可能无法借款以支持现期消费，因此基于预期收入而进行的消费无法实现，消费受到了流动性约束，消费者只能根据当期收入进行消费。同时，消费者会把更多的收入作为储蓄防范未来的不确定性风险。

任务 2　收入分配的衡量

社会收入分配主要是收入分配是否平等的问题，衡量是否平等的标准主要为洛仑兹曲线与基尼系数。另外，在社会收入分配的问题中，还要注意平等和效率。

一、洛仑兹曲线

为了描述收入分配是否平等的问题，美国统计学家 M. O. 洛仑兹根据人口与收入的比例，划出了一条曲线，后被称为洛仑兹曲线。洛仑兹曲线是根据实际统计资料描绘出的用来衡量社会收入分配（或财产分配）平等程度的曲线，我们可以通过该曲线直观地观察一个经济社会的收入分配状况，如图 2－1－5 所示。洛仑兹曲线是用来衡量社会收入分配或财产分配平均程度的曲线。

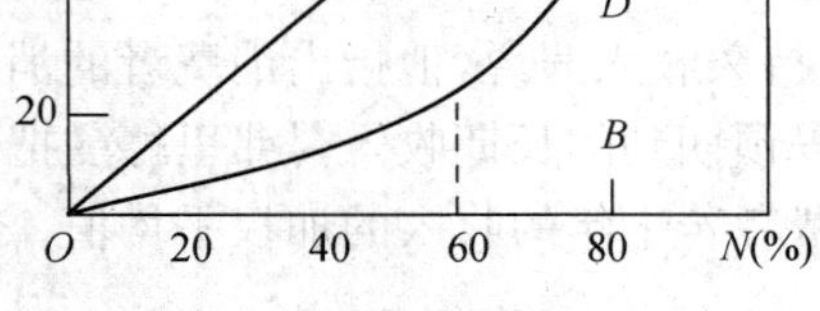

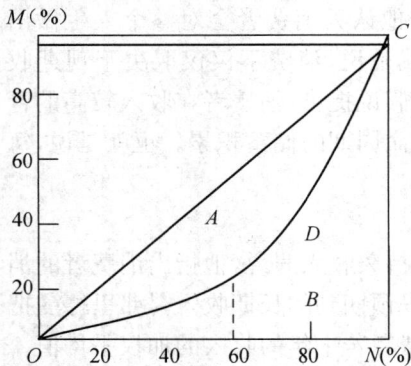

图 2－1－5　洛仑兹曲线

图 2－1－5 中横轴 *ON* 表示人口比例，并且是从收入由低到高的顺序来选取，纵轴 *OM* 为收入比例，弧线 *ODC* 即为洛仑兹曲线，对角线 *OC* 表示等比的人口拥有等比的收入，即 *OC* 为收入分配绝对平等线。但在实际收入线即弧线 *ODC* 上，这种收入分配就表现出不平等性，如 20％的人口只拥有大约 3.5％的收入，60％的人口只拥有大约 21％的收入。

显而易见，洛仑兹曲线的弯曲程度具有重要意义。一般来说，它反映了收入分配的不平等程度，弯曲程度越大，收入分配越不平等。例如，折线 *ONC* 上，存在两个极端，一方面所有收入都集中在极少数人手中；另一方面绝大部分人一无所有，此时收入分配完全不平等。相反，弯曲程度越小，收入分配越平等。

二、基尼系数

基尼系数是根据洛仑兹曲线计算出来的一个用于衡量收入分配是否平等的另一个标准。基尼系数被公认为是一种反映收入分配平等程度的指标，也被包括联合国在内的现代国际组织作为衡量各国收入分配状况的一个重要尺度。

在图 2-1-5 中，弧线 ODC 与绝对平等线 OC 之间的面积用 A 来表示，弧线 ODC 与绝对不平等线 ONC 之间的面积用 B 来表示。

则计算基尼系数的公式为：

$$\text{基尼系数} = \frac{A}{A+B}$$

根据这一公式可知，基尼系数不会大于 1，也不会小于 0，实际基尼系数总是大于零而小于 1。当 $A=0$ 时，弧线 ODC 与 OC 重合，此时基尼系数等于零，这时收入分配绝对平等；

当 $B=0$ 时，弧线 ODC 与折线 ONC 重合，此时基尼系数等于 1，表示收入分配绝对不平等。基尼系数越小，收入分配越平等；基尼系数越大，收入分配越不平等。

按照国际上通用的标准，利用基尼系数判断社会收入分配的平等与否，国际上存在通用的标准，基尼系数小于 0.2，表示绝对平等；0.2～0.3 表示比较平等；0.3～0.4 表示基本合理；0.4～0.5 表示差距较大；0.5 以上表示收入差距悬殊。日本是全球基尼系数最低的国家之一，一般在 0.25 左右，德国为 0.3 左右，而美国的基尼系数已经超过0.4的警戒线。发展中国家基尼系数一般较高，大致在 0.4 上下。中国改革开放前的基尼系数为 0.16(是绝对平均主义造成的)，2007 年已经超过警戒线 0.4 达到了 0.48。近年来，中国的基尼系数总体上呈下降趋势，2012 年到 2015 年，中国居民收入的基尼系数分别为 0.474、0.473、0.469、0.462。2016 年是 0.465，比 2015 年提高了 0.003，但是它并没有改变中国基尼系数总体下降的趋势。

三、收入不平等的原因

在经济学中，平等(Equity)指收入分配均等化。平等不等于收入分配的绝对平均，它是与社会两极分化相对立的概念。平等的理论基础是基数效用论中的边际效用递减原则，平等有利于提高社会的满足程度。

根据经济学家的解释，收入不平等的原因有以下几个方面。

(一) 社会的经济发展状况

收入分配越不平等的状况与一个社会的经济发展状况有关，根据美国经济学家库兹涅茨的研究，一个社会收入分配状况变动的规律是：在经济开始发展时，收入分配不平等随经济发展而加剧，只有发展到一定程度之后，收入分配才会随经济发展而较为平等。

(二) 要素所有权的分布不均

如前所述，市场经济是按照生产要素的边际生产率决定个人收入的。而生产要素所有权分布不均，必然会造成收入分配的不均等。

(三) 个体差异

收入分配不平等的状况与个体差异存在联系。每个人的先天能力、努力、受教育程度不同，人有着不同的智力、体力和艺术的天赋，有较高天赋的人可以从事较高收入的职业。天赋一般但勤奋努力而又吃苦耐劳，愿意从事较为艰苦的工作，也愿意从事较多工作的人，收入自然也高。特别是，人的受教育程度与个人收入之间具有极大的相关性。受教育越多，能力越强，收入水平越高，这已是一个不争的事实。

（四）其他因素

例如，地区之间经济发展不平衡、二元经济结构的存在、经济政策的倾斜、经济体制的不完善以及市场经济中风险与机遇的存在，都可能导致人们收入上的巨大差异。纯粹的市场机制会自发地造就两极分化倾向。

【数据资料解读】

表 2-1-1　1978—2010 年城乡居民家庭人均收入及恩格尔系数

年　份	农村居民家庭人均纯收入绝对数（元）	城镇居民家庭人均可支配收入绝对数（元）	农村居民恩格尔系数（%）	城镇居民恩格尔系数（%）
1978	133.6	343.4	67.7	57.5
1980	191.3	477.6	61.8	56.9
1985	397.6	739.1	57.8	53.3
1989	601.5	1 373.9	54.8	54.5
1990	686.3	1 510.2	58.8	54.2
1991	708.6	1 700.6	57.6	53.8
1992	784.0	2 026.6	57.6	53.0
1993	921.6	2 577.4	58.1	50.3
1994	1 221.0	3 496.2	58.9	50.0
1995	1 577.7	4 283.0	58.6	50.1
1996	1 926.1	4 838.9	56.3	48.8
1997	2 090.1	5 160.3	55.1	46.6
1998	2 162.0	5 425.1	53.4	44.7
1999	2 210.3	5 854.0	52.6	42.1
2000	2 253.4	6 280.0	49.1	39.4
2001	2 366.4	6 859.6	47.7	38.2
2002	2 475.6	7 702.8	46.2	37.7
2003	2 622.2	8 472.2	45.6	37.1
2004	2 936	9 422	47.2	37.7
2005	3 255	10 493	45.5	36.7
2006	3 587	11 759	43.0	35.8
2007	4 140	13 786	43.1	36.3

续　表

年　份	农村居民家庭人均纯收入绝对数(元)	城镇居民家庭人均可支配收入绝对数(元)	农村居民恩格尔系数(%)	城镇居民恩格尔系数(%)
2008	4 760	15 781	43.7	37.9
2009	5 153	17 175	41.0	36.5
2010	5 919	19 109	41.1	35.7

（资料来源：国家统计年鉴）

四、公平与效率

（一）公平

在经济学中，公平是指一定社会中人们之间利益和权利分配的合理化，社会公平则是指收入与投入的对称性和一致性。但公平不是指平均。公平是一个历史范畴，不同的社会具有不同的公平标准。不同的社会经济中，存在着性质不同的平等观。公平是一种价值判断，不同的社会制度，社会发展的不同阶段，对公平的价值判断也不相同。公平是相对的，绝对的公平是不存在的。

（二）效率

所谓效率，是指在资源有效配置的前提下，经济能够保持较高增长，即产出与投入的比率。对于既定的产出来说，投入越少，效率越高；对于既定的投入来说，产出越多，效率越高。提高经济效率也就是用尽量少的投入取得尽量多的产出。

效率原则是遵循价值规律的重要体现，反映了人与自然之间的物质变换关系。在分配中重视效率就是要贯彻正确的分配政策，鼓励和保证企业和个人充分发挥积极性、创造性，在促进整个社会经济活动的效率不断提高的基础上使个人收入增多。

经济学在讲到"公平与效率"时所讲的效率主要指资源配置的效率——通常用帕累托效率标准衡量资源配置效率，其含义是，如果没有一个人可以在不使其他人境况变坏的条件下使自己的境况变得更好，那么，资源配置就是最优的。

（三）公平与效率之间的关系

公平和效率一直是经济学家争论不休的问题，两者之间是存在矛盾的。为了效率就要牺牲某些平等，同时，为了平等也要牺牲某些效率。

在市场经济中，要获得效率，就必须付出报酬作为代价，即给生产要素所有者以相应报酬，这些报酬构成他们的收入。而生产要素的占有状况是不一样的，有人占有的资本、土地要多些，有人则少些，甚至完全不占有；有人劳动能力强些，有人则差些。因此，如果根据这种要素的供给情况分配收入，则人们的收入必然有差别，相反，为实现收入均等化如果取消或缩小这种差别，则必然损害效率。

我国过去计划经济体制下国有企业采用的平均主义的大锅饭制度能够促进平等，但是它会削弱人们的工作热情和创造热情，出工不出力，即用闲暇来替代劳动，就会降低人们的工作积极性。

过高的社会保障会使人们负担的税负过高，也会一定程度上降低积极性，损失效率。因此,两者之间存在着矛盾。由于公平和效率的矛盾存在或相互交替的关系,在处理二者之间的关系时,一般说来,要效率优先兼顾公平。

高额累进所得税、财产税和遗产税能够促进平等,但是,它们会促使人们用消费代替储蓄,用财产分散代替财产集中,用对外投资代替国内投资,从而影响国内资本积累和效率提高。

政府向低收入者提供补贴或向失业者提供失业救济,可以促进平等,但是,若这种措施力度过大,失业者便不愿接受较低工资或强度大的工作,低收入者也会丧失穷则思变的动力,从而影响到效率。

假如政府不以再分配政策干预市场甚至推行倾向于高收入阶层的分配政策就会使两极分化愈演愈烈。

除了上述替代关系外,公平与效率还存在互补关系,即二者在一定条件下具有相互促进的作用:公平在一定条件下有助于效率提高。过分不平等,影响社会稳定。效率在一定条件下有助于实现平等。追求效率也可以创造实现平等的条件。

同步练习

一、选择题

1. 最主要的生产要素是(　　)。

A. 货币、股票和债券　　B. 水、地球和知识

C. 管理、财务和营销　　D. 劳动、土地、资本

2. 汽车价格上升使厂商对汽车工人的需求(　　)。

A. 向右移动,工资增加　　B. 向左移动,工资减少

C. 向右移动,工资减少　　D. 向左移动、工资增加

3. 导致劳动需求曲线向右上方移动的原因是(　　)。

A. 产品价格降低　　B. 产品价格提高

C. 劳动价格降低　　D. 劳动价格提高

4. 劳动的市场需求曲线与供给曲线的交点,决定了(　　)。

A. 均衡的市场工资率和均衡的劳动就业量

B. 均衡的市场利率

C. 均衡的市场地租率

D. 均衡的市场汇率

5. 技术进步条件下企业倾向于资本密集型生产方式,这将导致(　　)。

A. 劳动的供给曲线向右移动　　B. 劳动的需求曲线向右移动

C. 劳动的供给曲线向左移动　　D. 劳动的需求曲线向左移动

6. 土地的供给弹性(　　)。

A. 等于无穷大　　B. 大于1　　C. 等于1　　D. 趋近于零

7. 短期内固定不变的一般资源或生产要素获得的收益(率)叫作(　　)。

A. 地租　　B. 租金　　C. 准租金　　D. 隐性成本

8. 作为收入分配贫富差距的“警戒线”是基尼系数为(　　)。

A. 0.2　　B. 0.3　　C. 0.4　　D. 0.6

9. 一国基尼系数越小,说明该国收入分配越(　　)。

A. 公平　　B. 不公平　　C. 不变　　D. 无法判断

二、实训题

如果美国的人口由于大量移民进入而突然增加,请画图说明:

(1) 美国工人的工资会发生什么变动?

(2) 土地所有者赚到的租金会有什么变动?

微信扫码查看

模块 2　消费者均衡

教学目标

了解效用基本概念及基数效用、序数效用的区别，掌握边际效用递减规律，掌握无差异曲线、预算线的分析方法，了解消费者均衡的含义及两种分析方法，了解消费者均衡的应用。

教学重点

1. 边际效用递减规律；
2. 无差异曲线、预算线的概念；
3. 消费者均衡的含义及分析方法。

任务 1　消费者效用

一、效用

我们每天都要做无数个选择，如选择周末时读书还是打球逛街，早餐喝牛奶还是豆浆，选择投资股票市场还是投资于债券市场。我们要平衡身体的需求和欲望，我们要不断地做出选择，并且个人都是根据其偏好做出不同的选择的。

经济学中的理性假设认为人们选择其认为价值最大的商品和服务，也就是倾向于选择效用最大的商品。经济学所说的效用是指消费某一商品或服务所得到的满足感和幸福感。效用是一种主观心理感受，并且具有层次性。

【案例解析】

效　用

新年后几位中学同学拿着过年所得的零花钱相约去麦当劳吃晚餐。大家说今天要吃薯条、汉堡、鸡翅、可乐，可是走到麦当劳时他们发现今天来麦当劳的人特别多，位子差不多坐满了。于是大家决定去肯德基，但发现肯德基也人满为患；这时候有人提议，还是吃中餐吧，大家去了无名餐厅，吃饱而归。在此，这些中学同学认为去麦当劳吃饭和去肯德基吃饭所得的效用相同，也等同于去无名餐厅所获得的效用。在大学校园里，中午下课后，饥肠辘辘的同学们冲向食堂，有些同学吃牛肉拉面，有些同学吃中国传统瓦罐，有些同事选择米饭和配菜，但无论何种选择给大学生们带来的效用都是相同的。

【知识专栏】

马斯洛的需求理论

马斯洛的需求理论将人的需求层次分为五类，如图 2－2－1 所示。

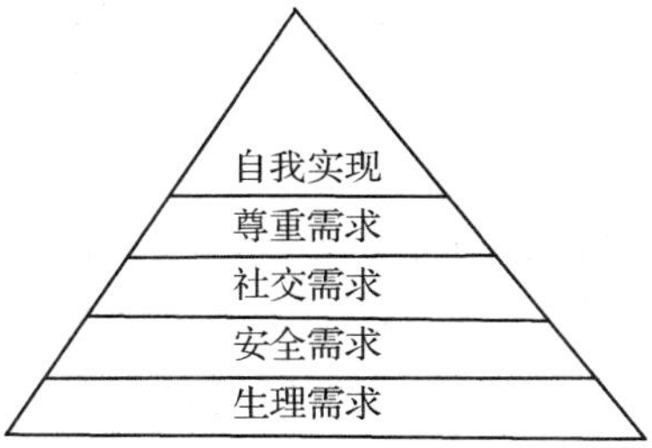

图 2－2－1　马斯洛的需求理论

其中处于底层的生理需要是人们最原始、最基本的需要，如吃饭、穿衣、住宅、医疗等等。若不满足，则有生命危险。这就是说，它是最强烈的不可避免的最底层需求，也是推动人们行动的强大动力。

安全的需求包括生命安全、财产安全、职业安全、生活安全，希望未来有保障等。安全需要比生理需要较高一级，当生理需要得到满足以后才会产生高层次的安全需求。每一个在现实中生活的人，都会产生安全感的欲望、自由的欲望等。

社交的需要也叫归属与爱的需要，是指个人渴望得到家庭、团体、朋友、同事的关怀、爱护、理解，是对友情、信任、爱情的需要。社交的需要比生理和安全需要更细微、更难捉摸。

尊重的需要可分为自尊、他尊和权力欲三类，包括自我尊重、自我评价以及尊重别人。尊重的需要很少能够得到完全的满足，但基本上的满足就可产生推动力。

自我实现的需要是最高等级的需要。满足这种需要就要求完成与自己能力相称的工作，最充分地发挥自己的能力。这是一种创造的需要。自我实现意味着充分地、活跃地、忘我地、集中全力全神贯注地体验生活。

效用具有以下特点：

第一，效用具有很强的主观性。效用是一种主观心理感觉有关。效用与消费者的主观这一因素决定着几种消费品怎样影响着消费者的总体效用，换句话说，各种消费品对总体效用的贡献分别占多大比例，这是由消费者的主观心理感觉决定的。

第二，效用在不同的时间不同的地点而不同。效用并不是一成不变的，在不同的场合不同的情况下，同一物品带给消费者的效用是不同的。

第三，效用不同于商品的价值。效用来源于物品本身的使用价值，但又不同于使用价值。

【知识专栏】

幸福方程式

美国著名经济学家、诺贝尔经济学奖得主萨缪尔森提出了"幸福方程式",即

$$幸福=\frac{效用}{欲望}$$

幸福与效用呈正比,与欲望呈反比。当欲望不变时,幸福和效用呈正比。当效用不变时,幸福与欲望呈反比。当效用和欲望一起增加时,如果效用的增速超过欲望的增速,幸福感仍会增加;如果效用的增速低于欲望的增速,幸福感就会下降。

二、效用的衡量

目前理论界对效用理论的研究有两种方法:基数效用论和序数效用论。

基数效用论认为效用是可以用具体的数字1、2、3、4、5等数字来计量。例如,当夏天我们非常干渴时,喝第一杯水时解渴效果显著,我们可以用数字10来计量所得到的效用;喝第二杯水时还是能解渴,我们可以用数字8来计量所享有的效用;喝第三杯水时,此时不那么口渴了,相应的从第三杯水中获得的效用也就不那么高了,消费者可能认为第三杯水的带给他的效用只有4。

【案例解析】

基数效用

基数效用论认为效用如同长度和重量一样,可以具体衡量并加总求和,并设计了计量单位:尤特尔(Utils)。例如,某人晚上回家后吃晚餐得到5 Utils,看高水平球赛得到10 Utils,之后看低水平球赛产生-3 Utils。所以他整晚活动获得的总效用为12 Utils(=5+10-3)。

与基数效用论不同的是序数效用论。序数效用论认为效用是一种主观性极强的心理感受,并且这种心理感受因人而异,所以效用不能用具体的数字来衡量,只能用消费者的个人偏好和等级来衡量。序数效用论认为效用是一种主观性占主导的心理感受,因而人们只能感受到物品效用的等级之分,可以将不同物品效用排序,如第一位、第二位、第三位,或者可以同时排第一位,但并不能用数字进行具体的量化。

序数效用设定,消费者对商品消费是有偏好的,而且具有完全性、可传递性和非饱和性。

(1) 偏好的完全性。

消费者对任意两种商品组合都能判断出他的偏好。例如,商品组合A与B的关系有三种:A比B好;B比A好;A与B一样好。

(2) 偏好的可传递性。

消费者对商品的偏好是可以传递的。例如,商品组合A、B、C之间的关系是:A和B之

间更偏好 A,B 和 C 之间更偏好 B,那么 A 和 C 之间更偏好 A,类似于数学当中不等式的表达,即 A>B,B>C,则 A>C。

(3) 偏好的非饱和性。

消费者的欲望是无穷的,对于绝大多数商品来说,总是喜欢占有更多数量的商品。可以认为,对于“好的东西”而言,消费者喜欢多比少好。

任务 2　消费者均衡

一、消费者均衡

消费者均衡是指消费者在一定的价格水平下,用一定的收入购买与消费各种物品,使自己的总效用达到最大时的状态。

我们任何在社会生存中的个体所拥有的收入和财富是有限的,面对无穷的欲望,消费者总是倾向于利用有限的财富获取效用最大化。消费者均衡正是研究在消费者收入既定,商品价格已知的情况下,如何实现效用最大化问题。

消费者均衡实现的假设条件如下。

(一) 消费者的偏好既定

消费者对各种物品效用的评价是既定的,不会发生变动。也就是消费者在购买物品时,对各种物品购买因需要程度不同,排列的顺序是固定不变的。比如一个消费者到商店中去买盐、电池和点心,在去商店之前,对商品购买的排列顺序是盐、电池、点心,这一排列顺序到商店后也不会发生改变。这就是说先花第一元钱购买商品时,买盐在消费者心目中的边际效用最大,电池次之,点心排在最后。

(二) 消费者的收入既定

由于货币收入是有限的,货币可以购买一切物品,所以货币的边际效用不存在递减问题。因为收入有限,需要用货币购买的物品很多,但不可能全部都买,只能买自己认为最重要的几种。因为每一元货币的功能都是一样的,在购买各种商品时最后多花的每一元钱都应该为自己增加同样的满足程度,否则消费者就会放弃不符合这一条件的购买量组合,而选择自己认为更合适的购买量组合。

(三) 物品的价格既定

由于物品价格既定,消费者就要考虑如何把有限的收入分配于各种物品的购买与消费上,以获得最大效用。由于收入固定,物品价格相对不变,消费者用有限的收入能够购买的商品所带来的最大的满足程度也是可以计量的。因为满足程度可以比较,所以对于商品的不同购买量组合所带来的总效用可以进行主观上的分析评价。

二、基数效用分析消费者均衡

基数效用主要从边际效用递减的角度来分析消费者均衡状态的实现。

总效用 TU(Total Utility):从一个物品中获得的总满足程度和幸福感。它等于各单位物品消费所获得效用之和，也就是各单位边际效用之和。

$$TU = f(Q)$$

边际效用 MU(Marginal Utility)：指每增加一单位（最后一单位）物品消费从中获得的增加的效用。

$$边际量 = \frac{因变量的变化量}{自变量的变化量}$$

公式表示为：

$$MU = \frac{\Delta TU}{\Delta X}$$

效用是我们消费某种商品对主体带来的某种满足感和幸福感，而边际效用是指我们消费最后一个单位的某种效用的增量。日常生活中，对于普遍的物品都存在边际效用递减规律的特点。对于一般等价物货币而言，随着你拥有的金钱越来越多，金钱对你个人的作用即经济学中的效用就越来越小了，也就是每增加一单位货币所带来的效用的增量是越来越小的。

【案例解析】

譬如我们吃苹果，当吃第一个苹果时，我们的感觉是相当好的，吃第二个时感觉很好，吃第三个时感觉不错，吃第四个时感觉还好，吃第五个时感觉不想吃了，觉得差不多够了，吃第六个时已经觉得想吐了。如果我们为每个苹果进行打分的话，我们可以得到一系列数值，如表 2-2-1 所示。

表 2-2-1　边际效用和总效用

序　号	单个分值	边际效用	总效用
第一个苹果	10	10	10
第二个苹果	8	8	18
第三个苹果	6	6	24
第四个苹果	4	4	28
第五个苹果	2	2	30
第六个苹果	0	0	30
第七个苹果	−2	−2	28

此处，对单个苹果的分值相当于效用，我们发现，随着苹果摄入个数的增加，每一个苹果带我消费者的效用增量是逐渐递减的。

总效用和边际效用的关系：总效用等于消费各单位边际效用之和。当边际效用为零时，总效用达到最大。由表格 2-2-1 作图 2-2-2，上半图 *TU* 为总效用，下半图 *MU* 为边际效用。边际效用逐渐减少,虽然存在着边际效用递减的影响,但只要边际效用为正,总效用就不断增加,只是增加的速度变缓,犹如物理学中的加速度在减少,但速度仍然在增加。当边际效用为零时,此时总效用达到最大。因为边际效用已经为零,再加大苹果的消费量,边际效用变为负的,总效用开始下降。

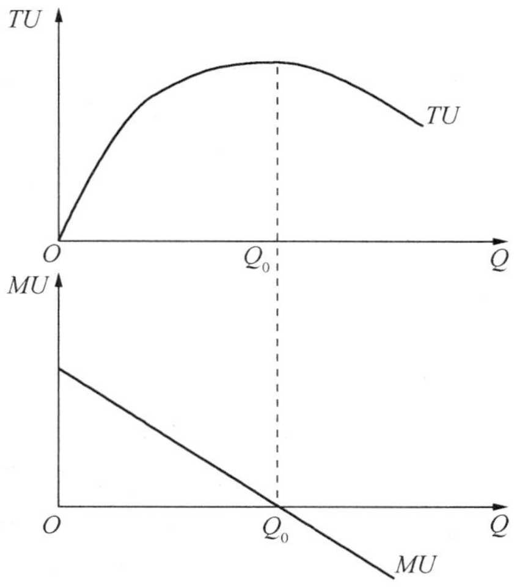

图 2－2－2　总效用与边际效用

边际效用递减规律:在一定的时间内,在其他商品的消费数量保持不变的条件下,随着消费者对某种商品消费量的不断增加,他从该商品连续增加的每消费单位中所得到的效用增量即边际效用是递减的。

边际效用递减规律的例子随处可见。在生活中,比如谈对象,当谈第一个对象的时候,印象往往是最深刻的,谈第二个对象印象就没有第一个那么深刻,第三个没有第二个深刻,依此类推。在这里,感情的效应值随着你所谈朋友数量的增加而在减少,这就是人们为什么对初恋那么难忘那么刻骨铭心的原因。尽管第一次谈的对象不一定是最合适也不一定是最完美的,但却是最难忘的。因为第一次,感情难忘值是最高的。再比如,有一个地方很好玩,是旅游的好去处,如果你第一次去,就觉得很新鲜新奇,玩得很痛快,觉得收获也不小,但如果去的次数多了,就不觉得新奇好玩了。由此我们还可以明白:为什么我们对身边经常看到的一些事物常常会熟视无睹无动于衷呢?因为你看见它的次数多了,对它的注意力就减弱了,最后就目中无物,没有一点印象了。这其实也是你的注意力在随着在所见次数的增加而在衰减。

在生产中,边际效应递减的例子也不少。比如,在农田里撒化肥可以增加农作物的产量,当你向一亩农田里撒第一个 100 公斤化肥的时候,增加的产量最多,撒第二个 100 公斤化肥的时候,增加的产量就没有第一个 100 公斤化肥增加的产量多,撒第三个 100 公斤化肥的时候增加的产量就更少甚至减产,也就是说,随着所撒化肥的增加,增产效应越来越低。在科学研究中,如心理学,研究人的记忆规律,发现遗忘率是随着人记忆次数的增加而减少,记忆的次数越多,遗忘的可能性就很少,非常符合边际收益递减规律。

在社会管理中,一个政策出台以后,刚开始往往管理或者规范效应很明显,但随着时间的推移,这项政策的功能就越来越小了,越来越不适宜社会管理的需要了,也就是说政策的管理规范制约或者引导效应在不断减弱,这就是为什么法律法规部门章程等每隔一段时间要进行调整和更新的主要原因。

总之,只要你稍加注意,就会发现很多边际效应递减的例子,其中隐藏在背后的原因可能是五花八门千差万别的,但外部都呈现出一个规律性的东西,就是边际效应在递减。掌握这个规律,为我们分析问题和解决问题提供了一个很好的工具。

为什么边际效用会递减呢?有两种可能的解释。一是生理的或心理的原因:消费一种物品的数量越多,生理上得到满足或心理上对重复刺激的反应就递减了。消费某种物品实际上就是提供一种刺激，使人有一种满足的感受，或心理上有某种反应。消费某种物品时，开始的刺激一定大，从而人的满足程度就高。但不断消费同一种物品，即同一种刺激不断反复时，人在心理上的兴奋程度或满足必然减少。或者说，随着消费数量的增加，效用不断累积，新增加的消费所带来的效用增加越来越微不足道。另一种解释是设想每种物品都有几种用途，再假定消费者把用途按重要性分成几个等级，当他只有一个单位的物品时，作为有理性的人之理性的行为，他一定会将该物品用于满足最重要的需要，而不会用于次要的用途上；当他可以支配使用的物品共有两个单位时，其中之一会用在次要的用途上；有三个单位时，将以其中之一用在第三级用途上；如此等等。所以某种消费品之一定数量中的最后一个单位给消费提供的效用，一定小于前一单位提供的效用。货币作为一种特殊的商品，它给消费者带来的边际效用也是减少。例如，一百元钱对月收入一千元和一万元的人来说，效用肯定是不同的，但是降低的幅度很小，基本可以忽略不计。通常认为，货币的边际效用是不变的。

由于商品存在边际效用递减规律，当消费者面临不同商品时，他该如何选择使得能从消费的各种商品中获得效用最大化呢？

【案例解析】

譬如中午时，大家肚子都饿了，假设你有 8 元钱可用于午餐，你可消费的食品包括可乐和面包，假设可乐每瓶 1 元，面包每个 2 元，可乐和面包的边际效用如表 2-2-2 所示。

表 2-2-2 可乐和面包的边际效用

产　品	可乐边际效用	每元的边际效用	面包边际效用	每元的边际效用
第一单位	**7**	7	20	**10**
第二单位	**6**	6	16	**8**
第三单位	4	4	12	**6**
第四单位	2	2	8	4
第五单位	1	1	4	2
第六单位	0	0	0	0
第七单位	−1	−1	−2	−1

为了能够让消费者实现效用最大化，消费者将从让每元钱边际效用最大化的商品开始选起，所以消费者购买第一个单位的商品为面包，此时花费 2 元，获得的总效用是 20(＝10×2)；比较可乐和面包的边际效用，第二个单位的面包边际效用 8 大于第一个单位可乐的边际效用 7，所以消费者购买的第二个单位的商品还是面包，此时消费者获得的总效用为 36(＝20＋8×2)；第三个单位的商品消费者将选择可乐，因为其边际效用更大，此时获得的总效用为 43(＝36＋7)，共花费 5 元钱，还剩下 3 元。比较可乐和面包下一个单位的边际效用，二者都等于 6，此时分别购买一个单位的可乐和一个单位的面包，恰好花完剩余的 3 元，消费者获得的总效用为 61(＝43＋6＋6×2)。这种组合是消费者能获得的最大效用组合。只要消费

者在购买商品时遵循等边际法则，即可获得效用最大化组合。

用 MU 表示边际效用，P 代表价格，效用最大化组合的代数形式为：

约束条件：

$$P_1X_1 + P_2X_2 = I$$

均衡条件：

$$\frac{MU_1}{P_1} = \frac{MU_2}{P_2}$$

即各种商品的边际效用与价格之比相等。在分析消费者行为时，通常假定货币的边际效用是不变的。因为在市场中，特别是完全竞争市场，可供消费者购买的物品何止千万，面对无穷的选择，消费者持有的货币边际效用不变，所以消费者花费在任何一种商品上最后一元钱所带来的边际效用都相等时，实现了消费者均衡和效用最大化。

由此可推广认为，消费者在消费 n 种商品时实现效用最大化要满足以下公式：

预算约束：

$$P_1X_1 + P_2X_2 + P_3X_3 + \cdots + P_nX_n = I$$

效用最大化：

$$\frac{MU_1}{P_1} = \frac{MU_2}{P_2} = \frac{MU_3}{P_3}\cdots = \frac{MU_n}{P_n}$$

上式也称为等边际法则：在消费者收入和商品价格既定条件下，当花在一种商品最后一元的边际效用等于花在其他商品最后一元的边际效用时，消费者实现了最大化效用组合。

三、序数效用分析消费者均衡

（一）无差异曲线

1. 无差异曲线

消费者在生活中有多种选择，对不同商品的不通过组合可以带来相同效用。假设只有两种商品的前提下，我们把这两种商品的不同组合连成一条线，就得到相同效用的无差异曲线。

无差异曲线是用来表示两种商品或两组商品的不同数量的组合对消费者所提供的效用是相同的，无差异曲线符合这样一个要求：如果听任消费者对曲线上的点做选择，那么，所有的点对他都是同样可取的，因为任一点所代表的组合给他所带来的满足都是无差异的。

【举例说明】

例如，表 2－2－3 显示了可乐和王老吉的不同组合方式给消费者带来的总效用相同，均为 50。

表 2-2-3 不同组合方式的效用

组合方式	可乐(瓶)	王老吉(瓶)
A	1	10
B	2	6
C	3	4
D	4	2.5

由表 2-2-3 可作图 2-2-3。

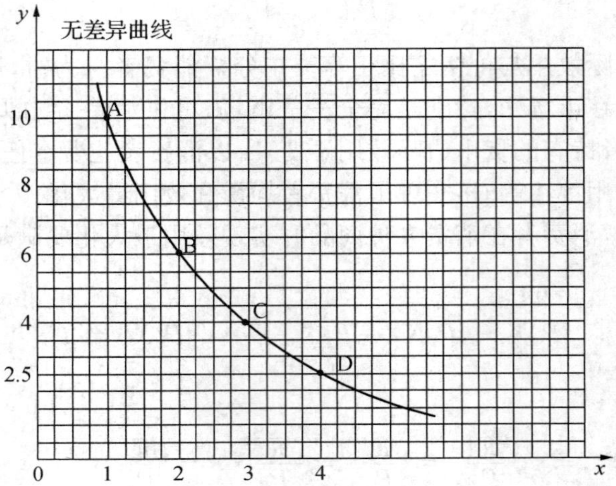

图 2-2-3 无差异曲线

图 2-2-3 中，横轴代表可乐的消费数量，纵轴代表王老吉的消费数量。在同一条无差异曲线上，四种不同组合方式 A、B、C、D 所代表的相同的效用。

2. 无差异曲线的特征

(1) 无差异曲线是一条向右下方倾斜的曲线。其斜率为负值，它表明在收入与价格既定的条件下，为了获得同样的满足程度，增加一种商品就必须放弃减少另一种商品，两种商品在消费者偏好不变的条件下不能同时减少。

(2) 在同一个平面上有无数条无差异曲线，同一条无差异曲线代表同样的满足程度，不同的无差异曲线代表不同的满足程度，离原点越远，满足程度越大，反之则越小。

(3) 同一平面上，任意两条无差异曲线不相交，否则与第二点矛盾。这可以通过反证法来证明。

(4) 无差异曲线是一条凸向原点的曲线。这是由于商品的边际替代率递减规律所决定的。

消费者的无差异曲线，如图 2-2-4 所示。

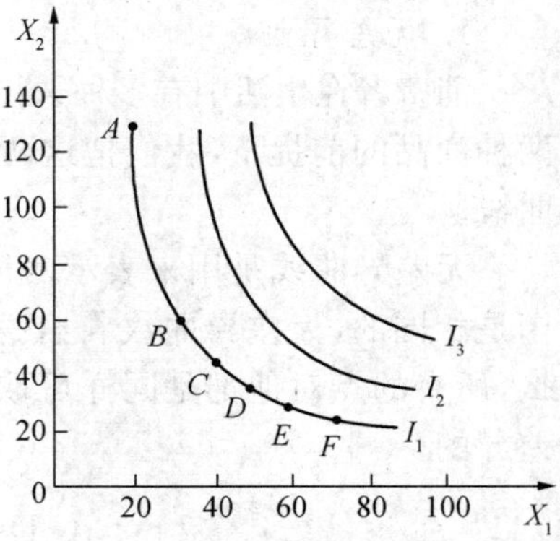

图 2-2-4 消费者的无差异曲线

3. 商品的边际替代率递减规律

在维持效用水平或满足程度不变的前提下，消费者增加 1 单位某种商品 X_1 的消费时，所需要放弃的另一种商品 X_2 的消费数量，被称为商品的边际替代率，简写为 *MRS*，如图 2－2－5所示。

所以，边际替代率是两种商品的增量之比，即

$$\mathrm{MRS}=-\frac{\Delta X_2}{\Delta X_1}$$

在研究商品替代关系时，我们注重的是它的绝对值，因此通常省去负号，从数学上看，MRS 是沿无差异曲线做微量移动时的变化率，所以它实际上是无差异曲线的斜率。

序数效用论者在分析消费者行为时提出了商品的边际代替率递减规律的假定。

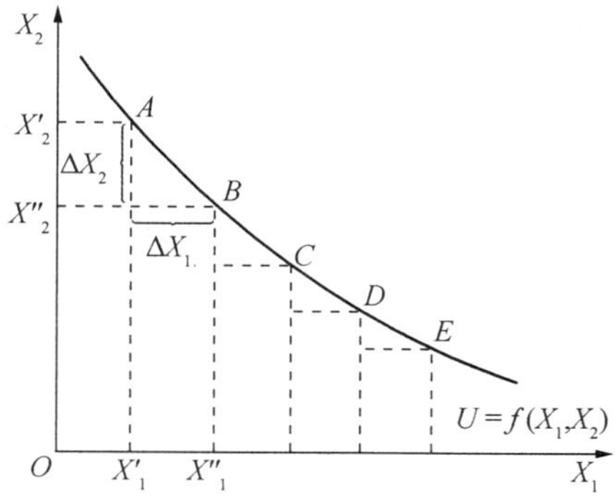

图 2－2－5　商品的边际替代率

商品的边际替代率递减规律是指：在维持效用水平不变的前提下，随着一种商品消费数量的连续增加，消费者为得到每一单位的这种商品所需要放弃的另一种商品的消费数量是递减的。例如，在图2－2－5中，在消费者由 *A* 点经 *B*、*C* 点，运动到 *D* 点的过程中，随着消费者对商品 X_1 的消费量的连续的等量的增加，消费者为得到每一单位的商品 X_1 所需放弃的商品 X_2 的消费量是越来越少的。也就是说，对于连续的等量的商品 X_1 的变化量而言，商品 X_2 的变化量 ΔX_2 是递减的。

商品的边际替代率递减的原因在于：当消费者处于商品 X_1 的数量较少和商品 X_2 的数量较多的 *A* 点时，消费者会由于拥有较少数量的商品 X_1 而对每一单位的商品 X_1 较为偏好，同时，会由于拥有较多数量的商品 X_2 而对每一单位的商品 X_2 的偏爱程度较低。于是，每一单位的商品 X_1 所能替代的商品 X_2 的数量是比较多的，即商品的边际替代率比较大。但是，随着消费者由 *A* 点逐步运动到 *D* 点，消费者拥有的商品 X_1 的数量会越来越多，相应地，对每一单位商品 X_1 的偏爱程度会越来越低；与此同时，消费者拥的商品 X_2 的数量会越来越少，相应地，对每一单位商品 X_2 的偏爱程度会越来越高。于是，每一单位的商品 X_1 所能替代的商品 X_2 的数量便越来越少。也就是说，商品的边际替代率是递减的。

从几何意义上讲，商品的边际替代率递减表示无差异曲线的斜率的绝对值是递减的。商品的边际替代率递减规律决定了无差异曲线的形状是凸向原点。但在某些情况下则不然：如果对于消费者来说，两种商品是完全替代品，那么，相应的无差异曲线为一条斜率不变的直线，商品的边际替代率为一常数。例如，若一杯牛奶总是可以完全替代一杯咖啡，则无差异曲线如图 2－2－6(a)所示。如果对于消费者来说两种商品是完全互补品的，那么，相应的无差异曲线呈现直角形状，与横轴平行的无差异曲线部分的商品的边际替代率为 0，与纵轴平行的无差异曲线部分的商品的边际替代率为无穷。再如，总是要按一副眼镜架和两片眼镜片的比例配合在一起，眼镜才能够使用，如图 2－2－6(b)所示。

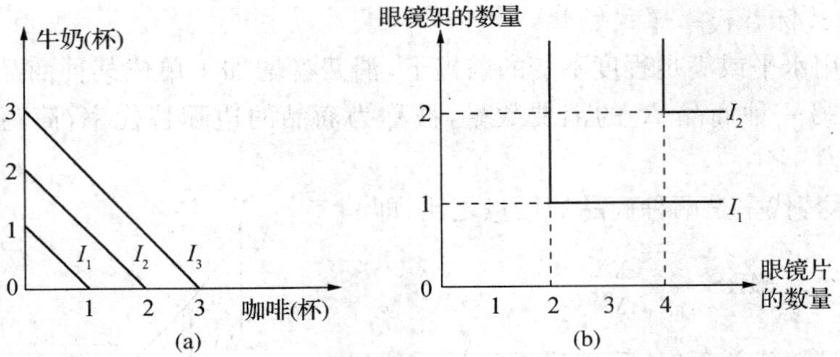

图 2-2-6　替代品和互补品的无差异曲线

（二）预算约束线

预算约束线是指在消费者收入和商品价格一定的条件下，消费者所能购买到的两种商品不同数量的各种最大组合，如图 2-2-7 所示。

预算约束线的方程为：

$$I = P_1X_1 + P_2X_2$$

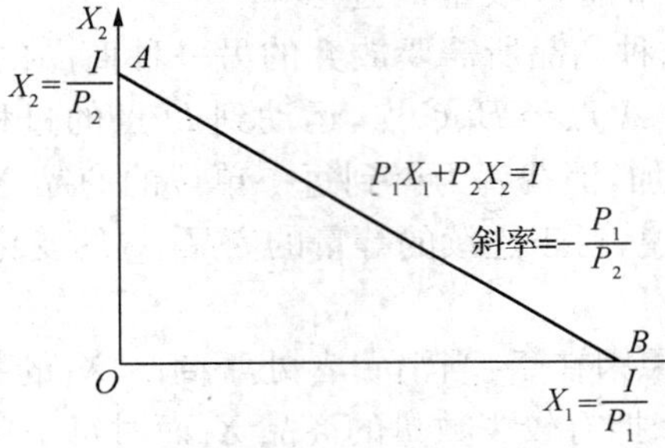

图 2-2-7　预算约束线

预算约束线的位置取决于消费者收入和两种商品的价格。当这些条件发生变化时，预算约束线也会随之改变。如当消费者收入增加或减少时，预算约束线会左右平行移动。当消费者收入增加时，在商品价格不变情况下，同样收入可购买更多的 X 和 Y 商品，这将使得预算约束线向右移动；反之，当消费者收入减少时预算约束线将向左移动，如图 2-2-8(a)所示；当 Q_1 商品价格变化、Q_2 商品价格不变时，预算约束线会旋转移动，如图 2-2-8(b)所示。

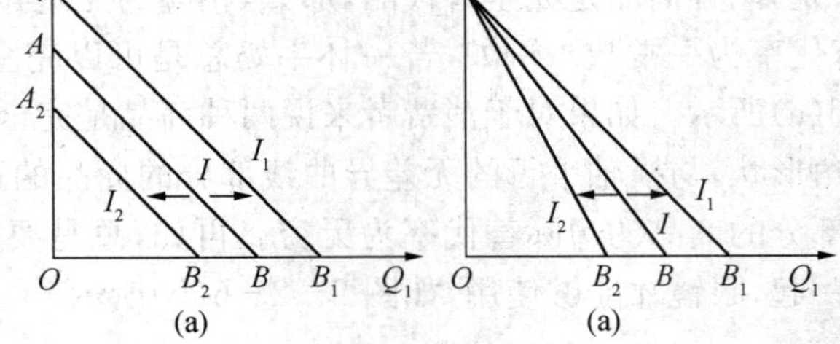

图 2-2-8　预算约束线的移动

（三）消费者均衡

序数效用论的消费者均衡条件是：既定的预算线与无数条无差异曲线其中的一条无差异曲线的相切点，是消费者获得最大效用水平或满足程度的均衡点或商品组合。

例如，消费者可支配的收入为 800 元，所购买的商品 X 每单位价格为 $P_x=200$ 元，商品 Y 每单位价格为 $P_Y=100$ 元，则消费者可能购买到的两种商品组合如表 2－2－4 所示。

表 2－2－4 消费者预算表

总收入	X 商品(200 元)	Y 商品(80 元)
800	0	8
800	1	6
800	2	4
800	3	2
800	4	0

图 2－2－9 中 AB 直线上每一点都是在相同收入条件下所能购买到的最大 X、Y 两种商品数量组合。在此直线以内的点，消费者为用完所有的收入，没有实现效用最大化，而在直线以外的点，是消费者目前收入所不能达到的商品组合。

预算线 AB 以外的区域中的任何一点，如 C 点，是消费者利用全部收入不可能实现的商品购买组合点。预算线 AB 以内的区域中的任何一点，比如 D 点，表示消费者的全部收入购买该点的商品组合以后还有剩余。唯有预算线 AB 上的任何一点，才是消费者的全部收入刚好花完所能购买到的商品组合点。

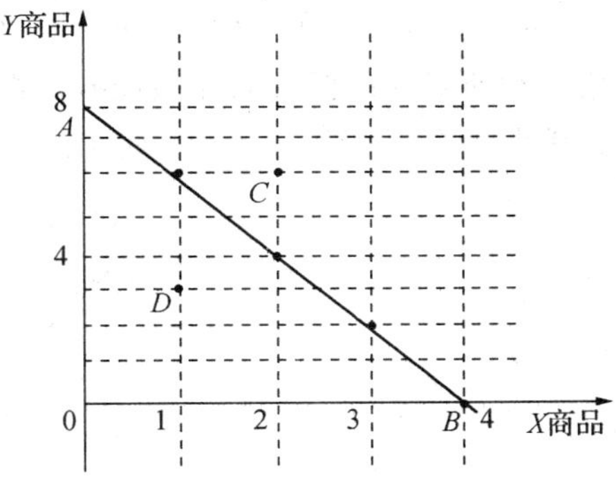

图 2－2－9 消费者预算线

但仅从消费者可能线上并不能实现消费者效用最大化。平面上有无数条无差异曲线，且离原点越远效用越大，但消费者可能先和无差异曲线相切时，实现了消费者效用最大化，如图 2－2－10 所示。

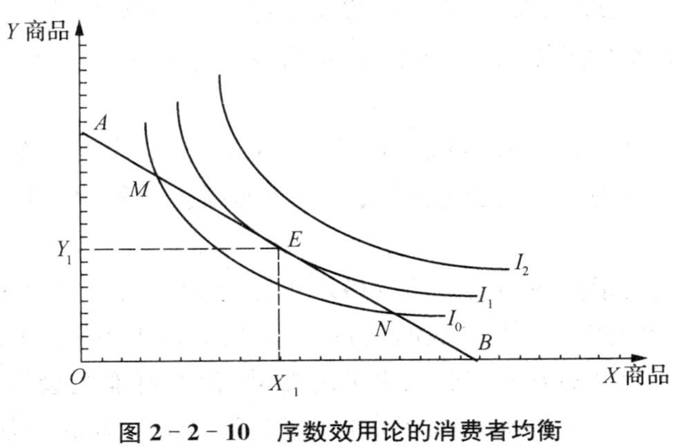

图 2－2－10 序数效用论的消费者均衡

在图 2-2-10 中，I_0、I_1、I_2分别代表三条无差异曲线，它们的效用大小顺序为 $I_0 < I_1 < I_2$。AB 为消费可能线。AB 线与 I_1 相切于 E 点，这时实现了消费者均衡。也就是说，在收入与价格既定的条件下，消费者购买 X_1 的 X 商品，Y_1 的 Y 商品，就能获得最大的效用。

为什么只有在 E 点才能实现消费者效用最大化呢？这是因为消费者预算线决定了消费者只能在 AB 线上消费。与消费者预算线相交的点有三个：M，N，E。但 M 和 N 处于 I_0 无差异曲线上，其效用低于 I_1 无差异曲线上所代表的效用，因而相比 M 和 N，不如选择 E 点获得的效用较大。而处于 I_2 无差异曲线上的效用点，是目前收入条件下不能实现的点。

四、消费者均衡的应用

（一）价格—消费曲线

价格—消费曲线是消费者预算线的具体应用。价格—消费曲线（Price Consumption Curve，PCC）是指在一种商品的价格水平和消费者收入水平为常数的情况下，另一种商品价格变动所对应的两种商品最佳购买组合点组成的轨迹，也就是当某一种物品的价格改变时的消费组合，如图 2-2-11 所示。

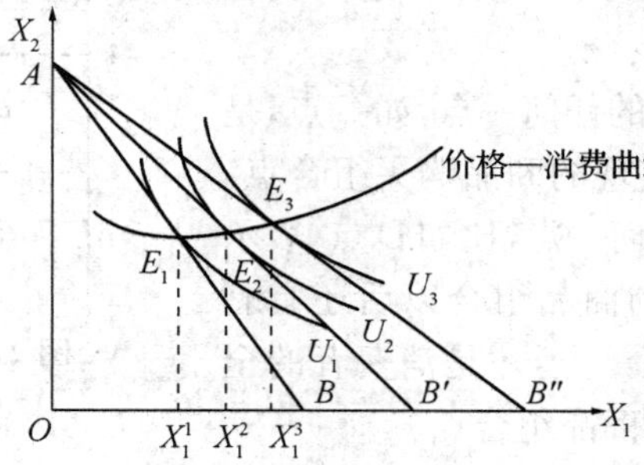

图 2-2-11　价格—消费曲线

（二）收入—消费曲线

当商品价格不变而收入变动时，预算线发生平移，与无差异曲线相切，切点的轨迹形成收入—消费线。消费者的收入方式变化后，将沿着收入—消费线进行消费，从而获得效用最大化。

收入—消费曲线（Income Consumption Curve，ICC）是把代表与全部可能的消费者货币收入相应的均衡市场篮子的点连接而成的一条曲线。这种曲线可以用于推导恩格尔曲线。

收入—消费曲线是指在两种商品的价格水平之比为常数的情况下，每一收入水平所对应的两种商品最佳购买组合点组成的轨迹。两种商品的价格水平之比为常数意味着消费可能线的斜率一定。随着人们收入水平的变动，消费可能线会发生平行移动。每一条消费可能线均会与一条无差异曲线相切，其切点就是消费者的最佳消费点，也就是两种商品的最佳购买组合点，把这些点连接起来就形成商品的收入—消费曲线，如图2-2-12所示。

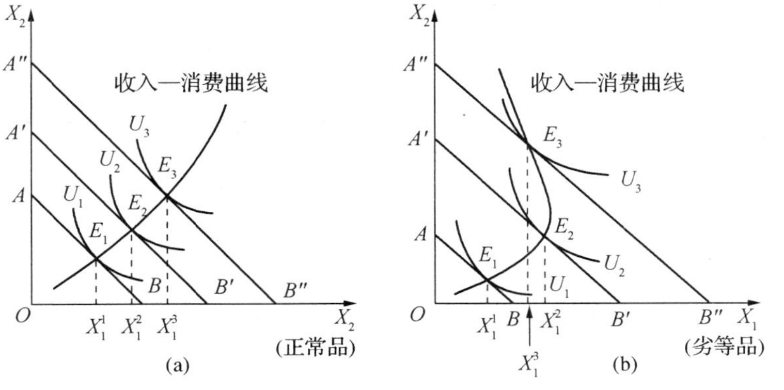

图 2-2-12　收入—消费曲线

（三）替代效应与收入效应

1. 替代效应和收入效应的含义

（1）替代效应是指消费者在保持效用不变的条件下，由于一种商品价格变动而引起的商品的相对价格发生变动，从而导致商品需求量的改变，称为价格变动的替代效应。例如，消费者把收入用于购买 X 和 Y 两种商品，如果 X 商品价格上升，消费者可以减少 X 的购买增加 Y 的购买，用增加的 Y 来代替减少的 X，从而使总效用不变，所以，替代效应表现为均衡点在同一条无差异曲线上的移动。

（2）收入效应是指由于一种商品价格变动而引起的消费者实际收入发生变动，从而导致的消费者对商品需求量的改变，被称为价格变动的收入效应。收入效应表现为均衡点随消费可能线的平行移动在不同无差异曲线上的移动。

2. 正常商品、一般低档商品、吉芬商品的替代效应和收入效应分析

（1）对正常商品而言，商品价格下降的替代效应和收入效应都使得该商品需求量增加；正常商品的替代效应为正，收入效应也为正，正常商品的替代效应与收入效应的方向一致，所以正常商品的需求曲线自左上方向右下方倾斜。

（2）对于一般低档商品而言，价格下降的替代效应使商品需求量增加，但收入效应却使得商品需求量下降。一般低档商品的替代效应为正，收入效应为负，一般低档商品的替代效应与收入效应的方向相反。

（3）对于吉芬商品而言，如果为负的收入效应的绝对值大于替代效应，使得需求量随价格上升而上升，则该商品为吉芬商品。吉芬商品价格变动的替代效应为正，收入效应为负，并且收入效应大于替代效应，使得需求量随价格上升而上升，需求曲线向右上方倾斜。

综上所述，价格下降对正常商品、一般低档商品和吉芬商品的收入效应、替代效应和总效应的影响，如表 2-2-5 所示。

表 2-2-5　正常商品、一般低档商品、吉芬商品的替代效应和收入效应

类　别	收入效应	替代效应	总效应
正常商品	增加	增加	增加
一般低档商品	减少	增加	增加
吉芬商品	减少	增加	减少

同步练习

一、选择题

1. 总效用曲线达到最大时，(　　)。

A. 边际效用曲线达到最大点　　B. 边际效用为零

C. 边际效用为正　　D. 边际效用为负

2. 对消费者可以支付得起的消费组合的限制被称为(　　)。

A. 无差异曲线　　B. 边际替代率　　C. 预算约束线　　D. 消费限制

3. 如果所有商品的价格和消费者的收入都按相同方向相同比例变化，那么消费者的预算约束线(　　)。

A. 向右下方移动　　B. 向左下方移动　　C. 平行移动　　D. 位置不变

4. 对于任意商品，消费者得到最大满足，这意味着(　　)。

A. 边际效用最大　　B. 平均效用为零　　C. 边际效用为零　　D. 平均效用最大

5. 同一条无差异曲线上的不同点表示(　　)。

A. 效用水平不同，所消费的两种商品组合相同

B. 效用水平相同，所消费的两种商品组合不同

C. 效用水平不同，所消费的两种商品组合也不同

D. 效用水平相同，所消费的两种商品组合也相同

6. 如果消费者的收入增加引起消费者增加了对一种物品的购买量，那么这种物品是(　　)。

A. 低档物品　　B. 正常物品　　C. 替代品　　D. 互补品

7. 如果收入翻了一番，其他条件不变，预算约束线将(　　)。

A. 平行向外移动　　B. 平行向内移动　　C. 向内旋转　　D. 向外旋转

8. 某个消费者的无差异曲线图包含无数条无差异曲线，因为(　　)。

A. 收入有时高有时低　　B. 欲望是无限的

C. 消费者人数是无限的　　D. 商品的数量是无限的

9. 无差异曲线斜率的绝对值是(　　)。

A. 递增的　　B. 不变的　　C. 等于零　　D. 递减的

10. 消费者均衡条件表明(　　)。

A. 消费者均衡点位于预算约束线与无差异曲线的切点上

B. 消费者均衡点位于预算约束线与生产可能性曲线的切点上
C. 消费者均衡点位于预算约束线下方
D. 消费者均衡点位于预算约束线上方

11. 当消费者处于均衡状态时(　　)。
A. 消费者在既定收入和商品价格下得到了最大满足
B. 消费者可以通过增加某种商品的消费来最大化效用
C. 消费者实现了效用最大化
D. 消费者可以通过改变商品组合而使效用增加
E. 消费者不可以通过改变商品组合而使效用增加

二、实训题

1. 根据下表计算：

面包的消费量	总效用	边际效用
1	10	10
2	20	
3		5

(1) 消费第 2 个面包时的边际效用是多少？
(2) 消费 3 个面包的总效用是多少？

2. 某消费者收入为 100 元,用于购买 X 和 Y 两种商品,X 商品的价格 $P_x=20$ 元,Y 商品的价格 $P_Y=10$ 元：
(1) 计算出该消费者所购买的 X 和 Y 有多少种数量组合,各种组合的 X 商品和 Y 商品各是多少？
(2) 画出该消费者的预算线。
(3) 所购买的 X 商品为 4,Y 商品为 3 时,应该是哪一点？在不在消费可能线上？它说明了什么？
(4) 所购买的 X 商品为 2,Y 商品为 3 时,应该是哪一点？在不在消费可能线上？它说明了什么？

微信扫码查看

项目三
生产者行为分析

模块1　生产分析

教学目标

了解生产者及其目标，了解总产量、平均产量、边际产量的含义及其关系，了解产量变化趋势，理解边际收益递减规律，理解企业规模报酬及适度规模的含义。

教学重点

1. 总产量、平均产量、边际产量的关系；
2. 边际收益递减规律的含义；
3. 等产量线的含义与特征；
4. 等成本线的含义；
5. 两种生产要素最适组合的图形；
6. 规模经济的含义与原因。

课前阅读

马尔萨斯人口论与边际报酬递减规律

经济学家马尔萨斯(1766—1834)的人口论的一个主要依据便是报酬递减定律。他认为，随着人口的膨胀，越来越多的劳动者耕种土地，地球上有限的土地将无法提供足够的食物，最终劳动的边际产出与平均产出下降，但又有更多的人需要食物，因而会产生大的饥荒。幸运的是，人类的历史并没有按马尔萨斯的预言发展(尽管他正确地指出了“劳动边际报酬”递减)。

在20世纪，技术发展突飞猛进，改变了许多国家(包括发展中国家，如印度)的食物的生产方式，劳动的平均产出因而上升。这些进步包括高产抗病的良种，更高效的化肥，更先进的收割机械。在“二战”结束后，世界上总的食物生产的增幅总是或多或少地高于同期人口的增长。

粮食产量增长的源泉之一是农用土地的增加。例如，1961—1975年，非洲农业用地所占的百分比从32%上升至33.3%，拉丁美洲则从19.6%上升至22.4%，在远东地区，该比值则从21.9%上升至22.6%。但同时，北美的农业用地则从26.1%降至25.5%，西欧由

46.3%降至43.7%。显然，粮食产量的增加更大程度上是由于技术的改进，而不是农业用地的增加。

在一些地区，如非洲的撒哈拉，饥荒仍是个严重的问题。劳动生产率低下是原因之一。虽然其他一些国家存在着农业剩余，但由于食物从生产率高的地区向生产率低的地区的再分配的困难和生产率低的地区收入也低的缘故，饥荒仍威胁着部分人群。

（资料来源：平狄克，鲁宾费尔德.微观经济学.经济科学出版社，2002年）

任务1　生产者及其目标

一、生产者

（一）生产者的含义

生产者，又称厂商、企业，是生产的组织者，是能够独立做出统一生产决策的单个经济单位，它的功能在于能够向市场提供商品或服务。生产者通过决策将一定量的生产要素投入到生产中，生产出市场需要的商品，以此来达到其获利的目的。

生产者一定是参与了市场经济活动的。如果一个人生产了产品用以自给自足，这样的生产者是无法统计的，也不符合下面所分析的经济规律，所以不能称之为经济学上的生产者。

（二）生产者的类型

在市场经济中，生产者一般采取三种形式：单人业主制、合伙制和公司制。

(1) 单人业主制是由一个人所有并经营的企业。它的特点在于所有者和经营者是同一个人。这种企业形式产权明确，责权利统一在一个人身上，决策自由、灵活，激励和制约都显而易见。但这种企业有两个缺点：一是以一个人的财力和能力难以做大，这就无法实现规模经济、专业化分工等好处；二是在市场竞争中这种企业需要承担更大的风险，所以通常寿命较短，出现得快，消失得也快。

(2) 合伙制是由若干合伙人共同拥有、共同经营的企业。这种企业可以比单人业主制企业大，但致命的缺点是实行法律上的无限责任制，这种无限责任制使每一个合伙人都面临巨大风险，企业越大，每个合伙人面临的风险越大。此外，合伙制企业内部产权并不明确，责权利不清楚，合伙者易于在利益分配和决策方面产生分歧，从而影响企业的发展。

(3) 现代市场经济中最重要的企业形式是有限责任公司和股份有限公司（简称股份公司）。股份公司是由投资者（股东）共同所有，并由职业经理人经营的企业，股东是公司的共同所有者。公司的优点是：第一，公司是法人，不同于自然人；第二，公司能够快速地筹集资金，尤其是上市公司可在公开证券市场上交易；第三，公司实行有限责任制，股东对债务承担有限责任，这样就减少了投资风险，可以使企业无限做大；第四，实行所有权与经营权分离，股东大会、董事会行使所有权，经营权由职业经理人实行专业化、科学化管理，提高了公司的管理效率。公司的一个缺点是双重纳税，需要负担公司所得税和个人所得税，但公司最重要的问题在于所有权与经营权分离后，所有者、经营者、职工之间的关系复杂，以及由此可能引起的管理效率下降。

（三）企业的本质

1937 年罗纳德·科斯（R. H. Coase）发表开创性论著《企业的性质》，创造性地利用交易成本分析了企业与市场的关系，阐述了企业存在的原因。

交易成本，简言之是为了交换活动而耗费的成本，即为了达成协议或完成交易所需耗费的经济资源。

在信息不完备的条件下，受主客观因素的影响，欲使交易符合双方当事人的利益，交易合同就变得十分复杂，为追求一个完备合约，势必增加相应的费用。于是，由于市场合同的高费用而使一些交易采用企业内部交易方式。市场和企业是资源配置的两种可互相替代的手段。它们之间的不同表现在：在市场上，资源的配置由价格机制调节；在企业内，资源的配置则通过企业管理当局的管理协调完成。从资源配置的效率出发，为了节约交易成本，有些交易通过市场完成，有些交易在企业内完成，选择在哪里完成，依赖于市场定价的成本与企业的组织成本之间的平衡关系。综上所述，企业的显著标志在于：它是价格机制的替代物，是一种替代市场进行资源配置的组织。

企业存在的优点在于大规模生产的经济性、快速筹集资金以及集中后易于对生产过程进行管理和监督，最终降低了社会的交易成本。这就是企业能够存在的根本原因。

二、生产要素

企业的生产是对各种生产要素进行组合以制成产品的行为。在生产中，只有投入各种生产要素才能生产出各类物质产品，所以，生产也就是把投入转变为产出的过程。

经济学中，生产要素一般被划分为劳动、资本、土地和企业家才能这四种类型，并分别用 L、K、N、E 来加以简记。

生产要素是指生产产品所投入的经济资源。这些经济资源在物质形态上可以千差万别，但它们可以归类为劳动、资本、土地、企业家才能四种基本形式，一般称为“生产四要素”。

劳动是指生产中一切体力和智力的消耗，是指劳动者所提供的服务，可以分为脑力劳动和体力劳动。劳动是最基本的生产要素，经过劳动可以使某种物质产生适合人们需要的效用。例如，将劳动与土地、种子、化肥结合在一起，可以生产出粮食，满足人们生存对食物的需要。劳动对产出的影响取决于劳动者的知识水平、劳动技能、劳动态度等。

资本是指生产中所使用的资源。资本有两种形式，其一是指物质资本，如厂房、设备、原材料、流动资金等；其二是指人力资本，它指的是体现在劳动者身上的体力、文化、技术状态等。在生产理论中所使用的资本概念主要是指物质资本。

土地是指生产中所使用的，以土地为主要代表的各种自然资源，它是自然界中本来就存在的。例如，土地、水、原始森林、各类矿藏等。

企业家才能是指企业家对整个生产过程的组织与管理能力，是综合运用劳动、资本、土地来经营管理企业的才能。

生产是这四种生产要素合作的过程，产品则是这四种生产要素共同努力的结果。经济学家特别强调企业家才能对生产的作用，认为把劳动、资本、土地等生产要素合理配置起来，生产出最多、最好的产品的关键因素就是企业家才能。

三、生产者的目标

从表面上看，生产者存在着众多经营目标，如长期目标、短期目标、生产目标、销售目标、财务目标等等，但归根结底，生产者的深层次目标可概括为唯一的利润最大化目标。

生产者从事生产活动可能有各种不同的动机和目的。但我们从理性人的假定出发，设定生产者的目标是追求利润最大化，是为谋求利润而从事生产活动的经济单位。

由于

$$利润 = 总收益 - 总成本$$

简单来看，企业的收益来源于销售收入，所以

$$利润 = 销售量 \times 产品价格 - 总成本$$

要想使得利润达到最大，要么总成本一定时总收益达到最大，要么总收益一定时总成本最小。这里还要注意，利润最大化时的利润并不一定是正数，如果是正数，说明此时利润最大，如果是负数，说明此时的亏损最小。

为了研究利润的变化趋势，我们需要了解企业销售量、产品价格、总成本的变化趋势。由于销售量的大小首先要取决于生产量，产品价格要受到企业所处于市场环境的影响。所以接下来分三个部分来了解企业的产量、成本变化趋势以及企业所处的市场环境。

任务 2　生产函数

一、生产函数

（一）生产函数的概念

生产函数(Production Function)表示在一定时期内，在技术水平不变的情况下，生产中所用的各种生产要素的数量与所能生产的最大产量之间的关系。假定用 Q 表示所能生产的最大可能产量，用 L,K,N,E 表示某产品生产过程中的劳动、资本、土地、企业家才能等各要素的投入量，则生产函数可用如下一般表达式表示：

$$Q = f(L,K,N,E)$$

该生产函数表示在既定的生产技术条件下，生产要素组合在某一时期所能生产的最大可能产量为 Q。

在经济学中，为了分析方便，通常假定生产中只使用劳动和资本这两种生产要素。若以 L 表示劳动投入数量，以 K 表示资本投入数量，则生产函数可用下式表示：

$$Q = f(L,K)$$

研究生产函数一般都以特定的时期和既定生产技术水平作为前提条件，当这些因素发生变动时，相同的要素投入量可能生产出不同的产量，从而形成新的生产函数。

生产函数所反映的要素投入量与产出量之间的依存关系具有普遍性，但不同厂商的生产函数的具体形式却有很大的不同，估算和研究生产函数对经济理论研究和生产实践都具有重要意义。

在理解概念的时候要注意以下几个要点：

(1) 生产要素通常通过既定比例组合后投入生产。这是因为，任何产品的生产通常都要投入一种以上的生产要素，在既定的技术水平下，这些生产要素必须以适当的比例组合起来。这是实现一定产出的前提条件。

(2) 生产函数是投入要素与其最大产出之间的对应关系。这是因为，一组生产要素投入生产后，可能有多种产出：浪费多，产出就少；浪费少，产出就多。但理论上最大的产出只有一个，这保证了生产要素投入和产出水平之间的单值对应性。只有这样，才能建立起有利于生产分析的生产函数。

(3) 最大产出在理论上存在，但在现实中往往不存在。通常，现实生活中的企业总是或多或少存在着浪费，这样就使实际的产出与理论上可能达到的最大产出存在偏差。同样，经济学只能对现实经济现象进行抽象化的论述，所以，这样的分析假定依然具有重要意义，特别是用来指导现实生活中的企业不断向其理论上可能达到的最大产出逼近。

(4) 生产函数必然反映既定的技术水平。企业投入同样的生产要素组合，技术水平高时，产量就大；技术水平低时，产量就小。技术水平对产量有着重要的影响。因此，生产函数一旦给定，技术水平就被确定下来。这是生产函数存在的前提条件。

(二) 柯布—道格拉斯生产函数

柯布—道格拉斯生产函数最初是美国数学家柯布(C. W. Cobb)和经济学家保罗·道格拉斯(Paul H. Douglas)共同探讨投入和产出的关系时创造的生产函数，是在生产函数的一般形式上做出的改进，引入了技术资源这一因素。

$$Y = A(t)L^{\alpha}K^{\beta}\mu$$

式中，Y 是工业总产值，$A(t)$是综合技术水平，L 是投入的劳动力数(单位是万人或人)，K 是投入的资本，一般指固定资产净值(单位是亿元或万元，但必须与劳动力数的单位相对应，如劳动力用万人作单位，固定资产净值就用亿元作单位)，α 是劳动力产出的弹性系数，β 是资本产出的弹性系数，μ 表示随机干扰的影响($\mu \leqslant 1$)。

从这个模型看出，决定工业系统发展水平的主要因素是投入的劳动力数、固定资产和综合技术水平(包括经营管理水平、劳动力素质、引进先进技术等)。

(三) 固定投入与变动投入，长期与短期

固定投入(Fixed Input)是指当市场条件改变要求产出变化时，其投入量不能立即随之变化的投入。例如，工业产品生产中的厂房、设备投入在一定时期内是不变的。

变动投入(Variable Input)是指当市场条件改变要求产出变化时，其投入量能立即随之变化的投入。例如，工业产品生产中的原材料、燃料等投入在短期内可与产量一起变动。

固定投入与变动投入的划分是建立在长期(Long Run)与短期(Short Run)划分的基础上的。

短期是指企业不能全部调整所有生产要素的时期。就是说，在短期内，企业的生产要素分为可变投入与固定投入。生产者在短期内可以进行数量调整的那部分要素投入叫可变投入,如原材料、燃料、劳动等。生产者在短期内无法进行数量调整的那部分要素投入,叫固定投入,如厂房、机器设备等。产量将随可变投入的变动而变动。短期生产函数为:

$$Q = f(L, K)$$

由于投入的资本 K 不变,所以:

$$Q = f(L)$$

长期是指一个足够长的时期,企业能够调整所有的生产要素投入,包括技术水平和资本投资,因而只有可变投入,没有固定投入。长期生产函数为:

$$Q = f(L, K)$$

应该注意的是,并没有一个具体的时间标准来划分短期与长期。短期并不意味着时间短,长期也不意味时间长。对于不同行业中的短期与长期也不同。它们的区分标志在于生产要素投入是否可以全部变动。

二、短期生产函数

短期生产函数的分析,首先从短期产量的分析入手,分析各种短期产量的意义以及它们之间的相互关系,从而找到最佳的生产阶段。

短期指厂商不能根据它所要达到的产量来调整其全部生产要素的时期。在短期内,厂商至少有一种要素投入是保持不变的,如固定资产或资本投入 K。

短期生产函数分析了一种可变生产要素的变动所引起的各种产量的变动。其中,可变生产要素投入量是自变量,产量是因变量。

总产量是指一定量的某种生产要素所生产出来的全部产量。

平均产量是指平均每单位生产要素所生产出来的产量。

边际产量是指每增加一单位生产要素所增加的产量。

如果以 Q 代表生产要素投入的数量,ΔQ 代表某种生产要素的增加量,以 TP 代表总产量,以 AP 代表平均产量,以 MP 代表边际产量,则这三者之间的数量关系是:

$$TP = AP \cdot Q$$

$$AP = \frac{TP}{Q}$$

$$MP = \frac{\Delta TP}{\Delta Q}$$

(一) 总产量、平均产量、边际产量的相互关系

假定在某产品生产过程中所使用的生产要素是资本和劳动,其中资本的投入量是固定不变的,劳动的投入量是可变的。根据上述关系制作表 3-1-1。

表 3-1-1　劳动投入与总产量、平均产量、边际产量之间的关系表

资本量(*K*)	劳动投入量(*L*)	总产量(*TP*)	平均产量(*AP*)	边际产量(*MP*)
10	0	0	0	0
10	1	3	3	3
10	2	8	4	5
10	3	12	4	4
10	4	15	3.8	3
10	5	17	3.4	2
10	6	17	2.8	0
10	7	16	2.3	−1
10	8	13	1.6	−3

根据表 3-1-1,可以做出图 3-1-1。

在图 3-1-1 中,横轴代表劳动投入量,纵轴代表产量。*TP* 为总产量曲线,*AP* 为平均产量曲线,*MP* 为边际产量曲线。三条产量曲线分别表示随着劳动投入量的不断增加,各种产量的变动趋势。*N* 为总产量曲线的拐点,对应于边际产量递增与递减的转折点。*S* 为总产量曲线的切点,对应于边际产量与平均产量相交的点。*R* 为总产量曲线的最大点,对应于边际产量为零的点。

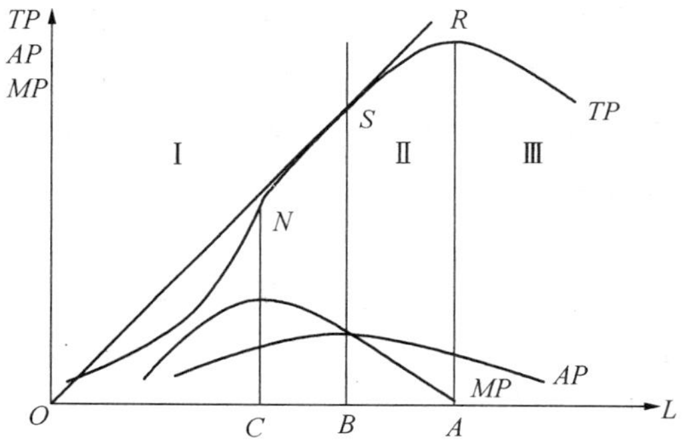

图 3-1-1　总产量、平均产量、边际产量之间的关系图

根据图 3-1-1,可以看出总产量、平均产量、边际产量之间的关系有如下特点:

第一,总产量与平均产量的关系。从图上可以看出,在资本量不变的情况下,随着劳动量的增加,总产量曲线先以递增的速度增加,到拐点以后,以递减的速度增加,过最大点后变为递减。在 *O* 到 *B* 之间,随着劳动投入的增加,总产量随之不断增加,与之相对应的平均产量也不断增大。在 *B* 点,平均产量达到极大值。在 *B* 点以后,随着劳动投入的继续增加,总产量先以递减速度增加而后减少,与之相对应的平均产量则减少。所以,平均产量就是总产量对应点与原点连线(即射线)的斜率,当射线与总产量相切时,平均产量达到最大。

第二,总产量与边际产量的关系。从图中可以看到,总产量与边际产量之间有对应关系。在 *O* 到 *C* 之间,随着劳动投入的增加,总产量以递增速度增加,与之相对应的边际产量也不断增大。到了 *C* 对应点,边际产量最大。在 *C* 到 *A* 之间,随着劳动投入的继续增加,总产量以递减速度增加,与之相适应的边际产量减少。到了 *A* 对应点,总产量最大。过了 *A* 对应点以后,随着劳动投入的继续增加,总产量递减,与之相对应的边际产量为负值。从几何图形的角度,边际产量即总产量线上各点切线的斜率。当总产量增加时,边际产量一定是正数;当总产量减少时,边际产量一定是负数;当总产量最大时,边际产量为零,边际产量线正好和横轴相交。

第三,平均产量与边际产量的关系。从图中可以看出,边际产量曲线通过平均产量曲线的最高点。在 B 点左边,边际产量大于平均产量,平均产量递增。在 B 点右边,边际产量小于平均产量,平均产量递减。在 B 点,边际产量等于平均产量,平均产量最大。边际与平均的这种对应关系在其他情况下也是成立的。例如,全班现平均成绩为 70 分(AP),转入一名新同学成绩为 80 分(MP),新的平均分一定会高于 70 分;相反转入同学成绩 60 分(MP),则新的平均分一定会低于 70 分。

(二) 生产三阶段

根据总产量、平均产量、边际产量的关系,我们可以把图 3-1-1 划分成三个区域,表示可变生产要素的三个投入阶段。

第一个阶段(Ⅰ),可变投入要素的数量小于 OB。这一阶段生产函数的特征是可变要素的边际产量开始递增,然后递减。在这一阶段,总产量、平均产量均呈上升趋势。在这一区间,劳动量从零增加到平均产量达到最大值。劳动投入量的边际产量大于平均产量,这意味着相对于固定的资本量来说,劳动量不足,劳动和资本的配合比例不当,效率不能充分发挥,因此,增加劳动的投入量,调整劳动与资本的配合比例,可以使要素的使用效率提高。

第二个阶段(Ⅱ),可变投入要素的数量在 OB 和 OA 之间。这一阶段劳动量从平均产量最大增加到边际产量为零,总产量达到最大值。在这一区间,平均产量与边际产量随着劳动投入量的增加而递减,边际产量小于平均产量,但仍为正值。这意味着,虽然劳动的效率随着其数量的增加而降低,但仍为正值,而资本的效率却随着劳动量的增加而提高,使总产量一直增加到最大值。

第三个阶段(Ⅲ),边际产量为负值,总产量绝对减少,这意味着厂商投入的劳动量相对固定要素来说,已经太多了,除了遭受损失外,得不到任何利益。

从以上分析可得,在劳动作为唯一可变生产要素的情况下,劳动这种生产要素的合理投入区域应该是在平均产量最大至边际产量为零之间,即厂商应在第Ⅱ阶段从事生产。因为如果劳动投入量没有达到使平均产量最大水平,厂商继续增加劳动量,可以使产量增加,如果劳动投入量超过使边际产量为零时的投入量,厂商增加劳动投入反而会使产量减少。如果资本作为可变投入要素,劳动作为固定的生产要素,选择合理的生产要素投入区域,其规律也是一样的。

(三) 边际产量递减规律

对一种可变的生产要素的生产函数来说,边际产量表现出先上升而后下降的规律,这一规律被称为边际产量递减规律。

边际产量递减规律又称边际收益递减规律。它的基本内容是:在技术水平和其他生产条件不变的前提下,当把一种可变的生产要素投入到一种或几种不变的生产要素中时,最初这种生产要素的增加会使产量增加,但当它的增加超过一定限度时,增加的产量将会递减,最终还会使产量绝对减少。例如,一个面包房有 2 个面包烤炉为其固定投入,当可变投入劳动从 1 个工人增加到 2 个工人时,面包烤炉得到充分利用,工人的边际产量递增,但如果工人的数量增加到 3 个、4 个甚至更多时,几个人共用一个面包烤炉,每个工人的边际产量自然会出现递减,甚至成为负数。

在理解边际产量递减规律时,要注意以下几点:

第一，这一规律发生作用的前提是技术水平不变。技术水平不变是指生产中所使用的技术没有发生重大变革。现在技术进步的速度很快，但并不是每时每刻都有重大的技术突破，技术进步总是间歇式进行的，只有经过一定时期的准备之后，才会有重大的突破。短期内无论是农业还是工业，一种技术水平一旦形成，总会有一个相对稳定的时期，这一时期就可以称为技术水平不变。

第二，这一规律所指的是生产中使用的生产要素分为可变的与不变的两类。边际产量递减规律研究的是把不断增加的一种可变生产要素增加到其他不变的生产要素上时对产量所发生的影响。这种情况也是普遍存在的。在农业中，当土地等生产要素不变时，增加施肥量；或者在工业中，当厂房、设备等生产要素不变时，增加劳动力，都属于这种情况。

第三，在其他生产要素不变时，一种生产要素增加所引起的产量或收益的变动可以分为三个阶段：第一阶段表现为产量递增，即这种可变生产要素的增加使产量或收益增加。第二阶段表现为边际产量递减，即这种可变生产要素的增加仍可使总产量增加，但增加的比率，即增加的每一单位生产要素的边际产量是递减的。第三阶段表现为产量绝对减少，即这种可变生产要素的增加会使总产量减少。所以边际产量先递增后递减，即不排除它先递增。

边际产量递减规律具有独立于经济制度或其他社会条件而发生作用的普遍性或一般性。这个规律揭示了投入与产出之间的客观联系。因而，对于研究投入和产出之间的关系是很重要的。它告诉我们，并不是任何投入都能带来最大的收益，更不是投入越多，收益一定越大。我国俗话所说的“一个和尚担水吃，两个和尚抬水吃，三个和尚没水吃”，正是对边际产量递减规律的形象表述。尊重这一规律，对企业的投入数量和组合进行科学的分析，对于提高经济效益和正确决策是十分必要的。

【案例解析】

三季稻不如两季稻

1958 年“大跃进”是一个不讲理性的年代，时髦的口号是“人有多大胆，地有多高产”，于是一些地方把传统的两季稻改为三季稻，结果总产量反而减少了。从经济学的角度看，这是因为违背了一个最基本的经济规律：边际产量递减规律。

两季稻是农民长期生产经验的总结，它行之有效，说明在传统农业技术下，固定生产要素已经得到了充分利用。改为三季稻之后，土地过度利用引起肥力下降，设备、肥料、水利资源等由两次使用改为三次使用，每次使用的数量不足。这样，三季稻的总产量就低于两季稻了。群众总结的经验是“三三见九，不如二五一十”。

因此边际产量递减规律，是我们研究一种生产要素合理投入的出发点。

三、长期生产函数

长期是厂商能根据所要达到的产量来调整其全部生产要素的时期。在长期中，没有固定投入和可变投入之分，一切生产要素都是可以调整的，一切成本(投入)都是可变的。

生产者在短期内无法进行数量调整的那部分要素投入称为不变要素投入，如机器设备、厂房等；生产者在短期内可以进行数量调整的那部分要素投入称为可变要素投入，如劳动、原材料、燃料等。

在长期内，生产者可以调整全部的要素投入，全部生产要素的投入数量均可以变动。

经济学中长短期的划分标准，在于生产者能否变动全部要素投入的数量。

生产要素的最适组合，是分析生产者如何把既定的成本分配在两种生产要素的购买与生产上，以达到利润最大化。这与消费者均衡是很相似的，消费者均衡是分析如何把既定的收入分配于两种产品的购买与消费上，以达到效用最大化。与无差异曲线相对应的就是等产量线。

(一) 等产量线

1. 等产量线的一般形式

在长期内，所有的生产要素的投入量都是可变的。两种可变生产要素的长期生产函数：

$$Q = f(L, K)$$

式中，以 Q 表示总产量，L、K 分别代表劳动、资本的投入量。该生产函数表示为，长期内在技术水平不变的条件下由两种可变要素投入量的一定组合所能生产的最大产量。

等产量线是表示两种生产要素的不同数量的组合可以带来相等产量的一条曲线，或者说是表示某一固定数量的产品，可以用所需要的两种生产要素的不同数量的组合生产出来的一条曲线。

假如，生产者使用资本与劳动两种生产要素，它们有 a、b、c、d 四种组合方式，这四种组合方式都可以达到相同的产量。这样，可做表 3-1-2。

表 3-1-2　生产要素投入组合表

组合方式	劳动量(L)	资本量(K)	产量(Q)
a	1	6	100
b	2	3	100
c	3	2	100
d	6	1	100

根据上表，可制作图 3-1-2。

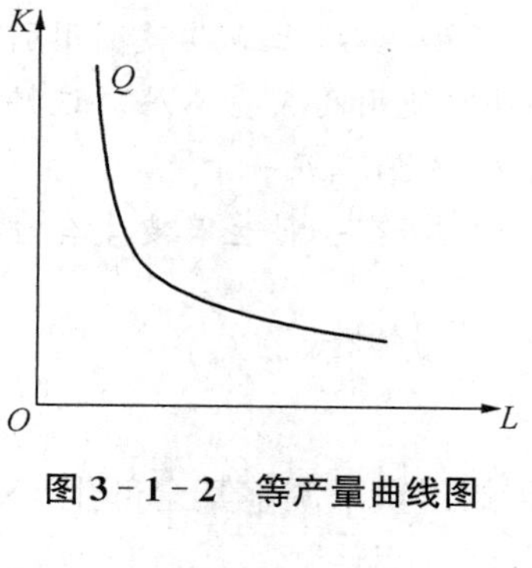

图 3-1-2　等产量曲线图

在图 3－1－2 中，横轴 OL 代表劳动量，纵轴 OK 代表资本量，Q 为等产量线，即该线上任何一点所表示的资本与劳动不同数量的组合，都能生产出相等的产量。

等产量线的特征表现在：

第一，等产量曲线的形式，和无差异曲线一样，是一条向右下方倾斜的曲线，其斜率为负值。这就表明，在生产者的资源与生产要素价格既定的条件下，为了达到相同的产量，在增加一种生产要素时，必须减少另一种生产要素。两种生产要素的同时增加是资源既定时无法实现的；两种生产要素的同时减少，不能保持相等的产量水平。

第二，在同一平面图上，可以有无数条等产量线。同一条等产量线代表相同的产量，不同的等产量线代表不同的产量水平。离原点越远的等产量线所代表的产量水平越高，离原点越近的等产量线所代表的产量水平越低。可以用图 3－1－3 等产量曲线组图来说明这一点。图中 Q_1、Q_2、Q_3 是三条不同的等产量曲线，它们分别代表不同的产量水平，其产量高低顺序是：$Q_1 < Q_2 < Q_3$。

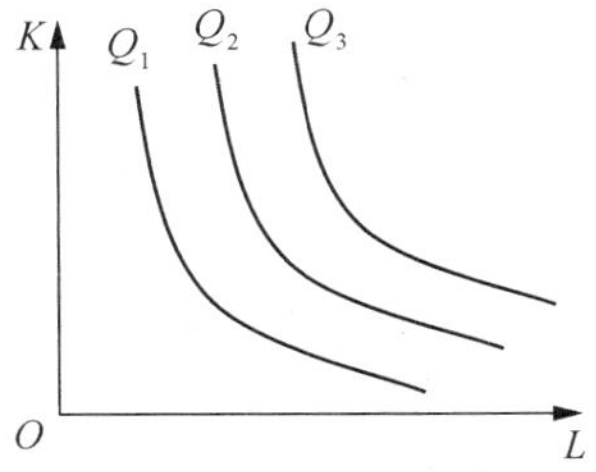

图 3－1－3　等产量曲线组图

第三，在同一平面图上，任意两条等产量线不能相交。因为在交点上两条等产量线代表了相同的产量水平，与第二个特征相矛盾。

第四，等产量线是一条凸向原点的曲线。这是由边际技术替代率递减规律所决定的。

边际技术替代率 $MRTS$ 就是在维持产量水平不变的条件下，增加一种生产要素的投入量与减少另一种生产要素的投入量之比。以 ΔL 代表劳动的增加量，ΔK 代表资本的减少量，$MRTS$ 代表以劳动代替资本的边际技术替代率，则有：

$$MRTS_{LK} = \frac{\Delta K}{\Delta L} \qquad \text{（离散型）}$$

上式中，当 $\Delta L \to 0$ 时，则边际技术替代率的公式：

$$MRTS_{LK} = \lim_{\Delta L \to 0} \frac{\Delta K}{\Delta L} \quad \text{或} \quad MRTS_{LK} = \frac{\mathrm{d}K}{\mathrm{d}L} \qquad \text{（连续型）}$$

等产量曲线上某一点的边际技术替代率就是等产量曲线上该点切线斜率的绝对值。

边际技术替代率应该是负值，因为一种生产要素增加，另一种生产要素就要减少。但是，为了方便起见，一般用其绝对值。

边际技术替代率递减规律是指在维持产量水平不变的条件下，不断增加一单位某种生产要素投入量时，所需减少的另一种生产要素的投入量递减。等产量线凸向原点的几何特点，其所对应的经济含义是边际技术替代率递减。$MRTS$ 的不断下降，使等产量线越来越平缓。比如说，当企业大量使用劳动替代资本时，劳动的边际生产率下降；大量使用资本替代劳动时，资本的边际生产率会下降。总之，不断增加的投入使其边际产量下降，而不断减少的投入却因边际产量递增而令人留恋。

2. 等产量线的特殊形式

(1) 完全替代两要素的等产量线。

在特殊情况下，两种要素可以以一定的比例完全替代。例如，某企业雇佣男工和女工，假定男工的工作量是女工的两倍，一个男工相当于两个女工，且男工的工资是女工的2倍，则男工和女工存着1∶2的完全替代关系，此时的等产量曲线如图3-1-4所示，是一条直线，和消费理论中的完全替代品的无差异曲线一样。在等产量曲线Q_0上，各点的斜率都是相同的，且等于－0.5，这说明边际技术替代率为常数1/2。企业为实现既定的产出Q_0，可以选择等产量线上的任何要素组合。

(2) 完全互补两种要素的等产量线。

在特殊情况下，两种要素可以以一定比例完全互补，换言之，两种要素必须以严格的比例互相匹配，才能实现既定产出，否则，多余的要素毫无用处。例如，某汽车运输公司有6辆卡车，则只能也必须雇佣6个卡车司机，否则不是多余的卡车无用就是多余的司机无用。此时，卡车和司机以1∶1的比例完全互补，等产量曲线是直角线，和消费理论中的完全互补品的无差异曲线一样。在这种情况下，边际技术替代率只在直角点A、B处存在，均等于1，如图3-1-5所示。

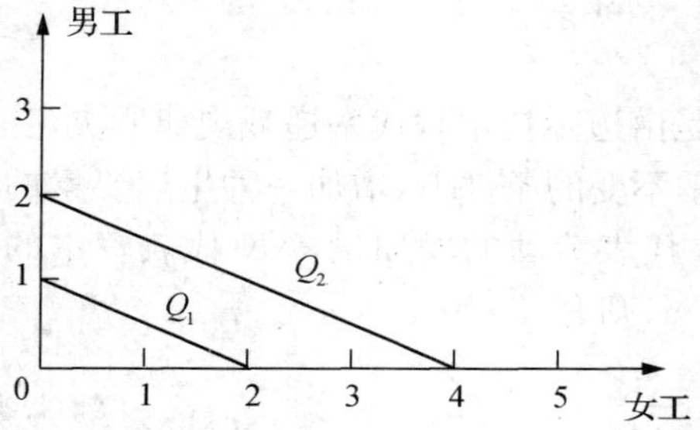

图3-1-4　两要素完全替代

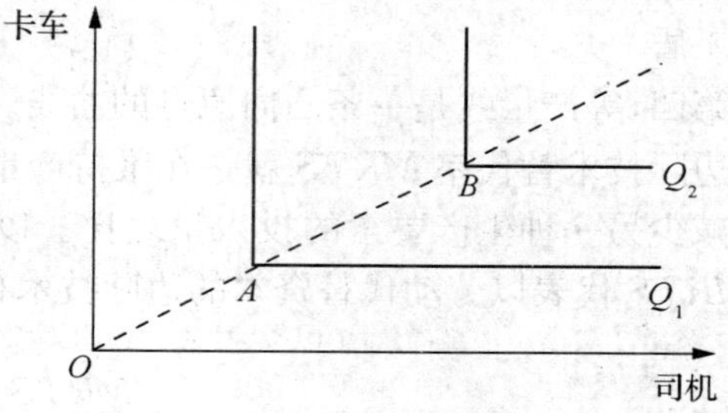

图3-1-5　两要素完全互补的等产量曲线

(3) 斜率为正的等产量曲线。

有时，企业有可能出现等产量曲线弯曲到使斜率为正的情况，如图3-1-6所示。AC段的斜率为负，但AB、CD段的斜率为正，这是由于企业一不留神过度投入某种要素所致。在AB或CD段，企业必须同时增加两种要素投入量才能维持Q_0的产出水平不变，显然这是一种极端浪费的情况。中国的许多国有企业由于人浮于事而扯皮，于是不得不增加资本的投入，修建娱乐设施供一部分人玩乐，以减少他们对产品带来的负作用。任何要素的过度投入都会使过多的要素成为有害物品，必须花费代价才能排除。斜率为正的等产量曲线的边际替代率是负值。图3-1-6中的A、C点为斜率正负变换点，也叫脊点(Ridge Point)。只要在脊线以外，都要通过要素的调整使其落入脊线以

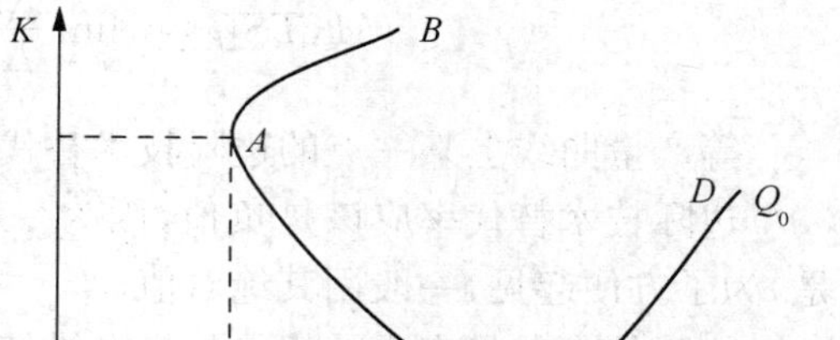

图3-1-6　斜率为正的等产量曲线

内的经济区域。

（二）等成本线

等成本线又叫企业预算线。它是一条表明在生产者成本既定，生产要素价格既定条件下，生产者所能购买到的两种生产要素最大数量组合的线。

等成本线表明了企业进行生产时的限制条件，即它购买生产要素所花费的钱不能大于或小于它所拥有的货币成本。等成本线可以用公式表示，即：

$$C = P_L \cdot Q_L + P_K \cdot Q_K$$

式中，C 为成本，P_L、P_K、Q_L、Q_K 分别为劳动与资本的价格与购买量。

上式也可以写为：

$$Q_K = C/P_K - P_L/P_K \cdot Q_L$$

这是一个直线方程式，其斜率为 $-P_L/P_K$。

因为 C、P_L、P_K 为既定的常数，所以，给出 Q_L 的值，就可以解出 Q_K。当然，给出 Q_K 的值，也可以解出 Q_L。如果 $Q_L=0$，则 $Q_K=C/P_K$；如果 $Q_K=0$，则 $Q_L=C/P_L$。这样就可以做出等成本线，如图 3-1-7 所示。

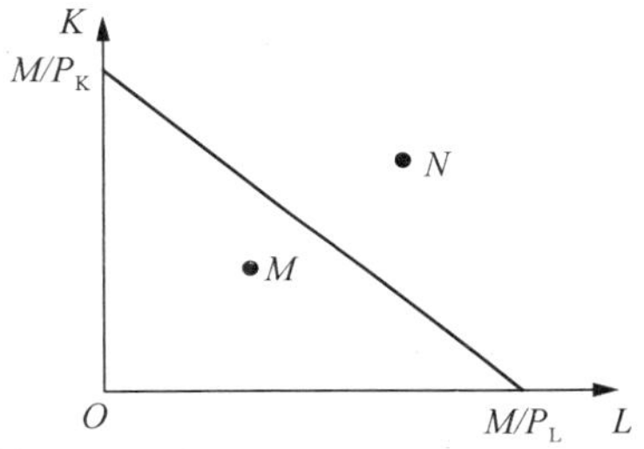

图 3-1-7 等成本线图

在图 3-1-7 中，等成本线上的任何一点，都是在货币成本与生产要素价格既定条件下，所能购买的劳动与资本的最大数量的组合。等成本线以内区域中的任何一点，如 M 点，表示既定的货币成本都用来购买该点的劳动与资本的组合以后还有剩余；等成本线以外区域中的任何一点，如 N 点，表示既定的货币成本都用来购买该点的劳动和资本的组合是不够的。

比如，设：$M=200$ 元，$P_L=2$，$P_K=1$ 元。则有 $Q_L=0$，$Q_K=200$，$Q_K=0$，$Q_L=100$。这样，就可以做出图 3-1-8。

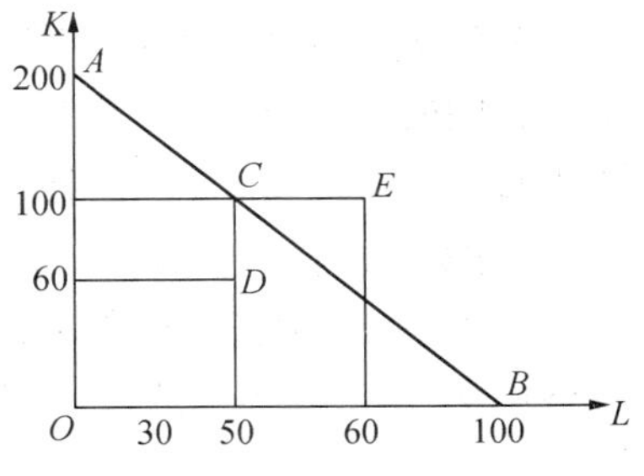

图 3-1-8 等成本图

在图 3-1-8 中，如用全部货币购买劳动，就可以购买 100 单位（B 点），如果用全部货币购买资本，就可以购买 200 单位（A 点），连接 A 和 B 点，则为等成本线。该线上的任何一点，都是在货币成本与生产要素价格既定条件下，能购买到的劳动与资本的最大数量的组合。例如，在 C 点，购买 50 单位劳动，100 单位资本，正好用完 200 元（$=2\times50+1\times100$）。该线内的任何一点所购买的劳动与资本的组合，是可以实现的，但并不是最大数量的组合，即没有用完货币成本。例如，在 D 点，购买 50 单位劳动，60 单位资本，只用了 160 元（$=2\times50+1\times60$）。在该线外的任何一点，所购买的资本与劳动的组合大于 C 点时，无法实现，因为所需要的货币超过了既定的成本。例如，在 E 点，购买 60 单位劳动，100 单位资本，大于 C 点的 50 单位劳动和 100 单位资本，但这时要支出 220 元（$=2\times60+1\times100$），无法实现。

如果生产者的货币成本变动（或者生产要素价格都变动），则等成本线平行移动。货币成本增加，等成本线向右上方平行移动；货币成本减少，等成本线向左下方平行移动。如同消费者行为分析中的预算线组。

（三）生产要素最优组合

现在我们把等产量线与等成本线结合起来分析生产要素的最适组合，也就是生产者的均衡。

生产者的均衡可能有两种情形，一是在成本固定的前提下如何实现最大产量；二是在产量固定的前提下如何实现最小成本。

如果把等产量线与等成本线合在一个图上，那么，等成本线必定与无数条等产量线中的一条相切于一点。在这个切点上，就实现了生产要素最适组合，如图 3-1-9 所示。

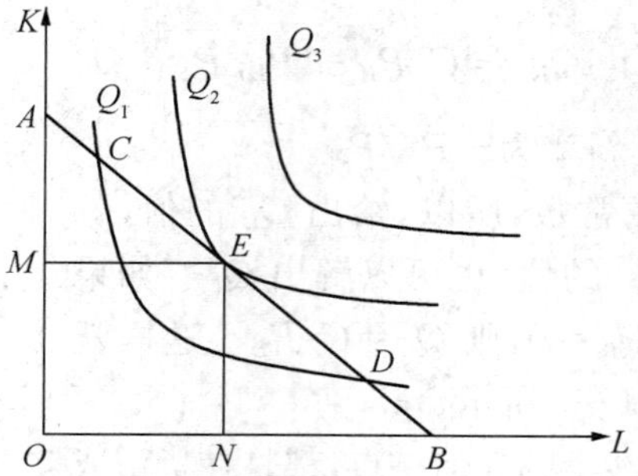

图 3-1-9　生产要素最适组合的实现图

在图 3-1-9 中，Q_1、Q_2、Q_3 为三条等产量线，其产量大小依次为 $Q_1<Q_2<Q_3$。AB 线为等成本线。AB 线与 Q_2 相切于 E 点，这时实现了生产要素的最适组合。也就是说，在生产者的货币成本与生产要素价格既定的条件下，ON 的劳动与 OM 的资本结合，就可以实现利润最大化，即既定产量下成本最小或既定成本下产量最大。

为什么只有在 E 点时才能实现生产要素的最适组合呢？从图 3-1-9 上看，C、E、D 点都是相同的成本，这时 C 和 D 点在 Q_1 上，而 E 点在 Q_2 上，$Q_2>Q_1$，所以 E 点的产量是既定成本时的最大产量。在 Q_2 上产量是相同的，除 E 点外，其他两种生产要素组合的点都在 AB 线之外，成本大于 E 点，所以 E 点时的成本是既定产量时的最小成本。

在 E 点上，两条线的斜率恰好相等，即劳动与资本的边际技术替代率等于生产要素的价格比率，用公式表示为：

$$\frac{MP_L}{MP_K}=\frac{P_L}{P_K}$$

因此，既定成本下产量最大的条件，或既定产量下的成本最小的条件是：两种生产要素的边际产量与各自的价格之比相等。此时等产量线和等成本线正好相切。

四、规模经济

完成分析短期中的成本与产量的关系，以及生产要素最适组合之后，下面分析企业的规模经济问题。

（一）内在经济与外在经济

企业生产规模的扩大之所以会引起产量的不同变动，可以用内在经济与内在不经济来解释。

1. 内在经济及其产生原因

内在经济是指一个企业在生产规模扩大时由于自身内部所引起的产量增加。引起内在经济的原因主要有：第一，可以使用更加先进的机器设备。机器设备这类生产要素有其不可分割性。当生产规模小时，无法购置先进的大型设备，即使购买了也无法充分发挥其效用。只有在大规模生产中，大型的先进设备才能充分发挥其作用，使产量更大幅度地增加。第二，可以实行专业化生产。在大规模的生产中，由于专业与分工可以分得更细，这样就会提高工人的技术水平，提高生产效率。第三，可以提高管理效率。各种规模的生产都需要配备相应的管理人员，在生产规模小时，这些管理人员无法得到充分利用。当生产规模扩大时，在不增加管理人员的情况下增加生产，就可以提高管理效率。第四，可以对副产品进行综合利用。在小规模生产中，许多副产品被作为废物处理，而在大规模生产中，就可以对这些副产品进行再加工，做到“变废为宝”。第五，在生产要素的购买与产品的销售方面也会更加有利。大规模生产所需各种生产要素多，产品也多，这样，企业可能在生产要素与产品销售市场上居于垄断地位，它就可以通过压低生产要素收购价格或提高产品销售价格而从中获利。第六，技术创新能力的提高。大企业往往拥有雄厚的人力与财力，也能承担更大的风险，所以，技术创新能力更强。技术创新是提高企业生产率的关键。

2. 内在不经济及其产生原因

如果一个企业由于本身生产扩大而引起产量或收益减少，就是内在不经济。引起内在不经济的原因主要有：第一，管理效率的降低。企业生产规模过大会使其管理机构庞大而不灵活，管理上也会出现各种漏洞，从而使产量和收益减少。第二，生产要素价格与销售费用增加。生产要素的供给并不是无限的，生产规模过大必然会大幅度地增加对生产要素的需求，从而使生产要素的价格上升。同时，生产规模过大，产品大量增加，需要增设更多的销售机构与销售人员，从而增加了销售费用。因此，生产规模并不是越大越好。

对一个企业产量与收益的影响，除了它本身的生产规模外，还与它所处行业的生产规模有关。一个行业是由生产同种产品的企业组成的，它的大小影响着其中每一家企业的产量与收益。

3. 外在经济及其产生原因

整个行业生产规模扩大，给个别企业所带来的产量与收益的增加称为外在经济。引起外在经济的原因是：个别企业可以从整个行业的扩大中得到更为方便的交通辅助设施、更多的信息与更好的人才，从而使产量与收益增加。

4. 外在不经济及其产生原因

一个行业的生产规模过大也会使个别企业的产量与收益减少，这种情况称为外在不经济。引起外在不经济的原因是：一个行业过大会使行业内各企业之间竞争更加激烈，各企业为了争夺生产要素与产品销售市场，必须付出更高的代价。此外，整个行业的扩大，也会使环境污染问题更加严重，交通紧张，个别企业要为此付出更高的代价。

（二）规模经济与规模收益

1. 规模经济与规模收益

由于大规模生产带来的平均成本的下降，称为规模经济(Economics of Scale)。在技术水平不变的情况下，当两种生产要素按同样的比例增加，即生产规模扩大时，最初这种生产规模扩大会使产量的增加大于生产规模的扩大，但当规模的扩大超过一定限度时，则会使产量的增加小于生产规模的扩大，甚至使产量绝对减少，出现规模不经济。

规模收益是指由所有投入要素按既定比例增加所引起的产出量的比例增加，分为三个阶段：

规模收益递增(Increasing Returns to Scale)，指产出量的增加比例大于投入要素的增加比例，如生产规模扩大了5%，而产量的增加大于5%；

规模收益不变(Constant Returns to Scale)，指产出量的增加比例等于投入要素的增加比例，如生产规模扩大了5%，而产量也增加了5%；

规模收益递减(Decreasing Returns to Scale)，指产出量的增加比例小于投入要素的增加比例，如生产规模扩大了5%，而产量的增加小于5%，甚至是减少。

在理解规模经济这一概念时，要注意以下几点：

第一，这一规律发生作用的前提是技术水平不变。

第二，这一规律所指的是生产中使用的两种生产要素都在同比例地增加。这时技术系数可以是可变的，也可以是不变的。但由于它并不改变技术系数，从而生产要素的增加只是一种量的增加。这一规律就是研究技术系数不变时两种生产要素的增加所引起的生产规模扩大，给产量所带来的影响。

例如，农业中土地与人力的同时增加，或把若干小农场合并为大农场；工业中设备与人力的同时增加，或把若干小企业合并为大企业，都属于这种情况。

第三，两种生产要素增加所引起的产量或收益的情况可以分为三个阶段。第一阶段：规模收益递增；第二阶段：规模收益不变；第三阶段：规模收益递减。

2. 规模经济与规模不经济的原因

规模报酬递增的原因：大规模生产使专业分工成为可能，从而提高生产效率，使得生产人员的技巧得以发展，节约了生产时间，避免了工序转换，使生产人员有所发明，实现"术业有专攻"；大规模生产可以更有效地利用先进技术和生产设备，从而提高效率，由于机器设备具有不可分割性，小规模生产中无法采用；大规模生产可以对副产品进行综合利用，从而降低成本和保护环境；大规模生产可以使厂商对要素市场和产品市场形成一定价格垄断；由多种经营引起的企业规模的经济性。

规模报酬递减的原因：大规模生产造成管理效率降低，管理机构庞大，造成信息丢失或扭曲、人际关系复杂；规模扩大，使成本可能增加，规模大，使产量增加、销售困难，从而销售机构庞大、销售人员增加、广告投入增加，造成销售费用上升；规模过大，对市场形势变化反应迟钝。

3. 适度规模

企业规模的扩大既会带来好处，也会带来不利的影响。在长期中企业调整各种生产要素时，要实现适度规模。

适度规模就是使两种生产要素的增加，即生产规模的扩大正好使产量达到最大。当收益递增达到最大时就不再增加生产要素，并使这一生产规模维持下去。对于不同行业的企业来说，适度规模的大小是不同的，并没有一个统一的标准。在确定适度规模时应该考虑到以下主要因素：

第一，本行业的技术特点。一般来说，需要的投资量大，所用的设备复杂，先进的行业，适度规模也就大，如冶金、机械、汽车制造、造船、化工等重工业企业，生产规模越大经济效益越高。冶金企业年产 600 万吨钢，轿车年产 30 万辆，彩色显管年产 200 万套。相反，需要投资少，所用的设备比较简单的行业，适度规模也小。例如，服装、服务这类行业，生产规模小而能更灵活地适应市场需求的变动，对生产更有利，所以适度规模也就小。

第二，市场条件。一般来说，生产市场需求量大，而且标准化程度高的产品的企业，适度规模应该大，这也是重工业行业适度规模大的原因。相反，生产市场需求小，而且标准化程度低的产品的企业，适度规模应该小。所以，服装行业的企业适度规模就要小一些。

当然，在确定适度规模时要考虑的因素还有很多。例如，在确定某一采矿企业的规模时，还要考虑矿藏量的大小。其他诸如交通条件、能源供给、原料供给、政府政策等等，都是在确定适度规模时必须考虑到的。

第三，产品结构。产品在市场上不具有竞争力和生命力，企业的规模就会受到限制。拓展企业的规模应把着眼点放在创造名优产品和适销对路产品上，并且不断进行产品的升级换代，力争以产品结构调整推动企业规模的扩张。

第四，管理水平。管理水平高的企业，可以扩大规模。

微信扫码查看

模块 2　成本分析

教学目标

了解显成本、隐成本的概念，学会以机会成本的角度思考问题，理解总成本、平均成本、边际成本之间的关系，掌握短期成本与长期成本的变化趋势。

教学重点

1. 显成本与隐成本；
2. 总成本、平均成本、边际成本之间的关系；
3. 短期成本与长期成本的变化趋势。

课前阅读

“上大学”机会成本的分析

机会成本概念是现代经济理论中的重要概念之一。美国著名经济学家保罗·萨缪尔森在他的《经济学》教科书中辟有专门一节来讨论这个问题。一般认为，所谓机会成本是指一种产品或者资源放弃现有用途而挪作他用，并由此可以获得的最大收益。但在实际应用中，机会成本却留有很多需要进一步解决的问题。首先，“放弃现有用途而挪作他用”，显然意味着一种市场出清的帕累托最优状态，在这种状态下，机会成本等于“挪作他用的最大收益”。问题是，如果产品本身拥有多种不同的经济属性，那么，它的机会成本应当如何衡量？其次，既然产品可以挪作他用而实际上又没有被“挪作他用”，那么机会成本的衡量就应该采用一种变通的方法，即采用它的同质同类的替代品的价值来衡量，但如果此时，它的替代品的最高价值不断地随外部市场条件的变化而变化，那么，该商品的机会成本将如何衡量？于是机会成本的衡量就出现了某种程度的不确定性。我们先讨论一个“上大学”机会成本衡量的例子，然后再引申出一些对理解机会成本概念的有益启示。

萨缪尔森认为，如果一个大学生平均每年学费是 5 000 美元，大学生不上大学而到社会上打工一年最多能挣到 11 000 美元，那么该学生上大学的机会成本将是 16 000 美元。这里面包含了一个值得讨论的问题：核算机会成本的依据应该是什么？我们知道，机会成本的主要作用就是在于它的价值评估功能。也就是说，在“上大学”的问题中，人们真正需要关心的是如果该学生不上大学，而将既定资源挪作他用，其最高价值应当是多少的问题。那么，这里的学生上大学的 5 000 美元学费应不应当计入“上大学的机会成本”呢？

首先，我们来看经济产品的消费品属性。根据效用价值理论，对于消费者个人而言，其价值大小主要取决于产品对他的满足程度抑或是效用的大小。但事实上，由于效用是一个非常主观的概念，因此在实际交易中，消费品的估价原则只能是根据历史成本来衡量。因此，对于“上大学”这种产品来讲，如果纯粹是为了消遣，为了享受，为了达到一种心理的满足，这时上大学的机会成本，或者说上大学的总的市场价值就应当是显成本 5 000 美元加上隐成本 11 000 元，即 16 000 美元。因此，萨缪尔森在核算“上大学”的机会成本时，把 5 000 美元学费成本也算在内，结果为 16 000 美元是很有道理的。

（资料来源：姚晋兰.“上大学”机会成本的分析及启示[J]. 中国商界，2008，(10)：141）

任务 1　成本相关概念

一、成本

成本或经济成本即生产费用，是指厂商在生产过程中的全部支出。西方经济学中成本的概念包括厂商为生产必须支付的各种费用和正常利润。厂商的成本是使用各种生产要素的数量和各种生产要素的价格的乘积的加总。

成本是企业进行生产与经营活动所必须付出的代价。厂商对投入组合的选择，一方面取决于各种投入与产出之间的物质技术关系，另一方面取决于成本状况。

二、成本的种类

经济学里面讲的成本与会计学里讲的成本有所区别。经济成本通常包括显性成本和隐性成本两种。

显性成本(Explicit Cost)，也称为显成本或明显成本，是指企业在生产要素市场上购买和租用所需要的生产要素的实际支出。例如，某企业雇用了一定数量的工人，从银行取得了一定数量的贷款，并租了一定数量的土地，为此，这个企业就需要向工人支付工资，向银行支付利息，向土地出租者支付地租，这些支出便构成了该企业的生产的显性成本。由于这些支出会记录在账面上，所以又称为会计成本。所谓会计成本(Accounting Cost)指的是企业在生产中按市场价格直接支付的一切费用。这些费用一般要反映到企业的会计账目上去，是企业已支出的货币的记录，因此也叫作历史成本。一个企业的会计成本通常包括生产与经营过程中发生的各项资金支付，诸如工资、原材料费用、动力燃料费用、添置设备费用、土地或厂房的租金、广告支出、保险付款、利息支出等等。它们都是被会计人员记录在公司账册上的明显的支出。

隐性成本(Implicit Cost)，也称为隐成本或隐含成本，是指企业使用自有的生产要素，不以货币形式支付的费用。这部分费用在形式上没有契约规定要支付，但在实际生产中隐含于耗费之中，所以，在分析决策时往往容易被忽略。例如，为了进行生产，一个厂商除了雇佣一定数量的工人，从银行取得一定数量的贷款和租用一定数量的土地之外(这些均属显性成本支出)，还动用了自己的资金和土地，并亲自管理企业。西方经济学家指出，既然借用了他人的资本需付利息，租用了他人的土地需付地租，聘用他人来管理企业就必须向别人支付薪金，那么，同样道理，在这个例子中，当厂商使用了自有生产要素时，也应该得到报酬。所不同的是，现在厂商是自己向自己支付利息、地租和薪金。所以，这笔价值就应该计入成本之中。由于这笔成本支出不如显性成本那么明显，故被称为隐性成本。

经济成本是厂商从事某项经济活动所支付的费用，即显性成本与隐性成本之和。

下面举一个例子来说明显性成本与隐性成本的概念。假定某一店主每年花费 40 000 元的资金租赁商店设备，年终该店主从销售中所获毛利为 50 000 元。该店主赚了多少钱？从显性成本的角度看，该店主赚了 10 000 元，因为厂商的显性成本是 40 000 元。但是从隐性成本的角度看，该店主可能一点也没赚。

隐性成本的衡量是以该资源使用的机会成本来核算的。

机会成本或称择一成本、替换成本，是指把既定资源用于生产某种产品时所放弃的另一种产品的产量，或是利用既定资源得到某种收入时所必须放弃的另一种收入。机会成本属于隐含成本，并不是实际发生的各种费用。它是一种无形的代价，主观的损失，但却是一个重要的概念。分析和比较机会成本的前提是：资源的用途有多种多样；资源的流动没有任何限制；资源的利用程度能得以最大限度地充分发挥。

机会成本的概念源于资源的稀缺性及多用途性。任何资源都是稀缺的，都可能有不同的用途，比如钢铁可以用来造汽车也可以用于建楼房，还可以用来建铁路；石油可以加工成化纤也可以炼成汽油；特别是，资金可投入股票市场，也可以用来开工厂，还可以建宾馆等等。一般来说，企业在使用资源的时候，总试图在不同的用途中去选择能够带来最大收益的用途。另一方面，当我们选定了某种资源的用途，也就放弃了资源用于其他各种用途的机会，放弃这些机会就意味着放弃了在这些用途中可能得到的收益。在这一意义上，被放弃的收益也就成为一种“成本”。

在理解机会成本时要注意这样三个问题：

第一，机会成本不同于实际成本，它不是在做出某项选择时实际支付的费用或损失，而是一种观念上的成本或损失。例如，假定某人拥有 20 万元的资金，只有两种选择，可以进行期货投资，也可以进行炒股票，那么他做出进行期货投资选择时机会成本是放弃炒股票，或者说进行期货投资获利 4 万元时机会成本是放弃炒股票获利 3.5 万元，但这绝不意味着为了获利 4 万元，必须实际支出 3.5 万元或损失 3.5 万元，20 万元的资金只能在进行期货投机获利 4 万元与炒股票获利 3.5 万元中选择其一，因为资源是有限的。“鱼与熊掌不可兼得”，你选择了一个，就必须放弃另一个。这种情况下，你做出一项选择时，机会成本并不是实际支出或损失，仅仅是观念上的损失，或放弃的另一种可能性。

第二，机会成本并不全是由个人的选择所引起的。其他人的选择会给你带来机会成本，你的选择也会给其他人带来机会成本。例如，当你在夜晚享受“卡拉 OK”时，你所放弃的宁静就是这种享受的机会成本。这时，你还会使别人得不到宁静，别人被迫放弃的宁静就是你的这种选择给别人带来的机会成本。

第三，机会成本是做出一种选择时所放弃的其他若干种可能选择中最好的一种。例如，在运用 20 万元资金的选择中，当选择了期货投机时，所放弃的用途有开商店、开饭店和炒股票三种。其中，最好的一种用途是炒股票，因为在这三种可能选择的用途中获利最多。所以，进行期货投机的机会成本是放弃炒股票，而不是其他。

增量成本和沉没成本也是西方经济学的重要概念。

增量成本（Increment Cost），是指因做出某一特定的决策而引起的全部成本的变化。如果决策前的成本为 C_1，决策后的成本为 C_2，那么，增量成本就是 $\Delta C=C_2-C_1$。这里强调的是“因做出某一特定决策而引起的”成本变化。与此相对应，如果有的成本不因决策而变化，如决策前已经支出的成本，或已经承诺支出的成本，决策对它没有影响，即与决策无关的成本，那么，这种成本就是沉没成本（Sink Cost）。

三、会计利润和经济利润

厂商在进行决策时，追求利润最大化。一般来说，厂商的利润等于收益减去成本，由于存在机会成本和会计成本的区别，就会产生经济利润和会计利润的区别。

会计利润（Accounting Profit）是厂商生产某种产品的总收益减去全部会计成本的余额。会计利润在现实生活中一般是企业申报应纳所得税时的账面利润。即

$$会计利润=总收益-会计成本$$

当然，作为理性的经济人，厂商还要考虑自有资本应获利息、自有劳动应获工资、自有资源应获租金、自有企业家才能和风险的代价等。这些代价之和应与厂商自有生产要素投向其他组织所带来的正常收益相当。否则，该厂商将会把自有生产要素投向其他用处，这部分正常收益，称为正常利润（Normal Profit）。而经济利润（Economic Profit），又称超额利润，是厂商总收益减去总成本（显成本＋隐成本）后的余额。或者说，经济利润是会计利润减去隐性成本剩下的部分。即

$$经济利润=总收益-总成本=会计利润-隐性成本$$

所以，经济学上讲的利润通常比会计账面上的利润要小。

超额利润是指超过正常利润的那部分利润，或者说超过使企业继续处于该行业所必需的最低限度利润之上的利润，又称为纯粹利润或经济利润。

经济学认为，尽管利润的来源问题有待于深入研究，但利润存在是经济生活中的事实，并且经济利润的存在是现代经济社会必不可少的动力。经济利润刺激投资，并促使投资者愿意承担风险；经济利润是创新的动力，并鼓励企业提高经济效率；经济利润鼓励厂商去取得与巩固垄断地位。经济利润在一定程度上，保持技术进步。总之，没有经济利润，经济资源就不可能得到重新有效的配置。

利润的来源通常有以下四个：

（1）隐含收益。

隐含收益是指企业自有要素的机会成本（隐成本）。在大公司中，自有投资资金的隐含收益是企业利润相当重要的来源。

(2) 承担风险的报酬。

超额利润也被看作是企业主进行冒险所承担的风险的一种报酬。风险是从事某项事业时失败的可能性,并不是所有的风险都可以用保险的方法加以弥补,所以,从事风险的事业必须给予一定的补偿。

未来会发生的事情总是不确定的。一家企业可以从原来未曾料到的事件中获得意料之外的利润,也可能蒙受没有预料到的损失,前者像其他超过正常利润的企业利润一样,可列入超额利润这个范畴之中。

(3) 创新和企业家才能的报酬。

超过正常利润的超额利润的另一来源可以看作是来自企业家职能的创新(Innovation),即率先改变生产函数或需求函数,以致赚得超过同行业其他厂商的正常利润的超额利润。

企业家职能的创新涉及两个方面:一类是影响产品的生产,如成功地采用降低成本的新技术或管理方法;另一类创新包括所有影响消费者对产品需求的革新,如创造新产品、新式样和广告等等。创新利润只能暂时存在,一旦某种创新为其他生产者仿效时,这种利润随之消失。

创新是指企业家对生产要素实行新的组合,具体包括五种情况:

① 引入一种新产品,可以使这种产品的价格高于其成本,从而产生超额利润。

② 采用一种新的生产方法,可以提高生产效率降低成本。

③ 开辟一个新市场,可以通过提高价格而获得超额利润。

④ 获得一种原料的新来源,可以降低成本。这样,产品在按市场价格出售时,由于成本低于同类产品的成本,就获得了超额利润。

⑤ 采用一种新的企业组织形式,可以提高生产效率降低成本。

(4) 市场竞争的不完全性带来垄断的收益即垄断利润。

所谓市场竞争的不完全性,包括各种不同程度的垄断,有两种形式:卖方垄断或(和)买方垄断。

卖方垄断也称垄断或专卖,指对某种产品出售权的垄断。垄断者可以抬高销售价格以损害消费者的利益而获得超额利润。在厂商理论中分析的垄断竞争的短期均衡、完全垄断的短期与长期均衡,以及寡头垄断下的超额利润,就是这种情况。

买方垄断也称专买,指对某种产品或生产要素购买的垄断。在这种情况下,垄断者可以压低收购价格,以损害生产者或生产要素供给者的利益而获得超额利润。

任务 2　生产成本

一、短期成本

在短期内,企业有一部分投入要素是固定不变的,而另一部分是变动的,因此,企业的成本可以分为固定成本部分和可变成本部分。企业的短期成本具体分为以下 7 种:固定成本、变动成本、短期总成本、短期平均成本、平均固定成本、平均可变成本和短期边际成本。

（一）固定成本

厂商在短期内支付的固定生产要素的费用称固定成本（用 TFC 表示）。这是在既定生产规模下的固定开支，并不随着产量的变化而变化。因此，固定成本是一个常数，如地租、利息、厂房设备折旧、管理人员的薪金等。

在坐标图上，TFC 曲线是一条在纵轴有一定截距的、与横轴平行的直线。

（二）变动成本

厂商在短期内支付可变生产要素的费用叫变动成本（用 TVC 表示），如工资、原材料费、动力燃料费等。可变生产要素数量随产量的变化而变化，是产量的增函数。

在坐标图上 TVC 是一条从原点开始自左下向右上方上升的曲线。

（三）短期总成本

短期总成本（用 STC 表示）是短期内生产一定量产品所需要的成本总和，是固定成本与变动成本之和。

$$STC = TFC + TVC$$

短期总成本随产量的增加而增加，是产量的增函数，当 $TVC=0$ 时，$STC=TFC$，故在坐标图上 STC 是与 TVC 平行的曲线。

（四）短期平均成本

短期平均成本（用 SAC 表示）是短期内生产每一单位产品平均所需要的成本。短期平均成本分为平均固定成本与平均可变成本。

$$SAC = \frac{STC}{Q}$$

（五）平均固定成本

平均固定成本（用 AFC 表示）是平均每单位产品所消耗的固定成本。如果以 Q 代表产量，用公式表示：

$$AFC = \frac{FC}{Q}$$

（六）平均可变成本

平均可变成本（用 AVC 表示）是平均每单位产品所消耗的可变成本。用公式表示：

$$AVC = \frac{VC}{Q}$$

那么：

$$AC = AFC + AVC$$

（七）短期边际成本

短期边际成本是企业在短期内每增加一单位产量所增加的总成本量。如果以 MC 代表短期边际成本，以 ΔQ 代表增加的产量，则有：

$$MC = \frac{\Delta TC}{\Delta Q}$$

这里需要注意的是，短期中固定成本并不随产量的变动而变动，所以，短期边际成本实际是针对可变成本而言的。

二、短期成本曲线及成本之间的相互关系

为了分析上述各类短期成本的变动规律及其关系，我们先列出表 3－2－1。

表 3－2－1　各类短期成本表

产量 Q	固定成本 FC	可变成本 VC	总成本 STC	边际成本 MC	平均固定成本 AFC	平均可变成本 AVC	平均成本 SAC
0	100	0	100	—	∞	0	∞
1	100	34	134	34	100	34	134
2	100	63	163	29	50	31.5	81.5
3	100	90	190	27	33.3	30	63.3
4	100	116	216	26	25	29	54
5	100	145	245	29	20	29	49
6	100	180	280	35	16.7	30	46.7
7	100	230	330	50	14.3	32.9	47.2
8	100	304	404	74	12.5	38	50.5
9	100	420	520	116	11.1	46.7	57.8

表 3－2－1 说明了各种成本的计算及其相互关系。例如，当产量由 1 个单位增加到 2 个单位时，固定成本不随产量的变动而变动，仍为 100，可变成本则随产量的变动而变动，由 34 增加到 63，总成本为固定成本与可变成本之和，为 163。边际成本为产量的增加量除总成本的增加量，为 29。平均固定成本为产量除固定成本，为 50。平均可变成本为产量除可变成本，为 31.5。平均成本为平均固定成本与平均可变成本之和，或产量除总成本，均为 81.5。依此类推，可以计算出其他数据。短期成本曲线图，如图 3－2－1 所示。

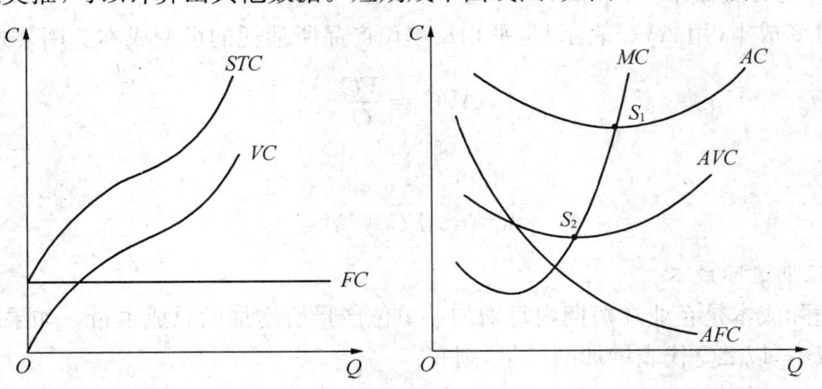

图 3－2－1　短期成本曲线图

总成本、平均成本和边际成本的相互关系具体如下。

（一）短期总成本、固定成本、可变成本之间的关系

固定成本在短期中是固定不变的，不随产量的变动而变动，即使产量为零时，也仍然存在固定成本。可变成本要随产量的变动而变动。可变成本的变动规律是：最初在产量开始增加时，由于固定生产要素与变动生产要素的效率未能得到充分发挥，因此，可变成本的增加率要大于产量的增长率；以后随着产量的增加，固定生产要素与可变生产要素的效率得到充分发挥，可变成本的增长率小于产量的增长率。最后，由于边际产量递减规律，可变成本的增长率又大于产量增长率。总成本是固定成本与可变成本之和。固定成本不会等于零，因此，总成本必然大于零。而且，因为总成本中包括可变成本，所以，总成本的变动规律与可变成本相同。总成本、固定成本、可变成本三者的关系是：总成本与可变成本平行，且高一个固定成本的值。这是因为在图 3－2－1 中，$STC=TVC+TFC$，STC 与 TVC 的变化规律相同，TFC 是一个不变数，加上 TVC 则等于 STC。

（二）短期平均成本、平均固定成本、平均可变成本之间的关系

平均固定成本变动的规律是：随着产量的增加而减少，这是因为固定成本总量不变，产量增加，分摊到每一单位上的固定成本也就减少了。它变动的规律是起初减少的幅度很大，以后减少的幅度越来越小。平均可变成本变动的规律是：起初随着产量的增加，生产要素的效率逐渐得到发挥，因此平均可变成本减少。但产量增加到一定程度后，平均可变成本由于边际产量递减规律而增加。短期平均成本的变动规律是由平均固定成本与平均可变成本决定的。当产量增加时，平均固定成本迅速下降，加之平均可变成本也在下降，因此短期平均成本迅速下降。以后，随着平均固定成本越来越小，它在平均成本中也越来越不重要，这时平均成本随平均可变成本的变动而变动，即随产量的增加到一定程度之后，又随着产量的增加而增加。平均固定成本、平均可变成本与短期平均成本的变动规律和关系是：在 AVC 最低点 S_2 的左边，AC、AVC、AFC 都递减。在 AC 最低点 S_1 的右边，AC、AVC 递增，AFC 缓慢递减。在 AC 最低点 S_1 与 AVC 最低点 S_2 之间，AC 慢递减，AVC 递增，AFC 递减。这是因为在图3－2－1中，$AC=AVC+AFC$。AVC，AFC 都递减，所以 AC 也递减。AVC 递增，抵消了 AFC 的缓慢递减，所以 AC 递增。AVC 缓慢递增，抵消了 AFC 的递增，所以 AC 缓慢递减。

（三）短期边际成本、短期平均成本、短期平均可变成本的关系

边际成本曲线非常重要，边际成本的变化直接影响到短期平均成本和平均可变成本的变化。从图 3－2－1 可以看出三者之间的关系。

短期边际成本的变动取决于可变成本，因为所增加的成本只是可变成本。它的变动规律是：开始时，边际成本随产量的增加而减少，当产量增加到一定程度时，就随产量增加而增加。

短期边际成本、短期平均成本与短期平均可变成本之间的关系是：MC 先通过 AVC 的最低点，即 S_2 点，再通过 AC 的最低点，即 S_1 点。我们可以从短期边际成本与平均成本的关系看到：图 3－2－1 中，MC 与 AC 相交于 AC 的最低点 S_1 点。在 S_1 点，$MC=AC$。在 S_1 点之左，AC 在 MC 之上，AC 递减，$AC>MC$。在 S_1 点之右，AC 在 MC 之下，AC 递增，$AC<MC$。MC 与 AC 相交的 S_1 点被称为收支相抵点。这时价格为平均成本，平均成本等于边际成本，即：$P=MC=AC$，生产者的成本与收益相等。短期边际成本与平均可变成本的关系也是如此。

【案例解读】

旅行社在旅游淡季如何经营

某旅行社在旅游淡季打出从"天津到北京世界公园1日游38元(包括汽车和门票)",我的一位朋友说不信,认为是旅行社的促销手段。一日他跟我提起这事,问我是真的会这么便宜吗?38元连世界公园的门票都不够。我给他分析,这是真的,因为旅行社在淡季游客不足,而旅行社的大客车、旅行社的工作人员这些生产要素是不变的,一个游客都没有,汽车的折旧费、工作人员的工资等固定费用也要支出。任何一个企业的生产经营都有长期与短期之分,从长期看如果收益大于成本就可以生产。更何况就是38元票价旅行社也还是有钱赚的。我给他算了一笔账,一个旅行社的大客车载客50人,共1 900元,高速公路费和汽油费假定是500元,门票价格10元共500元,旅行社净赚900元。在短期不经营也要损失固定成本的支出,因此只要收益弥补可变成本,就可以维持下去。换个说法,每位乘客支付费用等于平均可变成本,就可以经营。另外公园在淡季门票也打折,团体票也会打折也是这个道理。

分析:短期成本是指厂商在短期内进行生产经营的开支,分为短期固定成本和可变成本。短期内使用的固定的生产要素(厂房、设备等)不能调整;短期内能够调整是可变的生产要素(工资、原材料等)。旅行社在短期不经营也要损失固定成本的支出,因此只要收益弥补可变成本,就可以维持下去。

三、长期成本

长期总成本曲线 LTC 与可变成本曲线 VC 的形状是一致的。不同的是 VC 曲线形状是由于可变投入要素的边际收益率先递增后递减决定的,而在长期,由于所有投入要素都是可变的,因此,这里面对应的不是要素边际收益率问题而是要素的规模报酬问题,LTC 曲线是由规模报酬先递增后递减决定的。

在长期中也就没有固定成本与可变成本之分,一切生产要素都是可以调整的,一切成本都是可变的。

长期总成本曲线是由无数条短期成本曲线的切线相连而成的,是短期总成本曲线的包络线。这是因为,若厂商可任意选择生产规模,那么,对于某个事先确定的产量水平,厂商是要计算各种可供选择的工厂规模上的生产总成本,并选择总成本最小的那个规模。

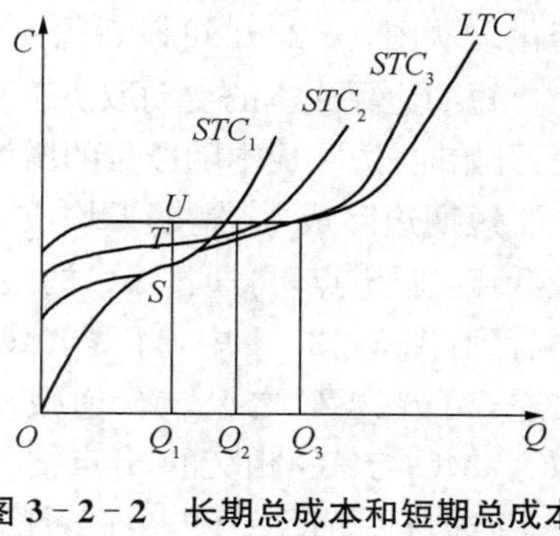

图 3-2-2 长期总成本和短期总成本

在图3-2-2中,假定厂商可以在三种不同的工厂规模中选择产量为 Q_1 的规模,如工厂规模为 STC_1,厂商的总成本(注意,一旦确定了工厂规模,此处的总成本就是短期总成本)为 SQ_1,如工厂规模为 STC_2,厂商的总成本为 TQ_1,如工厂规模为 STC_3,则总成本为 UQ_1。

厂商可用三种不同规模来生产同一产量 OQ_1，但选择规模 STC_1 时总成本最低，S 点位于 LTC 曲线上，是短期总成本曲线和长期总成本曲线的切点。从图 3－2－2 可见，若产量为 Q_2，则应选择 STC_2 的生产规模，若产量为 Q_3，则应选择 STC_3 的生产规模，所以，长期总成本曲线是一系列最低成本点的轨迹，它是由无数条短期成本曲线的切线连接而成的，正因为如此，长期总成本曲线又被称为是短期总成本曲线的包络线。所以，长期总成本曲线是一系列最低成本点的轨迹。

长期平均成本公式：

$$LAC = \frac{LTC}{Q}$$

长期平均成本曲线是短期平均成本曲线的包络线。

三条短期成本曲线是和三条 STC 曲线相对应的。STC 与 LTC 的切点和 SAC 与 LAC 的切点在同一垂直线上，表示是在同一产量水平上的，其原因是 $AC=TC/Q$。

LAC 和 SAC 绝大多数不可能在两者最低点相切，在两者最低点相切，达到两者的最低点，这是一种理想的状态。

长期平均成本曲线 LAC 也是一条先下降而后上升的“U”形曲线，与短期平均成本相同。

但长期平均成本曲线与短期平均成本曲线也有区别，这就在于长期平均成本曲线无论在下降时还是上升时都比较平坦，这说明在长期中平均成本无论是减少还是增加都变动较慢。这是由于在长期中全部生产要素可以随时调整，从规模收益递增到规模收益递减有一个较长的规模收益不变阶段，而在短期中，规模收益不变阶段很短，甚至没有。

对长期平均成本的讨论都假设生产要素的价格是不变的。如果考虑到生产要素价格的变动，则各行业长期平均成本变动的特点又有所不同。一般可以根据长期平均成本变动的情况把不同的行业分为三种情况：成本不变、成本递增、成本递减。

（一）成本不变的行业

这种行业中各厂商的长期平均成本不受整个行业产量变化的影响，无论产量如何变化，长期平均成本是基本不变的。这种行业就是“成本不变行业”。

形成这些行业成本不变的原因主要有两个：第一，这一行业在经济中所占的比重很小，所需要的生产要素在全部生产要素中所占的比例也很小，从而它的产量的变化不会对生产要素的价格发生影响。第二，这一行业所使用的生产要素的种类与数量与其他行业呈反方向变动。这样，它的产量的变动也就不会引起生产要素价格的变动，从而保持长期平均成本不变。具有成本不变的行业并不多见，一般

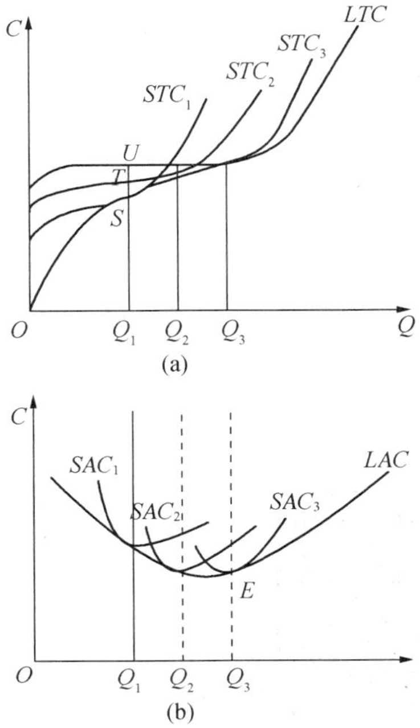

图 3－2－3　长期平均成本和短期平均成本

是一些小商品生产或特殊行业。

（二）成本递增的行业

这种行业中各个厂商的长期平均成本要随整个行业产量的增加而增加。这种行业在经济中属于普遍的情况。

形成这些行业成本递增的原因是，由于生产要素是有限的，所以整个行业产量的增加就会使生产要素价格上升，从而引起各厂商的长期平均成本增加。这也就是以前所说的由于外部因素，一个行业扩大给一个厂商所带来的“外在不经济”。这种情况在以自然资源为主要生产要素的行业中更为突出。

（三）成本递减的行业

这种行业中各个厂商的长期平均成本要随整个行业产量的增加而减少。这也就是以前所说的规模经济中的外在经济。

形成这些行业成本递减的原因是，外在经济对这种行业特别重要。例如，在同一地区建立若干汽车制造厂，各厂商就会由于在交通、辅助服务等方面的节约而产生成本递减。但特别应该指出的是，这种成本递减的现象只是在一定时期内存在。在长期中，外在经济必然会变为外在不经济。因此，一个行业内的成本递减无法长期维持下去。

长期边际成本曲线 LMC 也是一条先下降而后上升的“U”形曲线，但它也比短期边际成本曲线要平坦。

长期边际成本与长期平均成本的关系和短期边际成本与短期平均成本的关系一样，即在长期平均成本下降时，长期边际成本小于长期平均成本；在长期平均成本上升时，长期边际成本大于长期平均成本；在长期平均成本的最低点，长期边际成本等于长期平均成本，如图 3－2－4 所示。

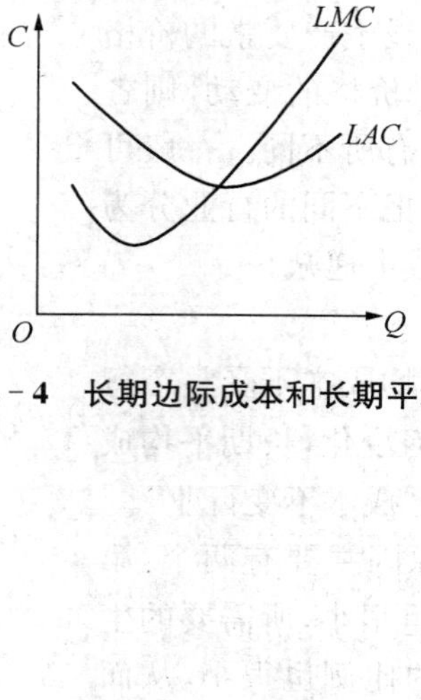

图 3－2－4　长期边际成本和长期平均成本

微信扫码查看

模块 3　利润最大化

教学目标

了解总收益、平均收益、边际收益在不同市场环境下的变化趋势，了解利润最大化的表达方式。

教学重点

1. 不同市场环境下的收益曲线；
2. 利润最大化的表达方式。

任务 1　收益分析

一、收益

收益是指厂商出卖商品的货币收入。它与厂商成本相比较确定厂商的利润。收益可分为总收益、平均收益、边际收益。

总收益(Total Revenue，用 *TR* 表示)，是指厂商按一定价格出售一定量产品所获得的全部销售收入，即出售商品的总卖价。例如，价格为 5 元，销售量为 50 件，则总收益为 250 元(=5×50)。用公式表示为：

$$TR = P \cdot Q$$

平均收益(Average Revenue，用 *AR* 表示)，是指厂商出售一定数量商品，每单位商品所得到的平均收入，即平均每个商品的卖价。它等于商品总收益与销售量之比。例如，总收益为 250 元，销售量为 50 件，则平均收益为 5 元(=250÷50)。用公式表示为：

$$AR = \frac{TR}{Q}$$

边际收益(Marginal Revenue，用 *MR* 表示)，是指厂商增加一单位产品销售所获得的总收入增量或者说厂商每多销售一单位商品，从而增加总收益的值。它等于总收益的增量与销售量的增量之比。例如，销售量从 50 件增加到 51 件，总收益从 250 元增加到 255 元，则边际收益为 5 元[=(255-250)÷(51-50)]。用公式表示为：

$$MR = \frac{\Delta TR}{\Delta Q}$$

二、收益曲线

收益曲线反映了收益的变动趋势。在不同的市场条件下，随着企业产品销量的增加，价格的变动趋势不同，因此，收益曲线必须在不同的市场条件下进行分析，也可以概括为不同的价格条件，即在不同的价格条件下进行分析。

（一）价格保持不变条件下的收益曲线

在竞争市场，单个企业只是市场价格的接受者，它们无法改变市场价格而只能按既定的价格销售一定量的产品。因为，如果某企业把销售价格提到市场价格之上，消费者将不购买它的产品而购买别的企业的产品。例如，张三的面粉加工厂可以看成是一个竞争市场的企业。张三的面粉加工厂与整个面粉市场相比是微不足道的，所以，他接受面粉市场既定的价格，这意味着，不论张三生产加工的面粉产量是多少，面粉的价格都是相同的。假定面粉的市场价格为1元，表3-3-1表示张三加工面粉的总收益、平均收益和边际收益。那么，此时的总收益就是在价格不变条件下的总收益。从表中可以看到各种收益的相互关系。

表3-3-1　厂商收益表　　单位：元

产品价格 P	销售量 Q	总收益 $TR=P\cdot Q$	平均收益 $AR=TR/Q$	边际收益 $MR=\Delta TR/\Delta Q$
1	0	0	0	—
1	10	10	1	1
1	20	20	1	1
1	30	30	1	1
1	40	40	1	1
1	50	50	1	1
1	60	60	1	1
1	70	70	1	1
1	80	80	1	1
1	90	90	1	1

由于每单位商品均以1元出售，平均每单位商品销售收入均为1元，价格 $P=AR$。同时由于价格保持不变，每多销售一单位商品增加总收益均为1元，即 $MR=1$ 元，因此 $P=AR=MR$。根据表中的数据可以做出图3-3-1。

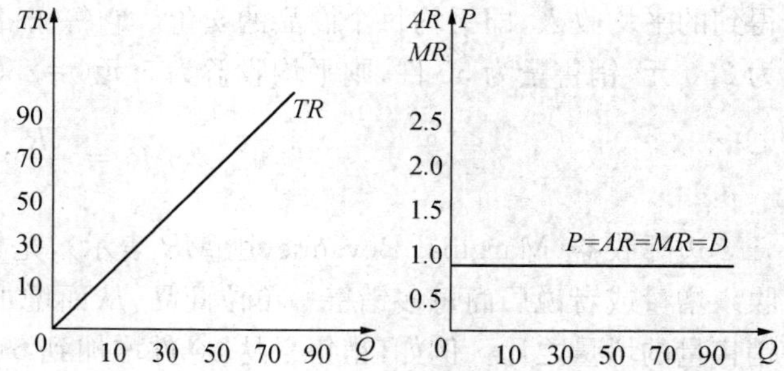

图3-3-1　总收益与边际收益

在图3-3-1中，纵轴表示价格、收益，横轴表示销售量。由于价格固定不变，左边反映总收益随销售量的增加而增加。右边是一条平行于横轴的水平线，反映了在价格不变的情况下价格等于平均收益、等于边际收益的关系。

研究平均收益曲线的目的还在于得出平均收益曲线就是厂商的需求曲线的结论。由于厂商能按现行价格愿意出售多少就能出售多少，也就表明了消费者愿意按现行价格无限购买该种商品，因而其需求曲线是一条平行线。显然这条水平的需求曲线与价格曲线、平均收益曲线和边际收益曲线是重叠在一起的。综上所述，可知完全竞争厂商的需求曲线 D、平均收益线 AR、边际收益线 MR，三线合一。

价格不变条件下的水平的需求曲线，完全符合完全竞争市场的基本特征，即厂商作为价格的接受者，它所面临的主观需求曲线就是一条在价格不变下的无限延长的需求曲线。水平的需求曲线所具有的特征将有助于完全竞争市场厂商市场价格定价策略的研究。

（二）价格变化条件下的收益曲线

在不完全竞争市场，单个企业不再是价格的接受者，而是价格的制定者。这时企业要想增加产品的销售量，必须降低价格。我们以面包加工厂生产的某一品种的面包为例。将面包厂看成是一个不完全竞争市场。企业生产的面包品种款式与众不同，可以自行定价。要想面包的销售量增加，面包的价格必须下降。表 3－3－2 表示面包厂的总收益、平均收益和边际收益。

表 3－3－2　厂商收益表　　单位：元

产品价格	销售量	总收益	平均收益	边际收益
2	0	0	0	—
1.8	10	18	1.8	1.8
1.6	20	32	1.6	1.4
1.4	30	42	1.4	1
1.2	40	48	1.2	0.6
1	50	50	1	0.2
0.8	60	48	0.8	−0.2
0.6	70	42	0.6	−0.6
0.4	80	32	0.4	−1
0.2	90	18	0.2	−1.4

从表中可以看出，在商品价格随销售量增加而逐渐降低时，总收益随产品销售量的扩大而增加，达到一定量以后，随产品销售量的继续扩大而减少。平均收益与边际收益随价格的降低也逐渐降低，但边际收益降低得较快。因为销售量为 50 单位时，每一单位售价为 1 元；销售量增加到 60 单位时，每单位售价 0.8 元，每单位售价降低 0.2 元，平均收益为 0.8 元，销售量增加 10 单位，总收益却减少 2 元，边际收益为−0.2 元；销售量增加到 70 单位时，每单位售价再降低 0.2 元，售价为 0.6 元，平均收益为 0.6 元，销售量增加 10 单位，总收益却减少了 6 元，边际收益为−0.6 元。由此可知，边际收益的降低量大于平均收益的降低量。

根据表中数据可以做出图 3－3－2。

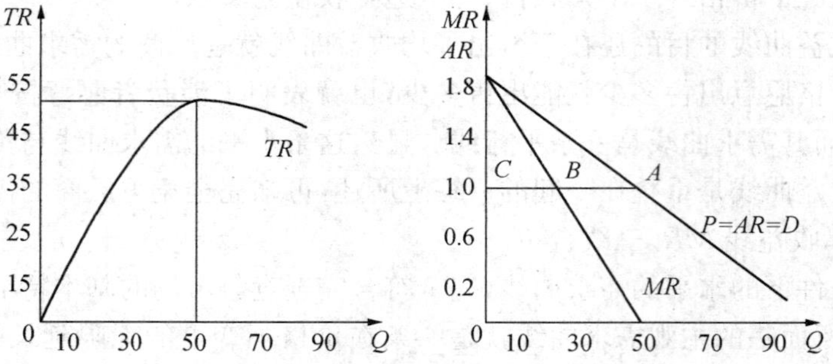

图 3－3－2　总收益与边际收益

图中平均收益曲线在边际收益曲线之上，并且 50～60 单位之间时边际收益曲线已降到 0。如果在平均收益曲线上取一点 A 横轴的平行线与边际收益曲线交于 B 点，再交纵轴为 C，那么，B 点是 A 到 C 的中点，即边际收益曲线等分了平均收益曲线与纵轴的夹角。这说明边际收益曲线比平均收益曲线下降的速度快一倍。

同样，在价格变动的条件下，平均收益曲线也就是厂商的需求曲线，平均收益与销售量之间的反比关系，实际上是价格与需求量之间的反比关系。价格变动条件下的向右下方倾斜的需求曲线，完全符合非完全竞争市场的基本特征，即厂商作为价格的制定者、影响者和参与者，它所面临的主观需求曲线就是依据市场需求量变化而改变价格的需求曲线。向右下方倾斜的需求曲线所具有的特征将有助于不完全竞争市场厂商市场价格定价策略的研究。

任务 2　利润最大化

在分析了企业的成本和收益之后，进一步考察企业是如何实现利润最大化。

下面举例分析企业利润最大化的决策，通过两种方法说明企业对生产过程的决策。

一、总收益—总成本分析方法

通过总收益—总成本的分析，可以找到企业盈亏平衡点。利润是总收益与总成本的差额，当总收益超过总成本最大时，利润最大；当总成本超过总收益最小时，亏损最小，如表 3－3－3 所示。

表 3－3－3　总收益—总成本分析　　单位：元

总产量	总成本	平均成本	平均可变成本	边际成本	价格(100)			
					总收益	利　润	平均收益	边际收益
0	100	100.0	0	—	0	－100	0	—
1	190	190.0	90.0	90	100	－90	100	100
2	270	135.0	85.0	80	200	－70	100	100

续　表

总产量	总成本	平均成本	平均可变成本	边际成本	价格(100)			
					总收益	利　润	平均收益	边际收益
3	340	113.3	80.0	70	300	−40	100	100
4	400	100.0	75.0	60	400	0	100	100
5	470	94.0	74.0	70	500	30	100	100
6	550	91.7	75.0	80	600	50	100	100
7	640	91.4	77.1	90	700	60	100	100
7.8	720	92.3	79.49	100	780	60	100	100
8	750	93.7	81.2	110	800	50	100	100
9	880	97.8	86.7	130	900	20	100	100
9.5	950	100	89.47	140	950	0	100	100
10	1030	103.0	93.0	150	1 000	−30	100	100

从上表中可以看到：4＜总产量＜9.5，总收益＞总成本，有盈利；总产量小于4和大于9.5，总收益＜总成本，有亏损；总产量在4和9.5中的某个点，总收益＝总成本，盈亏平衡。于是，由盈亏平衡决定的产量4和9.5是盈亏平衡产量，这两个点为盈亏平衡点。

总收益—总成本分析利用坐标图进行更为直观，如图3-3-3所示。

从上图中可以看到：在盈亏平衡点4和9.5之间，总收益＞总成本，有盈利；在盈亏平衡点4之左和9.5之右，总收益＜总成本，有亏损；在盈亏平衡点4和9.5上，总收益＝总成本，盈亏平衡。于是，这两个点为盈亏平衡点。

盈亏平衡点的分析，应用经济学家经常把它简单化，将总成本曲线也用直线表示，称为线性盈亏平衡点分析。

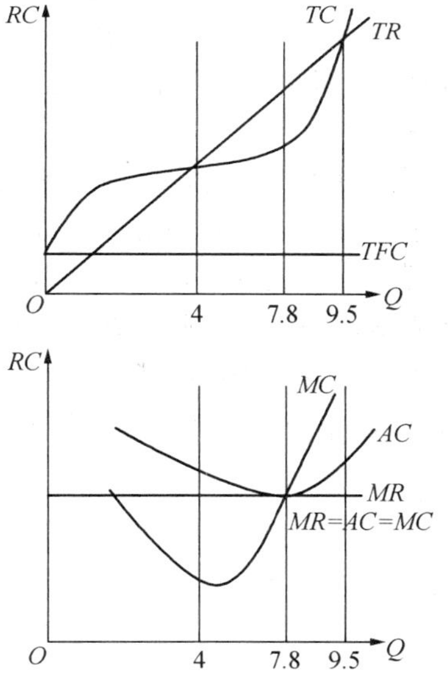

图3-3-3　盈亏平衡及利润最大点

二、边际收益—边际成本分析方法

通过边际收益—边际成本的分析，可以找到利润最大点。在市场价格不变的条件下，对于一个厂商，它虽不能影响既定的市场价格，但是，可以调节自己的销售量，以求利润最大或亏损最小。

在表3-3-3中，总产量为7.8时，利润为60，利润最大。同时，我们可以看到，边际收益与边际成本在总产量为7.8处相等，在7.8处的右边，边际收益＜边际成本，在7.8处的左边，边际收益＞边际成本。

同理，图 3－3－3 中，在利润最大点时，利润最大。边际收益与边际成本在利润最大点处相等，在利润最大点的右边，边际收益＜边际成本；在利润最大点的左边，边际收益＞边际成本。

这是因为：

（1）$MR>MC$，每增加一单位产量所增加的收益大于这一单位的成本，厂商必然扩大产量。

如果边际收益大于边际成本，表明厂商每多生产一单位产品所增加的收益大于生产这一单位产品所增加的成本。这时，对该厂商来说，还有潜在的利润没有得到，厂商增加生产是有利的，也就是说没有达到利润最大化。

（2）$MR<MC$，每增加一单位产量所增加的收益小于这一单位的成本，厂商必然减少产量。

如果边际收益小于边际成本，表明厂商每多生产一单位产品所增加的收益小于生产这一单位产品所增加的成本。这时，对该厂商来说就会利润减少，直至造成亏损，更谈不上利润最大化了，因此，厂商必然要减少产量。

无论是边际收益大于边际成本还是小于边际成本，厂商都要调整其产量，说明这两种情况下都没有实现利润最大化，只有在边际收益等于边际成本时，厂商既不扩大也不减少产量，而是维持原状，不会调整产量，表明已把该赚的利润都赚到了，即实现了利润最大化。

厂商对利润的追求要受到市场条件的限制，不可能实现无限大的利润。这样，利润最大点的条件就是边际收益等于边际成本。厂商根据这一原则来确定自己的产量。总之，在边际收益＝边际成本时，利润达到最大；若边际收益＞边际成本，利润逐渐增大；若边际收益＜边际成本，利润逐渐减少；在利润达到最大点时的产量，为利润最大化产量。

边际收益等于边际成本的利润最大原则具有普遍意义，无论在竞争市场，还是在不完全竞争市场，企业都是遵循这一原则进行决策的。

微信扫码查看

模块4　市场环境分析

教学目标

了解市场分类的依据，了解和掌握各市场类型尤其是完全竞争市场的基本特点；了解不同市场环境下厂商实现利润最大化的条件及短期、长期均衡的不同情况；了解垄断形成的原因及价格歧视。

教学重点

1. 市场类型划分的标准；
2. 完全竞争市场的特点；
3. 不同市场环境下厂商实现利润最大化的特点；
4. 垄断的成因及价格歧视。

课前阅读

政府办的大型养鸡场为什么赔钱

在20世纪80年代，一些城市为了保证居民的菜篮子，由政府出资办了大型养鸡场，但成功者少，许多养鸡场最后以破产告终。这其中的原因是多方面的，重要的一点则在于鸡蛋市场是一个完全竞争市场。

政府建立的大型养鸡场在这种完全竞争的市场上并没有什么优势，它的规模不足以大到能控制市场，产品也没有特色。它要以平等的身份与那些分散的养鸡专业户或把养鸡作为副业的农民竞争。但这种大型养鸡场的成本都要大于行业平均成本，因为这些养鸡场固定成本远远高于农民。它们要建大鸡舍，采用机械化方式，且有相当一批管理人员，工作人员也是有工资的工人。这些成本的增加远远大于机械化养鸡所带来的好处，因为农民养鸡几乎没有什么固定成本，也不向自己支付工资，差别仅仅是种鸡支出和饲料支出。大型养鸡场由政府出资办，自然是国有企业，它也同样有产权不明晰、缺乏激励机制、效率低的共性。从这种意义上说，政府出资办大型养鸡场是出力不讨好，动机也许不错，但结果不好。其实这些完全竞争行业，完全可以让市场调节，农民去办，政府不要与农民争利，何况也争不到利。

鸡蛋市场上有许多买者和卖者，其中任何一个生产者，即使是大型养鸡场，在市场总供给量中占的比例都是微不足道，难以改变产量来影响价格，只能接受市场决定的价格。鸡蛋市场没有任何进入限制，谁想进入都可以，且投资很小。鸡蛋是无差别产品，生产者无法以产品差别建立自己的垄断地位。所以，鸡蛋市场是典型的完全竞争市场。政府出资办养鸡场没有任何特色。在一些垄断性行业，也许国有企业可以靠垄断优势存活下来，但在完全竞争行业就不行了。

任务1　市场类型

一、市场

要了解生产者的产量与市场定价，首先要对市场以及市场的结构做一些了解，掌握各种市场条件下产品的品质、价格等特点，以利于生产者的定价决策。

市场指的是商品交换的场所和商品交换关系的总和，是指以利润最大化为目标向市场提供商品和劳务的独立经营单位，即一组为买卖某种商品而相互发生联系的厂商和个人。商品的价格是商品交换关系的表现形式，也是生产者与消费者的交换关系的表现形式。经济学中的市场，主要是从市场的作用出发，把不同类型的市场按其在决定价格方面的作用区分为不同的市场结构，一个市场决定一种商品的价格。

市场有有形市场和无形市场两类，有形市场如农贸市场、超市等，无形市场如证券交易市场等；还可以分为产品市场和生产要素市场。

行业这一概念与市场这一概念紧密相连，是指为同一个商品市场生产和提供产品的所有厂商的总体。同一种商品的市场和行业的类型是一致的。例如，垄断竞争市场对应的是垄断竞争行业等等。

不同的市场结构表示市场在影响厂商生产者行为和定价活动中的组织和构成不同。决定市场竞争程度的具体因素就是划分市场类型的标志，主要有：① 市场上厂商的数目；② 产品的差异化程度；③ 单个厂商对市场价格的控制程度；④ 厂商进入或退出一个行业的难易程度。

二、市场结构的分类及其基本特征

经济学家将市场结构分成两大类：完全竞争市场和不完全竞争市场。更进一步则根据厂商在产品市场上的竞争程度的强弱的标准，把市场分成为四个类型：完全竞争市场、垄断竞争市场、寡头垄断市场和完全垄断市场，如表3－4－1所示。

表 3-4-1　四种市场结构基本特征的比较

市场类型	厂商数量	产品差别程度	对价格的控制程度	进出的难易程度	接近的市场举例
完全竞争市场	很多	完全无差别	没有	很容易	农产品,金融产品
垄断竞争市场	较多	有差别	有些	比较容易	轻工产品,零售业
寡头垄断市场	几个	有差别或者无差别	相当程度	比较困难	钢铁、汽车等
完全垄断市场	一个	唯一,无接近的替代品	很大程度,但受管制	很困难	公用事业

不同市场类型的成因:一是成本条件,分工和专业化基础上的规模经济,使大企业能够快速地、有效率地、低成本地生产并保持自然垄断。二是法律限制和竞争障碍,政府限制某些行业里的竞争,重要的法律限制包括专利、进入的限制和外贸关税与配额。同时政府常常给予企业具有合同性质特许垄断权。在市场经济中,减少和排除竞争障碍的需要是公共政策的主要目标之一。三是产品差别,为企业形成垄断力量提供基础。

任务 2　不同市场类型生产者行为

一、完全竞争市场

(一) 完全竞争市场的含义及特征

完全竞争市场(Perfect Competition Market)是一种理想的市场状态,是一种极端的市场情况,在现实经济中是不存在的。只有金融市场和农副产品市场接近于完全竞争市场。虽然在现实经济中并不存在完全竞争的市场,但是完全竞争的理论分析框架及其结论可以作为我们观察和分析现实经济问题的一个参照系,可以使我们所研究的问题得以简化。我们就从完全竞争市场入手,开始考察不同市场结构下的企业行为,不同的市场条件下企业的定价与生产决策不同,企业确定自己的产量和价格,以实现利润最大化的目标。

完全竞争市场是指不受任何阻碍和干涉的市场结构。既没有国家或政府的干预,也没有企业的集体勾结行为对市场机制作用的阻碍。

完全竞争市场的特征有以下几点:

(1) 有大量的买者和卖者,每个人都只是市场价格的接受者而不是制定者。市场上有众多卖者和买者,每一个卖者可能提供的产量或每一个买者打算买进的商品数量在市场总量中所占比重都是微不足道的,以致每一单个卖者或买者增减其供给或需求对于市场价格的形成不产生任何影响。价格是由众多的卖者和买者共同的行动决定的。这意味着在一个完全竞争市场上,任一个卖者或买者都是价格的接受者,而不是价格的决定者。商品的市场价格是由市场的需求和供给决定的。

(2) 产品是同质的,即彼此可以完全替代。同一行业中的每个厂商都出售的商品是完全无差别的。在完全竞争市场上,任一个生产者的商品在所有买者看来都是完全相同的。就是说,买者把任何一个生产者的商品看作完全可以用另一个生产者的商品来代替,或者说，在买者看来，所有各生产者的商品具有完全的相互替代的性质。因此，如果一个生产者提高商品卖价，所有的消费者将会购买其竞争者的商品。在所有生产者卖价相同时，消费者购买谁的商品都是一样的。例如，农贸市场上鸡蛋的价格都相同，都没有商标和品牌，也不能从鸡蛋中看到商品的差别，是无差别的商品。

(3) 资源可以自由流动。有盈利可以自由地加入，有亏损可以及时退出。企业可以自由进入或退出市场，不存在任何的限制。完全竞争市场意味着不存在任何法律的、社会的、资金和技术的障碍以阻止新的厂商进入该行业。所有的资源都可以在行业之间自由流动。没有政府的干预、厂商无勾结，厂商行为完全由市场决定。

(4) 买卖双方都具有完全的信息。市场中的每一个卖者和买者都掌握与自己的经济决策相关的商品和市场的全部信息。市场上每一个买者和卖者都可以根据自己所掌握的完全的信息，确定自己最优的购买量和最优的生产量，从而获得最大的经济利益。

以上四个特征缺少任何一个就不是完全竞争。在完全竞争市场上没有一个厂商可以对某种产品的价格产生任何重要的影响。这种市场上的厂商被称为价格的接受者，即不能影响其产品价格的厂商。在这种情况下，厂商要促使自己的价格不同于市场价格是不可能的，同时该厂商生产的商品数量是有限的，在众多消费者面前显得苍白无力，势必产生这样一个信息：厂商可以无限生产该商品。因此，完全竞争市场上厂商所面对的市场需求可以描述为：在价格不变条件下，无论生产多少商品都是可以卖出的，即需求曲线是一条水平线。

在完全竞争的市场上，单个厂商面临的需求曲线和所有厂商作为一个整体面临的市场需求曲线是不一样的，作为单个厂商无法左右市场价格，但厂商作为一个整体，是可以影响市场价格的，因此我们分整个市场和单个厂商两种情况来讨论需求曲线。

对整个行业来说，面临的需求曲线是一条向右下方倾斜的曲线，它完全由市场上的消费者决定。对整个行业来说，所有厂商作为一个整体，有其自身决定的一条供给曲线，供给曲线是一条向右上方倾斜的曲线，它与需求曲线的交点决定了单个厂商所必须面对的市场均衡价格 P。即需求和供给共同决定了整个行业产品的市场价格，如图 3-4-1(a)所示。

但对个别企业来说，市场价格一旦确定，这一价格就是既定的，无论它如何增加产量都不能影响市场价格。所以，对单个企业来说，需求曲线是一条从既定市场价格出发的平行线。它表明该产品的需求弹性无限大，如图 3-4-1(b)所示。

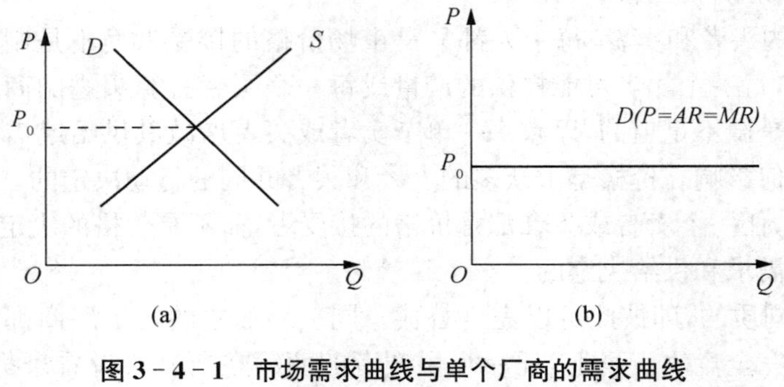

图 3-4-1　市场需求曲线与单个厂商的需求曲线

因为对于单个厂商，$MR=AR=P=C$，其中 C 为常数，与产量 Q 无关，所以厂商需求曲线为一平行与横轴的一条直线，因此单个厂商面临的需求弹性无穷大，价格稍微下降就可占领整个市场。但由于均衡价格下超额利润为零，降价必然亏本，所以没有厂商会降价。

完全竞争厂商的平均收益 AR 曲线、边际收益 MR 曲线和需求曲线 d 三条线重叠，它们都用同一条由既定价格水平 P 出发的水平线来表示。完全竞争厂商的总收益 TR 曲线是一条由原点出发的斜率不变的直线。

（二）完全竞争市场的短期均衡

在短期，厂商是在给定的生产规模下，通过对产量的调整来实现 $MR=SMC$ 的利润最大化的均衡条件。厂商实现 $MR=SMC$ 时，利润可以大于零，也可以等于零，或者小于零。

在完全竞争市场条件下的短期生产中，不仅产品市场的价格是既定的，而且生产中的固定要素投入量是无法改变的，厂商只能在既定的生产规模进行生产，只有通过改变可变要素的投入量来调整产量以实现 $MR=MC$ 的利润最大化的均衡条件。价格不变的条件下，厂商获得最大利润的决策，是在该厂商所面临的需求曲线既定前提下进行分析的。厂商在不同供求条件下（即面临着不同的市场价格）的均衡有四种情况：

（1）供给小于需求，平均收益（价格）大于平均成本，即 $AR>AC$，厂商可获得超额利润，即具有正的利润的厂商均衡。

具有正的经济利润的厂商均衡，利润最大是在边际收益等于边际成本的产出量上得到的，即 $MR=MC$。在这一前提下，如果市场价格对厂商十分有利，即 $AC<MR$，也就是说，市场价格大于平均成本，则厂商能获得正的利润。此时的利润包括两个部分，一是正常利润，二是超额利润。这是因为，如果 $MR>MC$，则厂商增加产量；如果 $MR<MC$，则厂商减少产量；如果 $MR=MC$ 且 MC 上升，则厂商达到厂商均衡。当市场价格等于 P，平均成本小于市场价格，厂商可能获得正的利润。当产量在 $MR=MC$ 时利润最大，厂商获得利润最大的均衡。我们还可以运用几何的方法进行分析，如图 3－4－2 所示，这时厂商的总收益为平均收益与产量的乘积，即图中的 $OPEQ_e$，而总成本为平均成本与产量的乘积，即图中的 $OABQ_e$，显然总收益大于总成本，$APEB$ 为超额利润，即超过正常利润的额外利润（正利润）。

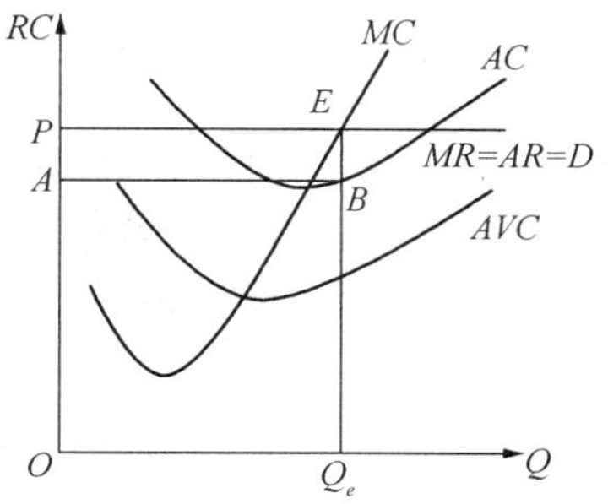

图 3－4－2　具有正的利润的厂商均衡

（2）供给等于需求，平均收益（价格）等于平均成本，即 $AR=AC$，厂商超额利润为零，即具有利润为零的厂商均衡。

在符合利润最大化的前提下，如果市场价格对厂商恰到好处，即 $AC=MR$，也就是说，市场价格等于平均成本，那么厂商还能获得利润为零的均衡。此时的利润等于正常利润，没有超额利润，厂商因此而继续维持生产。但是，厂商的产量只有在 $MR=MC$ 时，此时的利润等于正常利润，正利润为零，其他产量时，利润都是负值。厂商获得利润为零的均衡。

此时，平均成本 AC、边际成本 MC 和边际收益 MR 相交于同一点，这一点也是 AC 的最低点，由于此时超额利润为零，这一点被称为盈亏平衡点或收支相抵点，如图 3-4-3 所示。

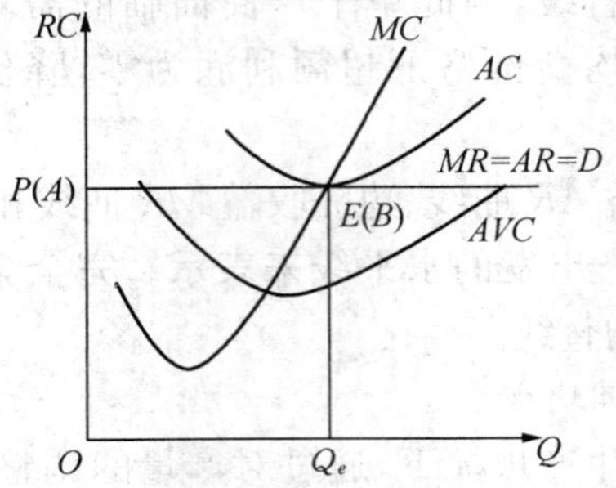

图 3-4-3　具有利润为零的厂商均衡

(3) 供给大于需求，平均收益（价格）小于平均成本，即 $AR<AC$，厂商存在亏损，即具有负的利润的厂商均衡，如图 3-4-4 所示。

在符合利润最大化的前提下，如果市场价格对厂商不利，即 $AC>MR$，也就是说，市场价格小于平均成本，则厂商将遭到经济损失。此时增加产量或减少产量，都会使经济损失增大。厂商在遭受经济损失时能否继续生产呢？如果继续生产其条件又是什么？厂商是否生产应取决于平均可变成本的状况。如果 $AC>MR>AVC$，厂商得继续生产。我们已知道，固定成本是过去时间发生的，除非厂商不再继续经营，否则不管产量多少，固定成本都会发生。厂商继续经营虽然发生了经济损失，但这损失小于固定成本。因为 $P=MR>AVC$，也就是说，每生产一个单位的产品不但能弥补它的可变成本，而且还抵消一部分固定成本。因此，最终的经济损失总是少于固定成本。所以，只要满足 $P=MR>AVC$ 的条件，就可以继续生产。虽然厂商可以获得负的利润，在符合利润最大化的前提下，即 $MR=MC$ 时的产量，可以弥补总固定成本的一部分，厂商获得亏损最小的均衡，应要继续生产。

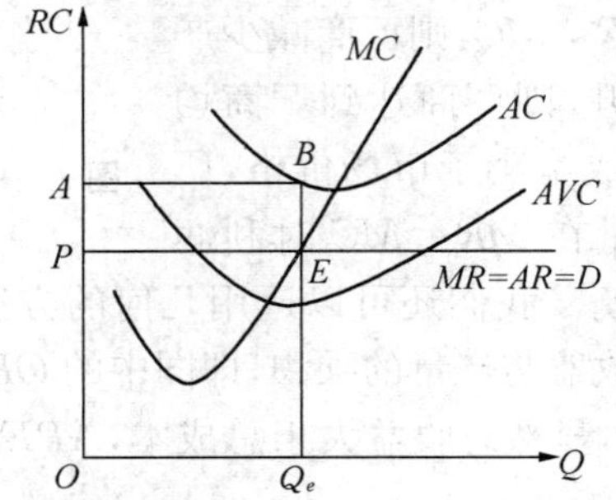

图 3-4-4　具有负的利润的厂商均衡

(4) 供给大于需求，平均收益（价格）等于平均可变成本，即 $AR=AVC$，厂商存在亏损，处于生产与不生产的临界点，即为停止营业点，如图 3-4-5 所示。

所谓停止营业点是指厂商正好能弥补其可变成本时的产量与价格。在符合利润最大化的前提下，如果市场价格对厂商十分不利，即 $AVC=MR$，也就是说，市场价格仅等于平均可变成本，那么，这时的生产其全部收入正好弥补全部可变成本，即 $AR=AVC$，经济损失是全部固定成本，若继续生产会造成更大的经济损失，若干脆停止生产，厂商的经济损失也只是全部固定成本。因此，在 $AVC=MR$ 的条件下，厂商停止生产。没有可以弥补总固定成本的利润余额，厂商继续生产已经无利可图，厂商必须停止生产。

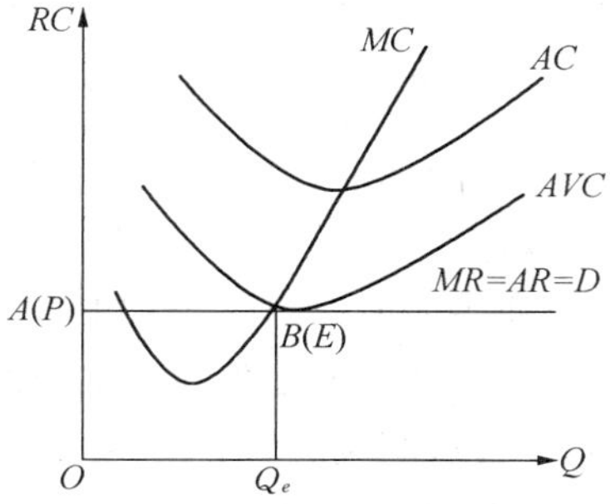

图 3-4-5 具有停止营业点的厂商均衡

因此，在符合利润最大化的前提下，当 $AR=AVC$ 时，如果厂商继续生产，总固定成本全部亏损，总收益只能弥补总可变成本；如果不生产也是亏损总固定成本，因此，生产不生产都一样，厂商停止生产，即停止营业点。

通过上述分析，我们可以得到厂商的停止营业点，即平均收益或市场价格等于厂商平均可变成本时，厂商继续生产已经毫无意义了。那么，在厂商关闭点之上，也就是市场价格高于厂商平均可变成本时，厂商都将继续生产，不论其收益如何。

（三）完全竞争市场的长期均衡

长期均衡的实现途径有两个：一是厂商自身对最优生产规模的调整；二是厂商进入或退出一个行业即厂商数目的调整。

在长期中，企业可以根据市场需求来调整全部生产要素，新旧企业也可以自由进入或退出该行业。这样，当出现供给小于需求，有超额利润存在，企业会扩大生产，其他行业的企业也会涌入这一行业。于是，该行业的供给增加，价格下降，超额利润消失。反之，如果出现供给大于需求，有亏损存在，企业会缩小生产，或者退出该行业。于是，整个行业的供给减少，价格上升，亏损消失。如果既无超额利润又无亏损，企业的产量不再调整，于是就实现了长期均衡，如图 3-4-6 所示。

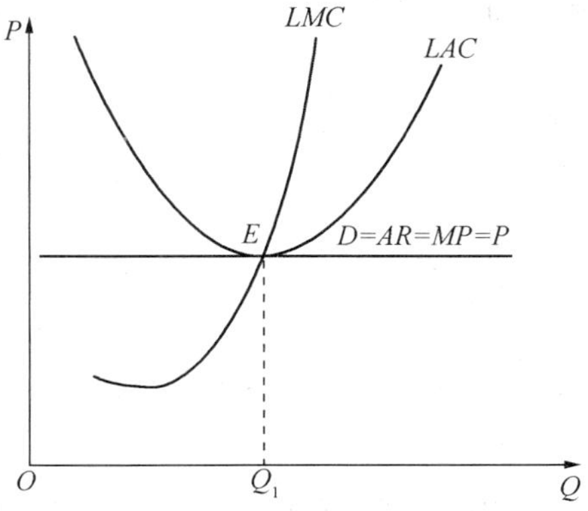

图 3-4-6 市场的长期均衡

完全竞争厂商的长期均衡出现在 LAC 曲线的最低点。此时不仅生产的平均成本降到长期平均成本的最低点，而且商品的价格也等于最低的长期平均成本。

由此可见，在完全竞争市场上，完全竞争厂商的长期均衡条件为：

$$MR = LMC = SMC = LAC = SAC = AR = P$$

此时单个厂商的经济利润为零。图形上，长期均衡的切点也是收支相抵点，这时总收益等于总成本，企业只能获得正常利润。

从长期均衡条件可以看出，企业进入或退出一个行业的长期决策与企业短期停止营业决策是不同的。在长期中，企业退出一个行业虽失去从出售产品中得到的全部收益，但它也没有固定成本和可变成本的投入，所以，只要产品的价格小于平均成本，即 $P<AC$，企业就退出；只要价格大于平均成本，即 $P>AC$，企业就进入；价格等于平均成本，即 $P=AC$，企业才会继续生产。因此，在有自由进入与退出时，竞争市场长期均衡一定是企业在其平均成本最低时运营。

在完全竞争市场，价格像一只“看不见的手”指挥着整个社会的生产。通过价格机制的调节，每个企业都可以把生产规模调整到平均成本最低点，从而使资源得到最有效的配置。

在现实中符合完全竞争或垄断的严格条件的市场是极为罕见的，相对于完全竞争市场，不完全竞争市场是既有竞争又有垄断的市场。按垄断程度从低到高分为三种类型：垄断竞争市场、寡头垄断市场和完全垄断市场。现实中的市场则主要是介于完全竞争和垄断之间的市场结构。

二、垄断竞争市场

（一）垄断竞争市场的含义

垄断竞争（Monopolistic Competition）是一种介于完全竞争和完全垄断之间的市场组织形式，在这种市场中，既存在着激烈的竞争，又具有垄断的因素。垄断竞争市场是指一种由大量通过生产相似而略有差别的产品相互竞争的厂商构成的市场情况。一个竞争的厂商所产生的略有差别的产品称为产品差别。由于产品差别，垄断竞争厂商具有一定的垄断能力，一个厂商便是一种有特色的产品的生产者，并可以影响市场价格的变化，是价格的影响者。例如，彩电、空调、电冰箱等行业，往往是十几家具有一、二线品牌的厂商依据自己的特色，占有各自的市场份额。

（二）垄断竞争市场的特征

垄断竞争市场具有如下特征。

1. 市场上厂商数量众多

市场中存在着较多数目的厂商，这一点与完全竞争市场相同。彼此之间存在着较为激烈的竞争。每个厂商在市场中的份额很小，对市场的影响几乎可以忽略不计。这意味着单个厂商改变产量和价格，不会引起竞争对手的注意和反应，不会招致其竞争对手们相应的报复。

2. 各厂商生产的产品差别

厂商所生产的产品是有差别的，或称“异质商品”。至于产品差别可以根据产品本身的某些特点产生，即同种产品之间在产品质量、价格、外观、性能、构造、设计、款式、颜色、包装、形象、品牌、服务、商标广告、企业地理位置、服务态度、交易中的便利，做生意的方法及公平交易信誉等方面的差别以及消费者想象为基础的虚幻的差别。正是这种产品差别的存在引起了垄断，因为每种带有自身特点的产品都是“唯一”的产品，使得厂商对自己独特产品的生产销售量和价格具有控制力，从而使市场带有垄断的因素，也使得消费者有了选择的必然。而垄断能力的大小则取决于它的产品区别于其他厂商的程度。产品差别程度越大，垄断程度越高。但是，由于有差别的产品之间又是很相似的替代品，相似的产品之间存在着激烈的竞争，因此，市场中又具有竞争因素。这种既有垄断又有竞争的市场是垄断竞争市场的基本特征。

3. 生产要素可以自由流动自由进出

垄断竞争市场与完全竞争市场相同，不存在进出限制，有进出自由。厂商进出该行业都比较容易，资源流动性较强。

因为企业的生产规模比较小，企业进入或退出一个市场比较容易。这样尽管垄断竞争中也存在经济利润，但不能长期保持。当存在经济营利时，新厂商就可以加入。这种自由进入使价格降低，利润减少直至消失。当出现经济亏损时，厂商也会离开该行业。垄断竞争市场是常见的一种市场结构，在现实中，垄断竞争市场普遍存在，如服装、毛巾、布匹、肥皂、洗发水等零售业市场，餐馆、旅馆、电影院、商店等服务业市场，牛奶、火腿等食品类市场，书籍、药品等市场大都属于此类。

（三）垄断竞争厂商的需求曲线和收益曲线

由于垄断竞争厂商生产的是有差别的产品，因而对该产品都具有一定的垄断能力，和完全竞争的厂商只是被动地接受市场的价格不同，垄断竞争厂商对价格有一定的影响力。比如，厂商如果将它的产品的价格提高一定的数额，则习惯于消费该物品的消费者可能不会放弃该物品的消费，该产品的需求不会大幅度下降。但若厂商大幅度提价的话，由于存在着大量的替代品，消费者就可能舍弃这种偏好，转而购买该商品的替代品。因此，垄断竞争厂商所面临的需求曲线相对于完全竞争厂商而言要更陡一些，即更缺乏弹性；而相对于垄断厂商来讲需求曲线要更缓，即更富有弹性。

由于在垄断竞争行业中厂商生产的产品都是有差别的替代品，因而市场对某一厂商产品的需求不仅取决于该厂商的价格—产量决策，而且取决于其他厂商对该厂商的价格—产量决策是否采取对应的措施。比如，一个厂商采取降价行动，如果其他厂商不降价，则该厂商的需求量可能上升很多；但如其他厂商也采取降价措施，则该厂商的需求量不会增加很多。这样在分析垄断竞争厂商的需求曲线时，就要分两种情况进行讨论。

由于垄断竞争市场商品的差别性和替代性，使该市场中每个厂商都有两条斜率为负且相互交叉的需求曲线，即 d 曲线和 D 曲线。

1. 主观需求曲线 d 曲线

该曲线表示在垄断竞争生产集团中的单个厂商改变产品价格，而其他厂商的产品价格保持不变时，该厂商的产品价格与销售量之间的对应关系。因为在市场中有大量的企业存在，因而单个厂商会认为自己的行动不会引起其他厂商的反应，于是它便认为自己可以像垄断厂商那样，独自决定价格。这样，单个厂商在主观上就有一条斜率较小的需求曲线，称为主观需求曲线。

2. 客观需求曲线或比例需求曲线 D 曲线

该曲线表示在垄断竞争生产集团中的单个厂商改变产品价格，而其他所有厂商也使产品价格发生相同变化时，该厂商的产品价格和销售量之间的关系。在现实中，一个垄断竞争厂商降低价格时，其他厂商为了保持自己的市场，势必也会跟着降价，该厂商因而会失去一部分顾客，需求量的上升不会如厂商想象的那么多，因而还存在着另外一条需求曲线，称之为客观需求曲线或比例需求曲线，如图 3-4-7 所示。

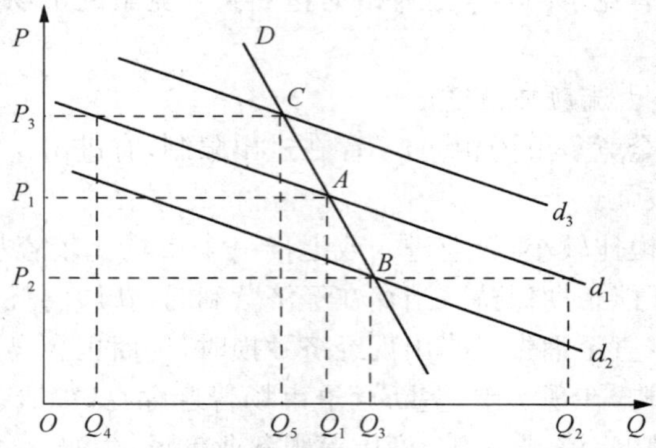

图 3-4-7　垄断竞争厂商所面临的需求曲线

在图 3-4-7 中，垄断竞争厂商的主观需求曲线为 d_1，厂商最初的产量为 Q_1，最初的价格为 P_1，因而位于主观需求曲线上的 A 点。当该厂商将产品的价格由 P_1 下调至 P_2 后，按照其主观需求曲线 d_1，厂商预期其销售量将提高至 Q_2。但是，由于该厂商降价时，其他厂商也将采取同样的措施，以维护自己的市场占有率，因此，该厂商的销售量实际只有 Q_3，即介于 Q_1 和 Q_2 之间，厂商实际只能移动到 B 点。当厂商意识到这点之后，厂商的主观需求曲线就会做出相应的调整，改为通过 B 点的 d_2。相反，如果厂商将它的价格由 P_1 提高至 P_3，厂商按照主观需求曲线 d_1 会预期自己的需求量将降低至 Q_4，但由于其他厂商也同样采取提价措施，该厂商需求量的下降并不像预期的那么多，实际的需求量为 Q_5，即厂商实际移动到 C 点，厂商的主观需求曲线也将随之调整至通过 C 点的 d_3。根据客观需求曲线的定义，连接 A、B、C 三点的曲线 D 即是客观需求曲线。

3. d 曲线与 D 曲线的关系

所有厂商同样调整价格时，整个市场价格的变化会使单个垄断竞争厂商 d 曲线沿着 D 曲线上下移动。

d 曲线表示单个改变价格时预期的产量，而 D 曲线表示单个厂商在每一价格水平实际面临的市场需求量或销售量，所以 d 曲线与 D 曲线相交，意味着垄断竞争市场的供求平衡状态。

客观需求曲线 D，更缺乏弹性，所以更陡峭些；主观需求曲线弹性较大，较平坦些。

由于厂商的平均收益 AR 总是等于该销售产品的价格 P，因此平均收益曲线就是厂商的需求曲线。需求曲线向右下方倾斜，则平均收益曲线也是向右下方倾斜的，且两线重合。由于需求曲线的向下倾斜，垄断厂商同样面临向下倾斜的平均收益曲线和边际收益曲线，以及凹性的收益曲线，即有极大值点的收益曲线，平均收益递减，则边际收益必定也是递减的，并且小于平均收益。所以与垄断厂商类似，垄断竞争厂商的边际收益（MR）曲线也是位于平均收益 AR 曲线之下且较 AR 曲线更为陡峭。

（四）垄断竞争厂商的均衡分析

1. 垄断竞争厂商的短期均衡

在短期，由于剩余需求曲线的向下倾斜，垄断竞争厂商有一定的垄断能力，它根据边际原则确定自己的价格和产量，可以获得一定的超额利润。垄断竞争厂商在短期内会通过调整它的产量和价格来实现它的利润最大化目标。

如图 3－4－8 所示，SMC 是代表性厂商的边际成本曲线，d_1 是厂商的主观需求曲线，D 是厂商的客观需求曲线。假定厂商一开始处于 A 点，此时产量是 Q_0，价格为 P_0。厂商为了实现利润最大化，会按照 $MR_1=MC$ 的原则来调整其价格和产量，即沿着主观需求曲线调整至 B 点，此时价格是 P_1，产量为 Q_1。由于在行业中的其他厂商也面临着相同的情况，每个厂商都在假定其他厂商不改变产量和价格的条件下根据自己的利润最大化原则降低了价格。于是，当其他厂商都降低了自己产品的价格时，代表性厂商实际的需求量不能增加到 Q_1，而只能是 Q_0 和 Q_1 之间的一点 C，需求量只有 Q_2。厂商的主观需求曲线也要修正到通过 C 点的 d_2，边际收益曲线也相应调整至 MR_2。这样该厂商在 P_1 的价格下无法实现最大利润，必须进一步做出调整。按照厂商利润最大化的条件 $MR_2=MC$，厂商将会把价格进一步降低至 P_2，厂商预期自己的需求量将会增加至 Q_3。但是由于其他厂商采取同样的行动，该厂商的需求量实际只能沿客观需求曲线增加到 Q_4，厂商在 P_2 价格下仍无法实现最大利润。依此类推，厂商的价格还需做出进一步的调整，其主观需求曲线也将沿客观需求曲线不断移动。

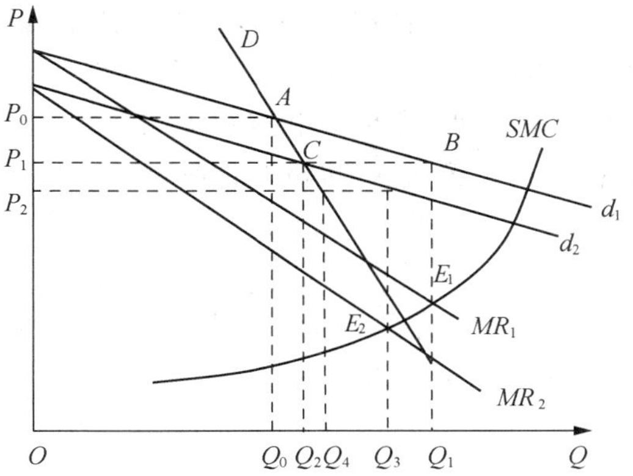

图 3－4－8 垄断竞争厂商在短期内的生产调整过程

上述调整过程实际是一个"试错"的过程，这一"试错"过程不断进行，一直持续到实现短期均衡状态为止。如图 3－4－9 所示，厂商实现短期均衡时，必须满足如下条件：① 厂商的产量 QE 符合 $MR=MC$ 的原则，厂商实现了利润最大化，因而厂商没有动力改变目前的状态。② 厂商此时的产量和价格决策恰好位于主观需求曲线与客观需求曲线的交点 H，亦即厂商按自己能够感觉到的主观需求曲线所做出的价格产量决策恰好和其他厂商也做出同样调整的价格产量决策相一致。

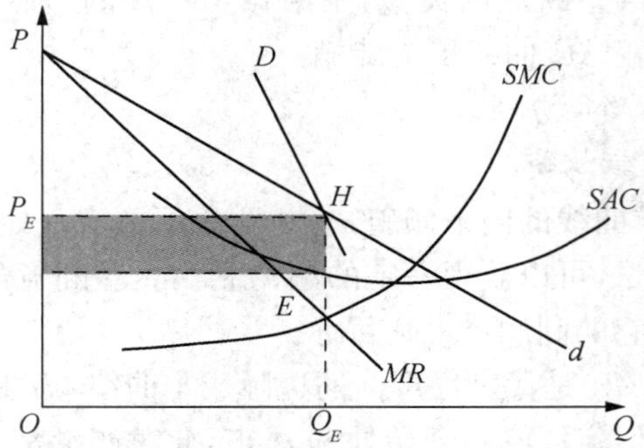

图 3-4-9　垄断竞争厂商的短期均衡

垄断竞争厂商实现短期均衡时的利润如图 3-4-9 中阴影部分所示。当然，和垄断厂商、完全竞争厂商一样，垄断竞争厂商也可能获得经济利润，也可能经济利润为零，甚至是亏损，经济利润为负。这主要取决于厂商所面临的需求曲线与其平均成本曲线的位置，如果厂商的平均成本曲线位于需求曲线之上，也就是说，厂商的平均成本太高或者需求太低，则厂商在短期内无论如何调整其价格和产量，都无法摆脱亏损的命运。

2. 垄断竞争厂商的长期均衡

在长期内，垄断竞争厂商可以通过扩大或缩小其生产规模来与其他企业进行竞争，也可以根据自己能否获得经济利润来选择是进入还是退出一个行业。

假设垄断竞争厂商在短期内能够获得经济利润，在长期内所有的厂商都会扩大生产规模，也会有新的厂商进入该行业进行生产，在市场总的需求没有大的改变的情况下，代表性厂商的市场份额将减少，虽然主观需求曲线不变，但客观需求曲线将向左下方移动，从而厂商的产品的实际需求量低于利润最大化的产量。厂商为了实现长期均衡必须降低其价格提高其产量来适应这种变化，从而主观需求曲线和客观需求曲线都会向左下方移动。这一过程会一直持续到行业内没有新的厂商进入，也没有企业愿意扩大生产规模为止，此时厂商的利润为零。

在长期，由于市场进入是自由的，正的利润将吸引更多的厂商不断进入市场，参与竞争，直到利润水平下降到零，每个垄断竞争厂商的平均收益曲线都和平均成本曲线正好相切。图 3-4-10 中长期均衡点价格为 P_E，产量为 Q_E。

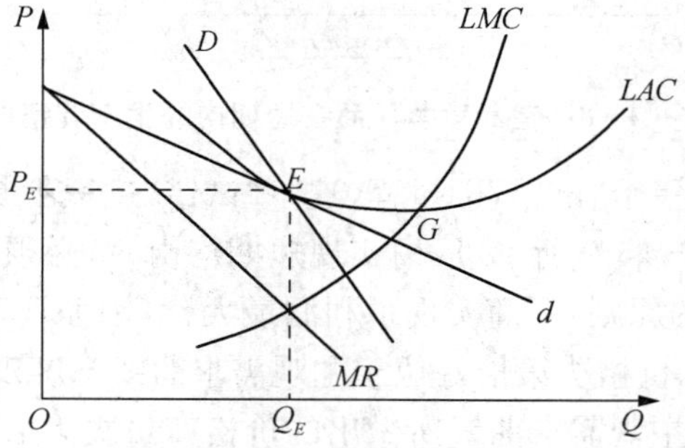

图 3-4-10　垄断竞争企业的长期均衡

从短期到长期的均衡过程中，由于新厂商不断进入，平均收益曲线即剩余需求曲线是必然会移动的，同时厂商也可以调整规模，使自己的平均成本曲线移动，最终到达一个均衡点。

厂商实现长期均衡时所处状态如图 3－4－10 所示。在长期均衡时，厂商的主观需求曲线 d 与长期平均成本曲线 LAC 相切于 E 点，客观需求曲线也与 d 和 LAC 曲线相交于 E 点，此时厂商的均衡产量 Q_E，满足厂商利润最大化要求 $MR=LMC=SMC$。而此时的 $P=AR=LAC$，所以厂商的利润为零。

如果考虑行业内厂商亏损，厂商退出行业或者减少产量的过程，与上述的分析过程类似，只不过两条需求曲线的移动方向相反而已，最终均衡的结果都是主观需求曲线与 LAC 曲线相切，利润为零。

从长期均衡的条件看，垄断竞争厂商与完全竞争厂商相同，但实际上却存在着很大不同。我们将完全竞争的厂商和垄断竞争的厂商进行一个简单的对比，可以发现其差别如下：

（1）完全竞争厂商 D、AR、MR 曲线三线合一，且为平行线。

垄断竞争厂商 D、AR 重合，且向右下方倾斜，并且 $MR<AR$。

（2）完全竞争下长期均衡时的产量其平均成本处于最低点。

垄断竞争下长期均衡时的产量其平均成本高于最低点。

（3）完全竞争下长期均衡时价格低于垄断竞争下的均衡价格，且 $P=MC$。

垄断竞争下长期均衡时价格较高，$P>MC$。

（4）完全竞争下长期均衡的产量高于垄断竞争时的均衡产量。

进行效率分析，我们可以看出：长期均衡时，产品价格高于边际成本，平均成本没有达到最低点，厂商经营时有过剩能力，它仍然可以生产出社会成本小于社会价值的产品，因此就造成效率损失。显然相对于垄断竞争厂商来说，完全竞争市场所能达到的平均成本要低，而产量要高。基于此，我们常把完全竞争条件下，厂商实现长期均衡的产量即平均成本最低时的产量称为理想的产量。显然，垄断竞争的市场无法达到理想的产量。我们把理想的产量与垄断竞争厂商长期均衡的产量之间的差称为多余的生产能力。

多余生产能力的存在说明了垄断竞争企业尚有一部分生产能力没有被有效利用，如果它扩大产量，平均成本可能降低。站在社会的角度来看，如果让一部分企业增加产量，其平均成本可以降低，而让另外少数企业退出市场，则整个社会的效率得到提高。因此，有的经济学家认为垄断竞争行业是低效率的。

但也有另一部分经济学家为垄断竞争辩护，他们认为现实中我们无法确定让哪一部分厂商退出市场，让哪一部分厂商扩大产量，因为这里有一个公平的问题；另外，由于竞争的存在，厂商的垄断能力是微小的，即它的剩余需求曲线是比较平缓的，因此效率损失不会很大，并且这种效率损失换来的是产品的多样性，垄断竞争厂商提供给市场的是多样化的商品，可以满足厂商不同的偏好，而产品的多样性本身就是有价值的。多余的生产能力在一定程度上可以看作是消费者或社会为了得到产品多样性所必须付出的代价。消费者因为选择空间增大所获得的收益可以在很大程度上弥补甚至超过这种损失。

（五）垄断竞争厂商的非价格竞争定价

厂商不仅采用了价格竞争定价，通常还采用非价格竞争定价。厂商采用非价格竞争定价的原因主要有：一是产品的价格不是随意制定的，而是根据利润最大化原则确定的。如果厂商为了竞争而降低价格,利润就会减少。二是非完全竞争厂商之间对价格竞争比较敏感。如果一个厂商降价,所有其他厂商也降价,并且降幅相等,该厂商的销售量并不会因此增加,其结果也是利润下降。

非价格竞争定价主要包括提高产品质量和广告等推销活动两种。

1. 产品变异

厂商可以像变动价格一样改变其产品的特征,以此吸引更多的顾客,扩大其销量,即所谓的质量竞争。产品的变异可包括:改变产品本身的品质;改变包装和装潢;改变服务质量。提高产品质量,或称为品质竞争,就是厂商在产品上引进新的、与竞争对手不同的、能更加迎合顾客需要的特征,以吸引更多的消费者。同时,避免在竞争过程中自己原有的客户被其他竞争对手用降价方法吸引走,从而获得某种程度的垄断优势。它包括提高产品质量、改进产品性能和结构、增加产品用途,也可以从包装、售后服务上下工夫,千方百计制造产品差别来满足不同消费者的需要。较小厂商还可以把产品设计为只为市场上某一特定顾客群的特定需要服务,而不是面向整个市场,以求至少在这一细分市场上取得自己的优势,从而在整个市场上为自己找到并占领合适的位置。这既是厂商竞争的需要,也是市场的需要。例如,海尔的高品质赢得海内外消费者普遍认可,产品出口到欧美、中国香港、东南亚等地区。

2. 广告促销

各种促销活动的竞争。在完全竞争市场,产品同质,厂商不需要做广告,只要按照市场价格,想卖多少就可以卖多少。但在非完全竞争市场,广告竞争、企业形象策划,以及一些别的促销活动常常是品质竞争的重要补充。因为一般的消费者对于产品的结构、性能等品质差异的评价能力是有限的,通过广告等促销活动能向消费者提供产品信息,起到显示以致强化产品差异化的作用。一般来说,广告促销活动的开展会增加销售成本,而销售成本反过来又进一步提高了产品的销售价格。但广告的传播影响有助于销售的增加,从而弥补广告成本的开支。

酒香也怕巷子深。洋品牌的电视广告量连年翻倍增长,经过广告宣传,让人们了解洋品牌的品质,产品市场投放率迅速增加。洋品牌的技术优势,特别在产品工艺水平上的优势,加上广告的促销,必将成为其占领市场的利器。

从社会的角度看,广告促销活动是浪费还是必要的社会竞争和资源分配工具,是经济学家争论不休的问题。赞成广告活动的人认为,广告为消费者提供了进行合理选择所需要的大量市场信息,因此广告提供的一个效益是节省了消费者搜寻市场信息的时间和费用;反对广告活动的人认为,广告导致厂商用欺诈手段来获利,使消费者受骗上当。

三、寡头垄断市场

(一) 寡头垄断市场的含义和特征

寡头(Oligopoly)又称寡头垄断、寡占,是指为数不多的销售者控制市场的行为。寡头垄断市场是介于垄断竞争与垄断之间的一种市场结构。寡头垄断市场又称寡头市场,指由少数几家大型厂商控制某种产品供给的绝大部分乃至整个市场的一种市场结构。在寡头市场上,少数几家企业供给该市场大部分产品,这几家企业的产量在该市场的总产量中占有较大的份额,所以对市场的价格和产量具有举足轻重的影响。比如世界石油市场,中东少数几个国家控制了世界大部分石油储藏。现实经济中很多行业具有寡头垄断市场的特征，寡头垄断市场是经济社会十分重要的市场结构。寡头垄断是由生产过程和销售过程中的规模经济所引起的。

【时政解读】

政府寡头垄断土地供给市场

蓝皮书指出，中国土地的供给市场，除了政府行政限制土地的供应量外，另一特征就是政府寡头垄断。

据了解，这种垄断既是政府一家寡头垄断供应土地，也存在许多房地产商和其他用地商高价竞争购买土地。政府寡头垄断型卖地和多个竞争者买地的土地市场格局，是除了土地供应小于土地需求外推动房地产价格持续上升的重要原因。

【专家解析】　改革“招拍挂”形成竞争

对于2010年的土地调控，专家指出，应增加土地供应，抑制土地和房屋涨价，另外，还要改革“招拍挂”制度，形成竞争性的土地供应市场，以抑制国有垄断资本频繁制造地王。此外还要改革政府现行土地收入流程，调整房产税等来源。

对于改革为竞争性土地供应市场，专家组明确指出了改革内容：缩小非公益用地的征用范围，集体土地只要符合建设规划，不经过政府征用，就可以直接进入建设市场。在时间上改变“招拍挂”不定时并集中上市供应的形式。

专家组还建议，城镇用地单位要转让自己使用土地的，要自主在交易中心挂拍寻求买家。

（资料来源：新华网，凤凰网．中国社科院在京发布2010年《经济蓝皮书》）

寡头垄断市场的基本特性是厂商之间的相互依存。因为相互依存，厂商在做出自己的决策时总是猜测竞争对手的反应；而厂商总不能确切地知道对手的反应，故他们将在存有不确定性的情况下进行决策。厂商在猜测竞争对手的反应时，总是假定其价格或产量不变，并由此建立起不同的寡头垄断模型。

寡头垄断的关键是：每家厂商首先要推测竞争对手的决策，然后根据利润最大化原则确定自己的决策，相互之间利害关系极为密切。寡头厂商数量是很不易确定的，它与垄断竞争的界限并不以厂商数量为标准，主要取决于厂商之间的关系。在寡头垄断下，厂商相互注视对手的行动（价格、产量、广告开支等），并估计和注视自己采取行动后竞争双方的反应。

寡头垄断市场的特征可以概括如下：

第一，行业内的厂商数目屈指可数，买者众多，厂商在一定程度上控制产品价格和绝大部分的市场份额，因此对市场具有明显的影响力。

第二，产品差别可有可无。寡头垄断市场相当普遍，如汽车制造、家电、石油、钢铁、通信、航空、电子设备制造、国际航空运输、超市零售等行业。在一些寡头垄断行业中，每个厂商都生产几乎相同的产品，而在另一些寡头垄断行业中，产品是有差别的。由此分为无差别寡头垄断市场和有差别寡头垄断市场。寡头垄断厂商之间生产的产品可以是同质的，如在钢铁、水泥、石油、有色金属、塑料、橡胶等行业，产品是无差别的；而在汽车、飞机、家用电器、铁路运输、电信服务业等行业，产品则是有差别的。

第三，存在进入的障碍，其他厂商无法顺利地进入该行业。寡头垄断市场的企业数目少，每家企业的规模很大，其他企业的进入相当困难，新企业在生产规模、资金、信誉、原材料、专利等方面很难竞争得过原有企业，也就难以进入这种行业。一种可能性是这些寡头行业存在规模经济，使得大规模的生产占有强大的成本优势和产量优势，大企业不断发展壮大，而小企业则无法生存，最终形成少数几个厂商竞争的局面；有时寡头厂商之间相互勾结，构筑进入的壁垒，阻止其他厂商进入；寡头厂商为了减少其竞争压力，也会采用收购、兼并一些小企业等形式来减少厂商的数目。在有的行业，寡头市场的形成则直接由于政府的产业政策所致。

第四，寡头垄断之间相互最后利害关系极为密切，双方均是反应后再决策，故在产量和价格上没有“确定的均衡”，厂商之间相互依存。这是寡头垄断市场最显著的特点。由于市场中厂商为数不多，每个厂商在市场中都占有一个很大的份额，对市场都有举足轻重的影响力。一个厂商的价格和产量变动，不仅影响到它自己的市场份额和所得利润，而且会直接影响到其他厂商的市场份额和利润，因而厂商所做出的价格—产量决策也很容易遭到其竞争对手的报复。每个厂商的利益都要受到其他厂商行动的影响。由于寡头垄断市场一个厂商在价格、产量上的变动，新的研究开发计划及广告等活动都会影响其他厂商的利益，其他厂商不会不对这些行为做出反应。每个厂商在做出重大决策时，不仅要考虑自身的成本和收益情况，还要考虑到竞争对手对他的决策的反应。厂商制定的竞争策略是否有效，很大程度上要看其他厂商采取的是什么行动。

寡头企业有两种行动模式：一是合作的寡头。寡头企业认识到他们的利润取决于他们的共同行动时，为了避免灾难性的竞争，企业就会公开相互勾结以提高他们的价格。这是一种公开的串谋，如石油输出国组织（OPEC）。还有一种暗中勾结的形式，实现价格的领导。在大多数市场经济国家，公司相互勾结起来共同确定价格或瓜分市场是非法的。在这种情况下寡头们可能进行暗中勾结，在没有明确或公开协商的条件下，他们会心照不宣地与行业中最大的厂商保持一致。通过这种无形的协议或默契把价格确定在较高水平，抑制竞争、瓜分市场。二是竞争的寡头，也称独立的寡头。寡头企业之间是相互竞争的关系，并不会联合在一起，但会在分析其他企业的行为基础上做出本企业的决策。

（二）寡头垄断厂商均衡

由于寡头厂商的均衡价格和均衡产量很难确定，要想建立寡头厂商的行为模型就显得异常困难，至今无法找到寡头厂商一般性短期和长期均衡点。

寡头市场价格决定的界限在于：最高价格等于完全垄断下的垄断价格，最低价格高于完全竞争市场长期均衡时的竞争价格。但价格确定方式往往不是由市场供求关系直接决定，而是以下面几种方式确定：一是寡头垄断者通过价格同盟来制定；二是由寡头垄断者的默契形成；三是由一家最大的寡头先行定价，其他随从。这些被称为操纵价格。一般地说，这种价格一旦形成，不会轻易变动，以避免寡头双方在价格中两败俱伤。

为克服这一难题，经济学家通常假定：在给定其对手的行为以后，每个厂商都采取它能采取的最好的策略，达成纳什均衡。下面我们就来了解寡头垄断的几个模型。

1. 古诺模型

古诺模型是由法国经济学家奥古斯丁·古诺于1838年最早提出，它研究的是一个双寡头垄断市场。

古诺以“拥有两个零边际成本的矿泉水市场”为例，提出如下假定：

(1) 只有两个厂商，两个寡头厂商A和B生产同一种产品；厂商产量为独立变量，产量总和影响市场价格；

(2) 各寡头均以实现利润最大化为目的，以对方产量维持前一时期水平为前提，来决定自己每一时期的产量；厂商的$MC=0$；

(3) 两家厂商面临相同的已知的线形需求曲线；

(4) 厂商同时做决策。考虑两个厂商的均衡产量和均衡价格如何确定。

假设A厂商和B厂商所生产的产量分别为Q_A和Q_B，市场需求函数为：

$$P = 90 - Q$$

由于市场供给量是$Q_A + Q_B$，所以需求函数也可以写成：

$$P = 90 - Q_A - Q_B$$

由于成本为零，厂商A的利润可以写成：

$$\pi A = PQ_A = (90 - Q_A - Q_B)Q_A = 90Q_A - Q_AQ_B - Q_A^2$$

假定厂商B的产量不变，则厂商A要实现利润最大化，必须要满足一阶条件：

$$\pi / Q_A = 90 - Q_B - 2Q_A = 0$$

可以求出：

$$Q_A = 45 - 0.5Q_B$$

该式称为厂商A的反应函数。它表示了在厂商B的各种产量水平上，厂商A在最大利润原则下所要生产的产量组合。也可以说，对于厂商B的每一个产量Q_B，厂商A都会做出最优反应，确定自己能够带来最大利润的产量Q_A。

同样的方法，可以求得厂商B的反应函数为：

$$Q_B = 45 - 0.5Q_A$$

可以看出，只要一个厂商变动产量，另一个厂商也必须跟着变动自己的产量。所以市场实现均衡时就意味着两家厂商的产量引起对方的反应是相容的，这时两个厂商都没有变动产量的意愿。所以上述两个反应函数必须同时成立。将两个反应函数联立，即可解得厂商的均衡解为：

$$Q_A = Q_B = 30$$

如图3-4-11所示，以Q_A、Q_B为坐标轴，两个厂商产量决定曲线的交点也恰好满足$Q_A = Q_B = 30$。

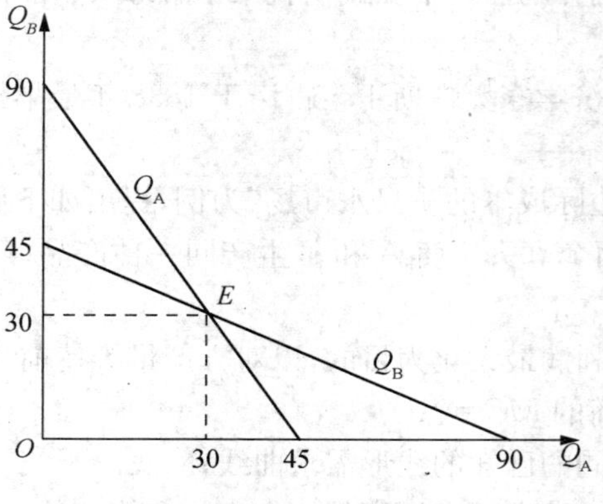

图 3-4-11　古诺均衡

由于市场总容量是 90，也就是说，两个厂商均衡的产量都是市场容量的 1/3，两个寡头厂商的总产量实际只有市场总容量的 2/3。剩余的 1/3 的市场容量是寡头垄断的市场所无法满足的，因而可以看作是寡头垄断给社会所造成的损失。

推而广之，可得：

$$\text{寡头厂商提供产量} = \text{市场容量} \times \frac{1}{\text{厂商数目} + 1}$$

2. 斯威齐模型

斯威齐模型是美国经济学家保罗·斯威齐于 20 世纪 30 年代所建立。由于寡头厂商之间价格战的结果往往是两败俱伤，竞争的双方利润都趋向于零，所以在寡头垄断市场上，产品的价格往往比较稳定，厂商比较喜欢采用非价格竞争方式，即便采用价格战的方式也是非常慎重的。寡头厂商不愿轻易地变动产品价格，价格能够维持一种比较稳定的状态的情况，被称为价格刚性。斯威齐模型就是解释在寡头垄断市场上出现的这种价格刚性现象。

斯威齐首先假定：当一个寡头厂商降低价格的时候，其他厂商会跟着降价；当一个寡头厂商提高价格的时候，其他厂商会保持价格不变。做这样的假定的原因是，当一个厂商降低他的产品价格的时候，其他厂商如果不跟着降价，那么其他厂商的市场份额就会减少，从而产量下降，利润下跌；而当一个寡头厂商提高它的产品价格的时候，如果其他厂商价格保持不变，那么提价的厂商的一部分市场份额将会自动被其他厂商瓜分，从而其他厂商的产量会上升，利润会增加。所以需求曲线呈现弯折的形状，称为弯折的需求曲线。

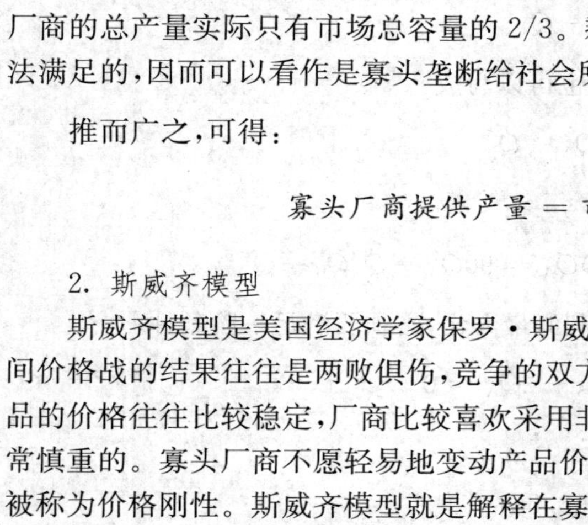

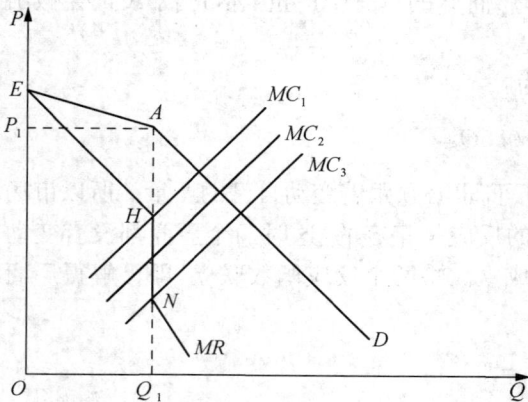

图 3-4-12　弯折的需求曲线

斯威齐模型的具体形式，如图 3-4-12 所示。假定厂商原来处于 A 点，即产量为 Q_1，价格为 P_1。按照斯威齐的假定，厂商提价的时候，其他厂商价格不变，因而厂商的需求量将会下降很多，即产品富有弹性，相当于图中 AE 段的需求曲线；当厂商降价的时候，其他厂商的价格也下降，因而厂商的需求量不会增加很多，从而产品是缺乏弹性的，相当于图中 AD 段。与需求曲线相对应的边际收益曲线也标在图中，可以看出，在 H 点与 N 点之间，边际收益曲线有一个较大的落差。如果厂商的边际成本为 MC_2 所代表，厂商的产量和价格将分别是 Q_1 和 P_1；如果厂商边际成本提高至 MC_1，厂商的产量和价格仍然是 Q_1 和 P_1；如果厂商的边际成本降低到 MC_3，厂商利润最大化的产量和价格仍然不变。由此可见，厂商的成本即使在一个很大的范围内发生变动，只要是在 H 和 N 之间，厂商的产量和价格仍将保持稳定。

虽然斯威齐模型有助于说明寡头市场的价格刚性现象，但也有很多的经济学家提出了批评意见。这些批评主要集中在两点：第一，如果按照斯威齐模型，寡头市场应该具有比垄断市场更为刚性的价格，但是实证的结论与此正好相反；第二，斯威齐模型只是解释了价格一旦形成，则不易发生变动，但这个价格是如何形成的，却没有给出说明。

3. 卡特尔的价格与产量决定

通过以上的模型可以知道，寡头厂商之间的竞争会使厂商受到损失，甚至导致厂商亏损或者破产。为了避免出现这种情况，寡头厂商经常会相互勾结（或者称串谋），以期获得更大的利润。厂商之间的勾结形式是多样的，本节只研究厂商之间通过正式协议相互勾结的情况。这种独立厂商之间有关价格、产量和瓜分市场销售区域的明确协议（通常是正式协议），叫作卡特尔。下面我们来研究卡特尔的价格与产量决定问题（见图 3－4－13）。

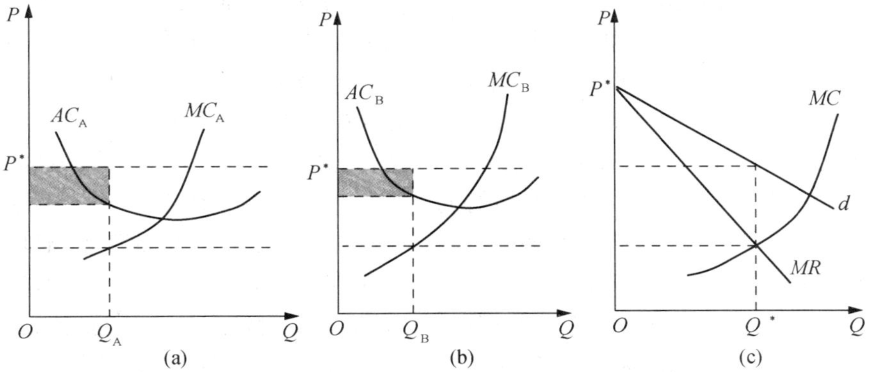

图 3－4－13　卡特尔的利润最大化决策

假设行业中只有两个寡头厂商 A 和 B，且两者通过卡特尔协议来瓜分市场，该卡特尔的决策行为将同一个垄断厂商近似。两个厂商具有不同的成本曲线，厂商 A 的平均成本曲线 AC_A 和边际成本曲线 MC_A 见图 3－4－13(a)图，厂商 B 的平均成本曲线 MC_B 和边际成本曲线 MC_B 见图 3－4－13(b)图，行业的边际成本曲线 MC 可由两个厂商的边际成本曲线横向加总得到，见图 3－4－13(c)图。该卡特尔组织的价格决策过程可从(c)图得到。根据市场总的需求曲线和边际收益曲线、边际成本曲线，卡特尔组织会按照 $MR=MC$ 的原则，选择使卡特尔组织利润最大化的产量 Q^* 和价格 P^*。在总产量 Q^* 一定的情况下，卡特尔组织会按照边际成本原理来给各个厂商分配产量。图 3－4－13(c)中 MR 与 MC 的交点，确

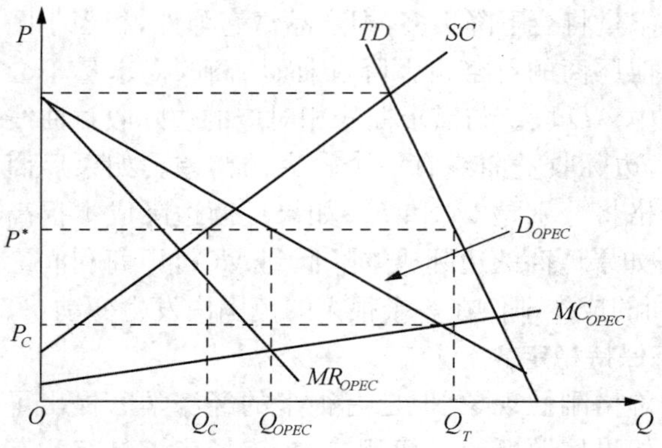

图 3－4－14　欧佩克卡特尔的价格决定

定了厂商分配产量时的边际成本水平，再由这条虚线与各家厂商的边际成本曲线的交点来确定各自的产量 Q_A 和 Q_B，结果每个厂商均实现了利润最大化。

如果卡特尔组织并没有垄断整个市场，它的决策行为将稍有不同。以石油输出国组织欧佩克（OPEC）为例。在世界石油市场上，除了欧佩克的石油供给外，还有俄罗斯、英国、美国、中国等国出产石油，因而欧佩克的产量和价格决策必须要把这些因素考虑进去。图 3－4－14 是欧佩克作为一个卡特尔组织的决策的示意图。图中 TD 是石油市场的总需求曲线，SC 是非欧佩克产油国的供给曲线。以 TD 曲线和 SC 曲线横向相减得到欧佩克所面临的需求曲线 D_{OPEC}。

欧佩克将按照它的利润最大化原则来制定它的价格和产量，产量 Q_{OPEC} 将位于 MC 和 MR_{OPEC} 的交点，从它的需求曲线知道其价格将是 P^*，在此价格下，非欧佩克的产量将是 Q_C。欧佩克和非欧佩克的总产量将是 Q_T。如果没有像欧佩克这样的卡特尔，厂商之间的竞争将使得价格降到 $Pc=MC$。可以看出 P^* 比 Pc 高很多，这也反映出欧佩克具有相当强的垄断能力，可以把价格抬到竞争性价格以上很多。之所以能做到这一点，是因为世界石油市场的总需求是缺乏弹性的，而非欧佩克成员国的石油供给也是缺乏弹性的。

可以看出，卡特尔要成功地控制价格需要具备三个条件：① 产品的总需求是缺乏弹性的，否则的话卡特尔提价的余地很小；② 卡特尔必须控制大部分市场，非卡特尔的供给也是缺乏弹性的；③ 卡特尔对其成员分配的产量和制定的价格必须能够得到严格遵守。但是要满足这三个条件并非易事，所以并不是所有的卡特尔都能成功。首先一个原因，所有的卡特尔成员都是在价格高于边际成本的条件下运行，如果某个成员暗中增加产量，它的利润就将增加，所以卡特尔成员有“越轨”的动机；其次，卡特尔成员之间的生产成本不同，经营目标各异，所要求的价格目标也不相同，因此就难以保证所有成员都能严格地履行协议。如果出现一些成员的“越轨”现象，很容易导致卡特尔的瓦解。所以从总体上说，卡特尔协议是不稳定的。

4. 价格领先制

虽然寡头厂商意识到厂商之间采取合作的态度，共同提高价格来增加利润对大家都有好处，然而在现实中，厂商之间的勾结，或曰共谋，却是有很多障碍的。首先，正式的串谋，比如组成卡特尔，在一些国家是被法律所禁止的，比如美国有相关的反垄断法，中国的《价格法》也禁止厂商之间的价格协议；另外，如果厂商的共谋存在一些事实上的障碍，比如生产的产品差异较大，厂商之间达成一个卡特尔协议也是难以完成的。所以，厂商之间往往采用非正式的串谋行为，通常是大家共同遵守一些公认的“准则”，如相互承认低价倾销是违反商业道德的；相互尊重对方的市场份额和销售区域；认可竞争行为的某些惯例等。其中最重要的当然是价格的制定，在非正式串谋中普遍采用的形式是价格领先制。

我们把行业中占支配地位的厂商，叫作主导厂商。图 3-4-15 是一个主导厂商的定价模型，在这个模型中，主导厂商首先确定价格，其他厂商在此价格下来确定各自销售的数量。图中 D 是市场总需求曲线，S_F 是其他厂商的供给曲线，这样主导厂商所面临的需求曲线可以由 D 与 S_F 曲线的横向相减得到，为 P_1A 曲线。可以看到 P_1 为 S_F 曲线与 D 曲线的交点处的价格水平，因为这时的市场总需求仅能满足其他厂商的供给，支配型厂商的需求为 0。其他厂商供给为 0 时的价格为 P_2，市场价格低于 P_2，其他厂商的供给都为 0，因此支配型厂商所面临的需求曲线就是市场总需求曲线 AD。所以，主导厂商所面临的需求曲线是 P_1AD 折线所示部分。主导厂商的边际收益曲线为 MR_D，边际成本曲线为 MC_D。由厂商利润最大化的条件 $MR_D = MC_D$，可知主导厂商一定会把产量定在 Q_D，而把价格定在 PD。在价格领先制下，其他厂商都接受主导厂商的价格，把自己的价格定在 PD。从而可知，其他厂商的产量为 Q_F，总产量为 Q_T，并且满足 $Q_F + Q_D = Q_T$（注意：主导厂商的需求曲线就是由总需求曲线和其他厂商的供给曲线横向相减得到的）。可以看出，在价格领先制下，主导厂商由于占有定价的优先权而处于较有利的地位，可以分得一个较大的市场份额，而其他厂商作为追随者，被动地接受主导厂商的价格，因而利润最大化的决策要简单得多。

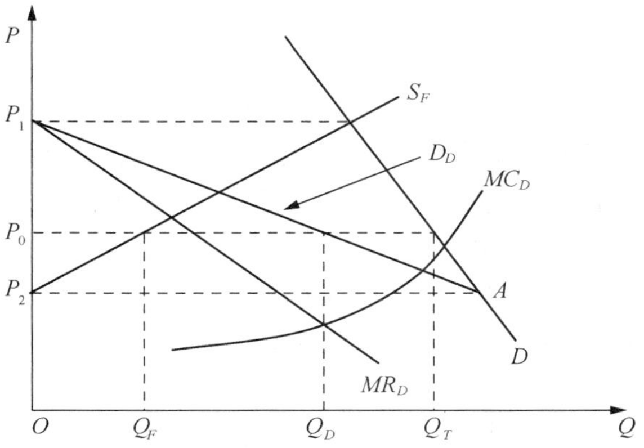

图 3-4-15　主导厂商定价模型

5. 博弈论初步与决策行为

看到寡头垄断厂商无论是进行价格决策还是产量决策，都必须考虑竞争对手的反应，这与此前所考察的厂商行为有着明显的不同。当在决策过程中必须考虑其行为对竞争对手的影响以及竞争对手的反应时，我们实际上就进入了博弈论分析的领域。

博弈论就是对上述互动情形的研究。在这些情形中，有多个行为主体参与行动，他们的活动共同决定每个参与人所获得的奖励或惩罚。顾名思义，博弈论的一个直接的也是最初的应用就是现实中诸如打扑克和下棋之类的游戏。但博弈论从一开始就广泛涉及人类行为中有关决策的相互作用或互动决策的各个方面，包括战争和政治活动。近年来，博弈论本身已得到丰富和发展。如今，博弈论已是厂商经济决策分析的必备工具，这也是寡头行为分析的继续和深入。

所谓博弈指的是一种决策，即每一行为主体的利益不仅依赖它自己的行动选择，而且有赖于别人的行动选择，以致它所采取的最好行动有赖于其竞争对手将选择什么行动。或者说博弈是指一些人、团队或组织，面对一定的环境条件，在一定的规则下，同时或先后，一次或多次，从各自允许选择的行为或策略中进行选择并加以实施，各自从中取得相应结果的过程。博弈论或称对策论(Game Theory)，直译为游戏理论。

(1) 博弈论的基本要素。

局中人、策略、报酬、策略均衡或结果是构成完整博弈过程需要规定的四件事，也就是博弈论的四个基本要素。

① 局中人。

局中人(Player)也可称作选手、参与人,即有哪些人参与博弈。博弈中的每个决策者被称为局中人。在具体的经济模型中,它们可以是厂商,也可能是厂商消费者或任何契约关系中的人,根据经济学的理性假定,局中人同样是以利益最大化为目标。

② 策略。

策略(Strategies)也称作战略、行动,是局中人为实现其目标而采取的一系列行动或行动计划,它规定在何种情况下采取何种行动。即什么人在什么时候行动;当他行动时,他具有什么样的信息;他能做什么,不能做什么。

③ 支付。

支付是指博弈结束时局中人得到的利益。支付有时以局中人得到的效用来表示,有时以局中人得到货币报酬来表示。局中人的利益最大化也就是指支付或报酬最大化。

④ 策略均衡或结果。

对参与人的不同行动,这场博弈的结果或结局是什么。经济学中,均衡一般指某种稳定的状态。而博弈论中的均衡是策略均衡,它是指由各个局中人所使用的策略构成的策略组合处于一种稳定状态,在这一状态下,各个局中人都没有动机来改变自己所选择的策略。这样,各人的策略都已给定,不再发生变化,博弈的结果必将确定。从而,每一个局中人从中得到的支付也就确定了。每个局中人的最优决策也就可以确定了。可见,要解一个博弈问题,首先需确定博弈的策略均衡。

研究博弈的最终结局,这里引入占优策略均衡和纳什均衡两个概念。

占优策略均衡指无论其他参与者采取什么策略,其参与者唯一的最优策略就是他的占优策略。也就是说,如果某一个参与者具有占优策略,那么,无论其他参与者选择什么策略,该参与者确信自己所选择的唯一策略就是最优的。博弈均衡是指博弈中的所有参与者都不想改变自己策略的这样一种状态。如果所有参与者选择的都是自己的占优策略,该博弈均衡又被称为占优策略均衡。即由博弈中所有参与者的占优策略组合所构成的均衡就是占优策略均衡。

然而在有的博弈均衡中,某参与者并不存在既定的占优策略,他的占优策略随着其他参与者策略的变化而变化。在一个均衡里,如果其他参与者不改变策略,任何一个参与者都不会改变自己的策略,则为纳什均衡。所谓纳什均衡是指这样一组策略组合:第一,在该策略组合中,每个局中人的策略都是给定其他局中人的策略情况下的最佳反应。有一个局中人的策略发生变化,原来的策略组合就不再是纳什均衡。第二,该策略具有自我实施的功能。在纳什均衡下,没有一个局中人可以通过单方面改变自己的策略而提高自己的支付。也就是说,没有人愿意偏离均衡。这一概念是由美国数学家约翰·纳什提出的,故称为纳什均衡。

由此可见,占优策略均衡是比纳什均衡更强的一个博弈均衡概念。占优策略均衡要求任何一个参与者对于其他参与者的任何策略选择来说,其最优策略都是唯一的。而纳什均衡只要求任何一个参与者在其他参与者的策略选择给定的已经下,其选择的策略是最优的。所以占优战略一定是纳什均衡,而纳什均衡不一定就是占优策略均衡。

(2) 博弈的类型。

经济学家从不同角度对博弈进行了分类。

① 根据支付结果是否为零分为：零和博弈与非零博弈。

所谓零和博弈，是指博弈双方的支付结果加起来为零。这意味着双方的利益在博弈中是相互冲突的。博弈双方一人所得即另一人所失，博弈之和为 0，如硬币博弈。

非零博弈，是指博弈双方一人所得与另一人所失之和不为 0；有正和博弈和负和博弈。正和博弈，即双方的支付结果加起来为一个正常的数。这意味着双方的利益冲突不再是那么激烈，有可能出现所谓双赢或共赢局面。至于负和博弈，如果假定局中人都是理性的，理论上没有人会参与这种博弈，尽管现实中不乏损人不利己的事。

② 根据参与主体角度或愿望分：合作博弈与非合作博弈。

互动的情况既可以在单个的个体之间开展，也可以是在团体之间展开，这样，从参与主体角度，我们可以把博弈划分为合作博弈和非合作博弈。合作博弈与非合作博弈之间的区别主要在于人们的行为相互作用时，博弈参与各方能否达成一个具有约束力的协议。如果存在这种协议，则称合作博弈；反之，则称非合作博弈。合作博弈和非合作博弈在寡头垄断市场的合作定价和不合作定价策略中得到充分的运用。在博弈论的分析史上，对于合作博弈的分析一度是人们研究的重点。后来人们认识到非合作博弈分析对于揭示现实中的经济现象有更强大的作用，非合作博弈分析成为博弈论研究的主流。

非合作博弈：局中人至少有一方希望行动或策略不一致。一般说来，零和博弈一定是非合作博弈，但非零和博弈不一定是合作博弈；在非合作博弈中，分析的对象是个体参加者，考察的是单个的参与人在具体的博弈规则以及一定的信息条件约束下，面对其他人可能的反应将如何行动。在非合作博弈中，局中人之间通常无法达成有约束力的协议进行合作，以获得合作收益。非合作博弈强调的是个人理性、个人最优策略。但结果可能有效率，也可能无效率。非合作博弈最典型的例子是“囚徒困境”。

合作博弈：局中人都希望行动或策略保持一致；而在合作博弈分析中，分析的对象经常是一个团体，用博弈论的术语称之为“联盟”。该联盟是由参与博弈的若干局中人通过达成有约束力的协议形成。合作博弈通常并不涉及具体的博弈规则，而集中于不同的人结盟将得到什么。合作博弈强调的是团体理性。

合作博弈最典型的例子是“先动优势”的序列博弈。序列博弈是在一方做出选择时，由于合作的存在，另一方只能跟随这样的前提下进行的博弈，最典型的例子是“性别战”。

“性别战”讲的是一对谈恋爱的男女安排业余活动，他们有两种选择，或者去看足球比赛，或者去看芭蕾演出。男方喜欢足球，女方喜欢芭蕾，但他们首先选择的是不分开。其博弈结果，如表 3-4-2 所示。

表 3-4-2　性别战

	足　球	芭　蕾
足　球	男=2，女=1	男=0，女=0
芭　蕾	男=0，女=0	男=1，女=2

在这个博弈中，如果双方同时决定，则有两个均衡，即都去看足球比赛或都去看芭蕾演出。但是到底最后他们去看足球比赛还是去看芭蕾演出，并不能从中获得结论。如果假设这是一个序列博弈，当女方先做出选择看芭蕾，男方只能选择看芭蕾，女方得利为 2，男方为

1;反之,当男方先选择看足球比赛时,女方只能选择看足球比赛,男方得利为 2,女方为 1。这个例子中,先行动者具有明显的优势,女方通过选择芭蕾造成事实,使得男方除了一起去看芭蕾之外别无选择。

③ 根据局中人是否同时行动的角度分:静态博弈和动态博弈。

所谓静态博弈,是指局中人同时选择策略或非同时选择策略但不知道对手采取的具体行动,并且这种选择是一次性的,也就是说同时做出选择后博弈就出结果,如接头博弈。

动态博弈又称序贯博弈:在信息交流畅通的情况下,决策时先后行动的博弈;也就是指局中人行动有先后顺序的博弈,后行动者能观察到先行动者的行动。典型的动态博弈如"进入博弈",市场中存在一个在位者厂商 I 以及一个潜在进入的厂商 E。厂商 E 首先决定是否进入市场,然后厂商 I 决定是否发动价格战,最后厂商 E 再次行动,决定是否迎战。日常生活中动态博弈比比皆是,比如购物中的砍价过程就是一个典型的动态博弈。

④ 双人博弈和 n 人博弈。

根据局中人的数量,博弈可以划分为双人博弈和 n 人博弈。

⑤ 重复博弈。

重复博弈是动态博弈的一种特殊情况。显然在一次性博弈的情况下,任何欺骗行为和违约行为都不会遭到报复,参与者的不合作解是难以避免的。但在重复博弈中,情况就会得到改变。

先看无限期重复博弈,在无限期重复博弈中,对于任何一个参与者的欺骗和违约行为,其他参与者总会有机会给予报复,如不再与其合作。这样一来,违约或欺骗方会遭受长期的惨重损失,因此每个参与者都不会采取违约或欺骗的行为,囚犯困境合作的均衡解是存在的。

如果是有限期的重复博弈,情况就有所不同了。用逆推法来分析博弈过程,可以表明,参与者若明确合作到了最后一期,以后不会再有重复博弈,那么,最后一期的博弈和一次性的博弈就没有区别,参与者的欺骗和违约行为是不可能被报复的,于是最后一期单个参与者的占优策略就是不合作的欺骗或违约。逆推到前一期,每个参与者都推知以后将不合作,所以也不会合作。如此等等,在有限期重复博弈中,囚犯困境博弈的纳什均衡是参与者的不合作。

其实,无限期重复博弈的主要特征是每一个参与者都不知道哪一期是末期,因而,每一个参与者在每一期都认定下一期还要继续相互合作,所以在没有确定终止期的有限期重复博弈的模型中,纳什均衡的合作解是可以存在的。

6. 描述博弈的基本形式

研究者们常以支付矩阵的直观形式表述博弈,也称为标准型。我们试通过一个博弈论中的经典例子——囚徒困境——来说明标准型博弈形式。囚徒困境,即参与者在博弈中最好的选择,竟会是对双方都不利的策略。囚徒面临的两难困境就是个体理性与集体理性的冲突。

【经典案例】

囚徒困境

描述:假定有两个人因涉嫌犯罪而被捕,警局需要两人的口供作为证据,对其隔离录供。

每人面对两种选择，坦白或抵赖；但警察没有足够的证据指控他们确实犯了罪，除非他们两个人中至少有一个坦白交代。

若两个人都不坦白，那么由于证据不足，各关押 1 年；若两人都坦白，则证据确凿，各关押 8 年；若一人坦白一人不坦白，那么坦白者从宽处理，予以释放。而不坦白者从严处理，关押 10 年。

由于理性的局中人不会选择下策，虽然都是独立做出选择，但结果却取决于对方选择什么策略。在这个博弈中，对囚徒一来说，如果对方选择坦白，那么他也将坦白，两个人都坐 8 年牢（因为如果他不坦白的话，等待他的将是 10 年的刑期）；如果对方选择不坦白，他也会坦白，这样他会立即释放，而对方将坐 10 年的牢。因此，无论对方是否坦白，他都会选择坦白。以囚徒二来说，情况也是一样。这里，“坦白”就是两个囚徒的占优策略。囚徒困境是一个非零和博弈，同时又是不合作博弈，即两人为获释和不被判刑 10 年，都将会出卖对方。

下图列出了这个博弈的支付矩阵。这里我们用坐牢时间的长短表示局中人的支付。

B 囚犯 A 囚犯	坦白	沉默
坦白	A—8，B—8	A—0，B—10
沉默	A—10，B—0	A—1，B—1

因此，在上述囚徒困境中，如果两个囚徒都是理性的，他们都将选择坦白。（—8，—8）这一策略组合构成一个占优策略均衡。

但从总体来看这一均衡显然不是最优的，因为集体的最优选择应该是都不招供，得到（—10，—10），这一结果被称为是囚徒困境。“囚徒困境”反映了个人理性与集体理性的矛盾，两个人都不坦白，这是最好的结果，但不符合个人理性，因此，个人理性必然战胜集体理性，得到“纳什均衡”。

囚徒困境带给我们的启发是，个人的理性选择有时不一定是集体的理性选择。换言之，个人的理性有时将导致集体的无理性。现实生活中有很多囚徒困境的例子，如国家间军备竞赛、厂商间的价格战、公共物品的搭便车问题等。

上策均衡：由于每一个局中人都有上策可用而仅仅使用这一策略的状况。

如在囚徒困境中，无论对方选择坦白还是抵赖，另一方的上策都是选择坦白。因为对方坦白时，自己坦白虽然会判 8 年徒刑，但选择抵赖将意味着 10 年的铁窗，所以，两害相权取其轻，抵赖绝对是下策，两人都不会选择这一策略。不管对方选择什么策略，己方都能以不变应万变，自己的上策都是选择坦白。

纳什均衡：博弈中双方都没有绝对的上策，一方的最优策略取决于对方的选择，如接头博弈。若马大哈去甲地，太马虎的上策就是也去甲地，反之亦然。

不存在纳什均衡的博弈，如硬币博弈。此类博弈中也都没有绝对的上策，其上策的选择也取决于对方的选择，但这一博弈中不存在纳什均衡。因为若甲选择正面，乙的上策就是选择反面(异面乙赢);但给定乙选择反面,甲的上策选择就是反面(同面甲赢)。博弈中甲和乙的选择相同,但乙和甲的选择并不相同。

寡头垄断市场的定价和定产的情形与纳什均衡类似。对所有生产者来说,最佳情况是在串谋或联合时实现利润最大化。但这种情况是不稳定的,因为双方都想以降低价格和增加产量来增加利润。当参加博弈的双方都这样做时,实际上也就实现了纳什均衡。

在寡头市场中,一个厂商的定价和定产要考虑其竞争对手的策略性行为,因此,各个厂商需要在假定其竞争者的行为以后才能做出其最佳选择。由于厂商会很自然地假定其竞争对手也会在给定该厂商的行为后采取最好的行动,因而我们假定各厂商考虑其竞争者,而其竞争者也将会这么做。联系前面纳什均衡的概念,不难看出寡头市场的均衡实际上是一个纳什均衡。寡头市场可以有价格假定和产量假定两种纳什均衡的情况。

四、完全垄断市场

(一) 完全垄断市场的含义、特征和成因

完全垄断又称独占、垄断、卖方垄断或纯粹垄断,与完全竞争市场结构相反,是指一家厂商控制整个行业,控制了某种产品全部供给,不存在任何竞争的市场类型。完全垄断市场结构是指一家厂商完全垄断一种没有相近接近替代品的产品,只有一个供给者的行业,在这种行业中存在着对新厂商进入的限制。完全垄断的行业只有一家厂商,它可以控制该行业产品的数量与价格,是价格的制定者,所以,一家完全垄断厂商就是一个行业。

完全垄断市场具有以下特征:

(1) 市场上只有唯一的一个厂商生产和销售商品,即厂商数目唯一,一家厂商控制了某种产品的全部供给。完全垄断市场上垄断企业排斥其他竞争对手,独自控制了一个行业的供给。由于整个行业仅存在唯一的供给者,企业就是行业,厂商即行业或产业。

(2) 完全垄断厂商可以控制和操纵商品的价格,是市场价格的制定者。由于垄断企业控制了整个行业的供给,也就控制了整个行业的价格,成为价格制定者。完全垄断企业可以有两种经营决策:以较高价格出售较少产量,或以较低价格出售较多产量。独自定价并实行差别价格。

(3) 该厂商生产和销售的商品没有任何相接近的替代品。完全垄断企业的产品不存在任何相近的替代品。否则,其他企业可以生产替代品来代替垄断企业的产品,完全垄断企业就不可能成为市场上唯一的供给者。因此消费者无其他选择。

(4) 其他任何厂商进入该行业存在障碍;新厂商不能进入。其他任何厂商进入该行业都极为困难或不可能,要素资源难以流动。完全垄断市场上存在进入障碍,其他厂商难以参与生产。

完全垄断市场的关键特征是存在对新厂商进入的限制。进入限制包括合法限制和自然限制两种。法律的限制是合法的垄断,主要有三种类型:一是政府特许经营,即授予某种物品与劳务供给的排他性权力。政府往往在某些行业实行垄断的政策,如铁路运输部门,供电供水等,于是,独家企业就成了这些行业的垄断者。二是政府许可证制度。政府许可证制度是控制进入某种职业、专业或行业的管理制度。三是专利。专利是政府赋予某种产品和劳务的发明者的排他性权力,这便使得独家厂商可以在一定的时期内垄断该产品的生产。

对进入的自然限制产生了自然垄断。当某种原料只有唯一的供给来源，或者当一家厂商能比其他厂商以更低的价格供给某种产品的全部时，就产生了自然垄断。自然垄断主要有两种：第一种是一个唯一的厂商拥有并控制了某种矿产和自然资源的全部供给。在某些矿业生产中存在这种自然垄断。第二种自然垄断产生于规模经济。生产的规模经济效益需要在一个很大的产量范围的巨大的资产设备的生产运行水平上才可能达到这样的生产规模。而且，只要发挥这一企业在这一生产规模上的生产能力，就可以满足整个市场对该种产品的需求。在这类产品的生产中，行业内总会有某个厂商凭借雄厚的经济实力和其他优势，最先达到这一生产规模，当这一家厂商可以以低于其他厂商的价格提供某种物品和劳务的全部供给，这个行业就只有这家厂商能存在下去，从而垄断了整个行业的生产和销售。电力、煤炭、水的供给就是属于这种自然垄断。完全垄断与完全竞争一样，都只是一种理论假定，是对实际中某些产品的一种抽象，现实中绝大多数产品都具有不同程度的替代性。比较接近于完全垄断的是公用事业部门，如铁路、电力、煤气、自来水公司等。

当然，完全垄断并非活动于真空地带，在某种程度上也存在竞争；完全垄断最基本的特征是对供给的控制。

垄断厂商之所以能够成为某种产品的唯一供给者，是由于该厂商控制了这种产品的供给，使其他厂商不能进入该市场并生产同种产品。导致垄断的原因一般有以下几个方面。

（1）由于规模经济导致的完全垄断，即规模较大的巨型企业处于垄断地位。规模经济的要求形成自然垄断。如果某种商品的生产具有十分明显的规模经济性，需要大量固定资产投资，规模报酬递增阶段要持续到一个很高的产量水平，此时，大规模生产可以使成本大大降低。那么由一个大厂商供给全部市场需求的平均成本最低，两个或两个以上的厂商供给该产品就难以获得利润。这种情况下，该厂商就形成自然垄断。许多公用行业，如电力供应、煤气供应、地铁等就是典型的自然垄断行业。

（2）对资源的独家控制。如果一家厂商控制了用于生产某种产品的全部资源或基本资源的供给，其他厂商就不能生产这种产品，从而该厂商就可能成为一个垄断者。

（3）政府特许所形成的垄断。某些情况下，政府通过颁发执照的方式限制进入某一行业的人数，如大城市出租车驾驶执照等。很多情况下，一家厂商可能获得政府的特权，而成为某种产品的唯一供给者，如邮政、公用事业等。执照特权使某行业内现有厂商免受竞争，从而具有垄断的特点。政府给予企业特许权的前提是企业同意政府对其经营活动进行管理和控制。

（4）由于拥有专利权而形成的垄断。专利权是政府和法律允许的一种垄断形式。专利权是为促进发明创造，发展新产品和新技术，而以法律的形式赋予发明人的一种权利。专利权禁止其他人生产某种产品或使用某项技术，除非得到发明人的许可。一家厂商可能因为拥有专利权而成为某种商品的垄断者。不过专利权带来的垄断地位是暂时的，因为专利权有法律时效。在我国专利权的法律时效为15年，美国为17年。

（二）完全垄断厂商的需求曲线和收益曲线

完全垄断条件下，市场上只有一家企业，企业和行业合二为一，企业就是行业。因此垄断厂商所面临的需求曲线就是整个市场的需求曲线，这是垄断厂商的重要特征。垄断厂商的需求曲线向右下方倾斜，斜率为负，销售量与价格呈反比关系，如图3-4-16(a)所示。因此，完全垄断厂商是价格的制定者，可以通过减少销售量来提高市场价格，在其产量水平较高时，市场价格也随之下降。这一点与完全竞争市场上厂商是价格的接受者不同。

知道了完全垄断厂商的需求曲线，就可以分析垄断厂商的收益曲线，如图 3-4-16(b)所示。

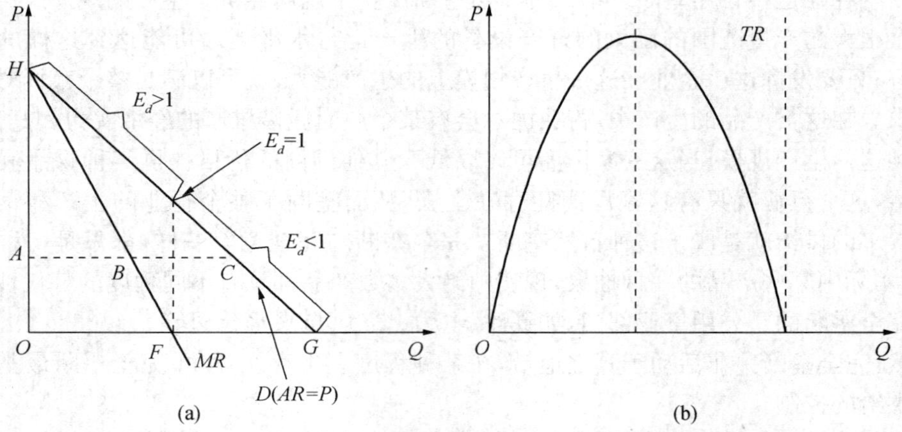

图 3-4-16　垄断厂商的需求曲线和收益曲线

首先看平均收益。由于完全垄断厂商的 P 与 Q 之间呈反比关系，因此，垄断厂商的总收益 $TR=P(Q)\cdot Q$，由 AR 定义可知，此时：

$$AR=\frac{TR}{Q}=P(Q)$$

即厂商的平均收益曲线与需求曲线重合。

其次看总收益。由于 AR 曲线向右下方倾斜，说明 AR 呈递减趋势，根据边际量与平均量的关系，可知 MR 曲线在 AR 曲线的下方。假定垄断厂商的需求曲线是线性的，则可确定 MR 的函数形式，进而确定 MR 曲线的位置。

（三）垄断厂商的均衡价格和产量的决定

1. 垄断厂商的短期均衡分析

垄断厂商可以通过调整产量和价格来实现利润最大化。垄断厂商利润最大化时的产量与完全竞争市场类似，也是由需求状况和成本状况共同决定的。其利润最大化的条件为 $MR=MC$，这也是垄断厂商短期均衡的条件。在短期里，垄断厂商由于各种原因，如既定规模成本过高，或面对的市场需求较小等，可能导致短期里盈亏平衡甚至亏损，不一定总是获得垄断利润。所以垄断厂商的短期均衡有三种情况：获得超额利润、获得正常利润或蒙受损失。

(1) 获得超额利润时的短期均衡。

图 3-4-17 反映了垄断厂商获得超额利润时的短期均衡状态。

运用边际收益—边际成本分析法，垄断厂商按照 $MR=MC$ 的原则确定产量水平 Q_1，与 Q_1 产量水平对应的价格可由需求曲线得到为 C，对应的成本由 AC 曲线得到为 A，显然 C 点 $>$ A 点，厂商存在超额利润。超额利润为矩形 $ACGF$ 的面积。

从图 3-4-17 中看，在 Q_1 产量水平上，$MR=MC$，所以 Q_1 是垄断厂商利润最大化时的均衡产量。

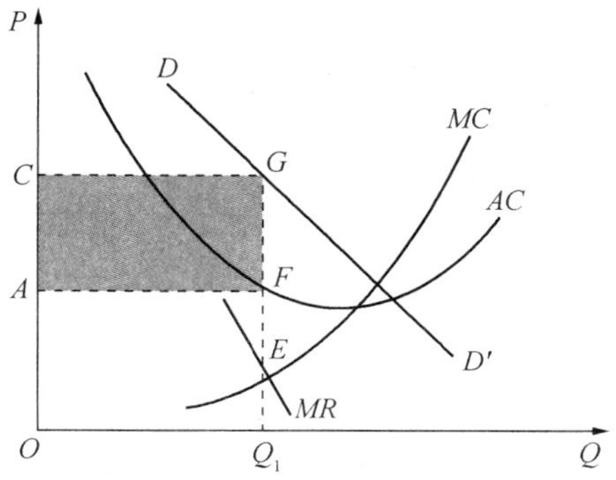

图 3-4-17　垄断厂商短期均衡(盈利)

(2) 获得正常利润的短期均衡。

按照 $MR=MC$ 确定的产量水平在 Q_0。这一产量水平与需求曲线的交点正好是 AC 曲线与需求曲线 D 的切点，因此在这一产量水平上 P 与 C 相等，即平均收益等于平均成本，因而垄断厂商的 TR 等于 TC，厂商的经济利润为零，只获得正常利润。如图 3-4-18 所示。

(3) 垄断厂商亏损时的短期均衡。

垄断厂商虽然可以通过控制产量和价格获得利润，但并不意味着总能获得利润，垄断厂商也可能发生亏损。这种情况可能是由于既定生产规模的生产成本过高，也可能是由于面临的市场需求过小。图 3-4-19 反映垄断厂商亏损时的短期均衡。

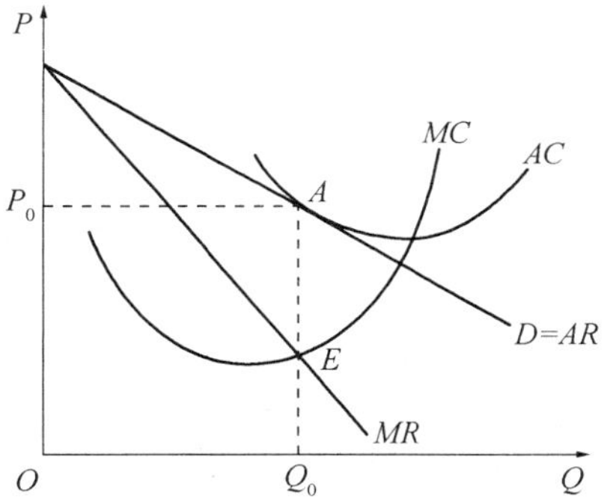

图 3-4-18　垄断厂商短期均衡(正常利润)

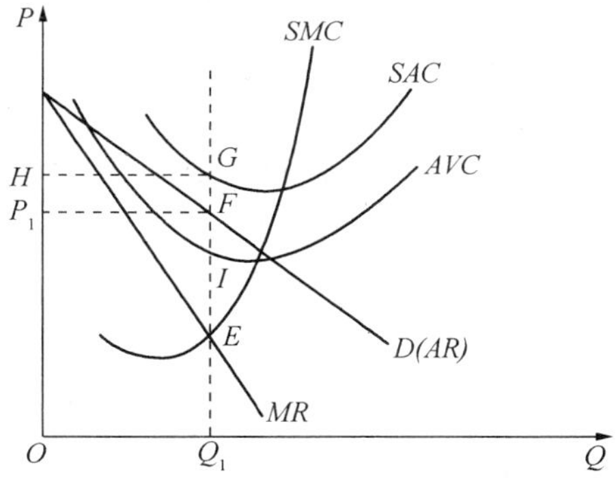

图 3-4-19　垄断厂商短期均衡(亏损)

2. 完全垄断厂商的长期均衡

完全垄断条件下，长期中不会有新的厂商进入该市场。垄断厂商可以通过生产规模调整来实现长期利润最大化。完全垄断市场长期均衡形成过程中不存在厂商数量的调整，因而垄断行业的长期均衡并不以利润消失为标志。如果垄断厂商短期内获得利润，长期内只要需求状况不发生变化，厂商仍然可以获得利润。

垄断厂商长期均衡的条件是：

$$MR = LMC = SMC$$

垄断厂商在长期内对生产的调整一般有三种可能的结果：

(1) 短期亏损，长期中不存在使他获得利润(或至少使亏损为零)的生产规模。该厂商退出生产。

(2) 短期亏损，长期内通过最优生产规模的选择，降低了产品单位成本，摆脱了亏损的状况，甚至获得利润。

(3) 短期内利用既定生产规模获得了利润，长期中，通过对生产规模的调整，获得更大的利润。

垄断厂商在长期内可以调整全部生产要素的投入量即生产规模，从而实现最大的利润。垄断行业排除了其他厂商加入的可能性，因此，与完全竞争厂商不同，如果垄断厂商在短期内获得利润，那么，他的利润在长期内不会因为新厂商的加入而消失，在长期内是可以保持利润的。在垄断市场上，$P>LAC>LMC$，消费者为每单位商品支付的价格不仅高于长期边际成本而且高于长期平均成本，因而，与完全竞争厂商不同，垄断厂商在长期内是可以获得超额利润的。

(四) 垄断厂商的定价策略

与完全竞争市场所有商品按同一市场价格销售不同，完全垄断厂商是市场价格的制定者，可以根据市场情况选取不同的定价策略确定市场价格。

1. 价格歧视

价格歧视又称差别定价，是指一家厂商在同一时间对同质产品向不同的购买者索取两种或两种以上的价格，或对销售给不同的购买者的同一种产品在成本不同时索取相同的价格。在实际生活中垄断厂商的市场上存在着差别定价问题。例如，医生视病人的收入水平和富裕程度不同，对相同的治疗收取不同的费用；汽车制造商在出口市场上售价与国内市场售价存在较大差异；电力公司对居民用电和商业用电、工业用电等不同用途收取不同费用。

垄断厂商实行价格歧视必须具备以下两个条件：

一是不同市场之间可以有效分离。否则消费者将在价格低的市场购买商品，或者把低价购进的商品在价格更高的市场上重新出售，从而使价格歧视难以维持。

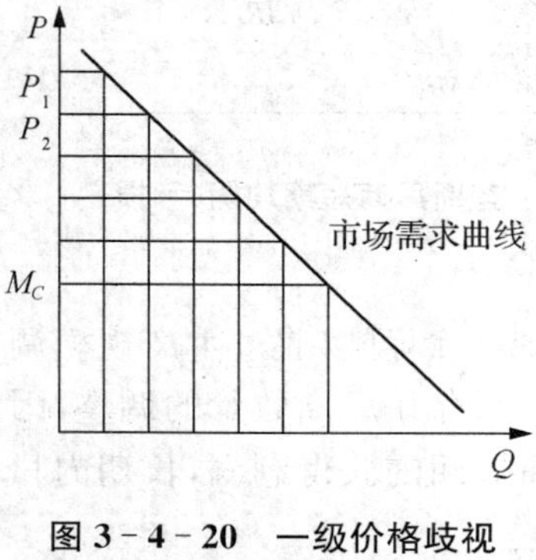

图 3-4-20　一级价格歧视

二是被分隔开的多个市场上需求弹性不同。只有在这种情况下，垄断者根据不同的需求弹性对同一商品索取不同的价格，方能获得多于索取相同价格时的利润，否则最佳策略是对同一商品收取相同价格。

根据差别定价的程度和方法不同，垄断厂商的差别定价一般分为三种类型：一级价格歧视(一级差别定价)；二级价格歧视(二级差别定价)；三级价格歧视(三级差别定价)。

(1) 一级价格歧视。

一级价格歧视又称为完全价格歧视，是指对每单位商品都制定不同的价格，即每单位商品都以消费者愿意支付的最高价格出售。如图 3-4-20 所示，第一单位产品的价格为 P_1，第二单位产品的价格为 P_2，随着出售数量的增加，价格依次下跌，但每一单位的价格都是未满足的消费者所愿支付的最高价格，而最后一单位产品的价格则等于该单位产品的边际成本。

【举例说明】

某品牌西裤专卖店采取一级差别定价方法进行销售，一天一位富商来购买一条棕色西裤，店主售价为 2 200 元；第二天一位公务员来购买类似的棕色西裤，店主售价为 580 元。这是因为富商愿意支付的最高价格较高，低于 1 000 元不会购买；公务员愿意支付的最高价格较低，高于 600 元不会购买。该棕色西裤进货价为 380 元，售给公务员店主基本保本，售给富商有较高的消费者剩余。

一级价格歧视下，生产者占有了全部的消费者剩余，在追求最优化时，最大化了生产者剩余和消费者剩余的总和，使得产量达到社会最优的水平。

显然，一级价格歧视在实际上是无法实现的，它要求垄断者掌握每一单位产品对消费者的最高边际值，这样的信息要求是不可能达到的。

（2）二级价格歧视。

二级价格歧视就是指不同单位的产品组合以不同的价格出售，而购买同一数量的不同消费者都支付同一价格。二级差别定价是指垄断厂商按照消费者购买的数量划分为两个以上的等级，对不同等级的购买者索取不同的价格。单位划分越细，二级差别定价越接近一级差别定价。

【举例说明】

某煤气公司实施二级差别定价，当某家庭需求量为 5 立方英尺，价格为 5 美元/立方英尺；当某家庭需求量为 10 立方英尺，5～10 立方英尺的价格为 3 美元/立方英尺；当某家庭需求量为 15 立方英尺，10～15 立方英尺的价格为 2 美元/立方英尺。制定该定价策略后，销售量和总收益都得到增加。

最普遍的二级价格歧视就是数量优惠，买得越多，价格越低。二级价格歧视所能获得的利润比单一价格的垄断利润更高。

（3）三级价格歧视。

三级价格歧视指同一产品在不同的市场上有不同的价格，但在同一市场上则有相同的价格。三级价格歧视是垄断厂商较为常用的定价方法，垄断厂商为了使总收入达到最大，必须使在各个市场所出售的产品的边际收入相等，而且等于边际成本。依据这一原则分配各个市场的销售量，然后根据需求价格弹性的不同来确定不同的价格。三级价格歧视要求垄断者能区分出不同消费者，而不同的消费者形成的市场有不同的价格需求弹性，假定垄断者在两个不同的市场上销售量分别为 Q_1 和 Q_2，两个市场的需求曲线分别为：$P_1=P_1(Q_1)$和 $P_2=P_2(Q_2)$。

如果市场 1 的需求弹性大于市场 2 的需求弹性，即 $|E_{P1}|>|E_{P2}|$，则 $P_1<P_2$；反之，则 $P_1>P_2$。因为需求弹性小的市场上，消费者对价格不敏感，垄断者可以把价格定得较高而不损失太多需求量，最终获得较多的利润。

垄断厂商通过差别定价可以实现垄断利润。厂商实施以上三种差别定价，还必须具备以下三个基本条件:第一,厂商是一个垄断者,具有一定的市场支配能力,可以操纵价格。完全竞争市场的厂商对价格不具有任何影响能力,也就没有差别价格。第二,各个市场是相互分离的,否则它的全部买主将在价格最低的市场上进行购买,进而导致差别定价失败。第三,各个市场的需求价格弹性各不相同。需求价格弹性不同,购买者才会情愿支付不同的价格。厂商不能区分需求价格弹性也是不行的。

某电力公司把顾客市场分成住宅性、商业性、工业性等不同的市场,住宅性电价最低,工业性电价最高。用工业性电价弥补住宅性电价,实现收益最大化。

这一定价方法可以用图 3-4-21 来说明。图中的 X 和 Y 市场的需求曲线的倾斜程度不同,表明不同的需求价格弹性,X 市场比 Y 市场的需求价格弹性大。两个市场的平均成本相同且为常量,因而平均成本等于边际成本。按照通常的利润最大化条件:边际收益等于边际成本,可知 X 市场的价格与产量的最优组合为 P_X 和 Q_X,Y 市场的价格与产量的最优组合为 P_Y 和 Q_Y,P_XEBA 是 X 市场的最大利润,P_Y EBA 是 Y 市场的最大利润,同时,需求价格弹性大的 X 市场 P_X 小于需求价格弹性小的 Y 市场 P_Y。

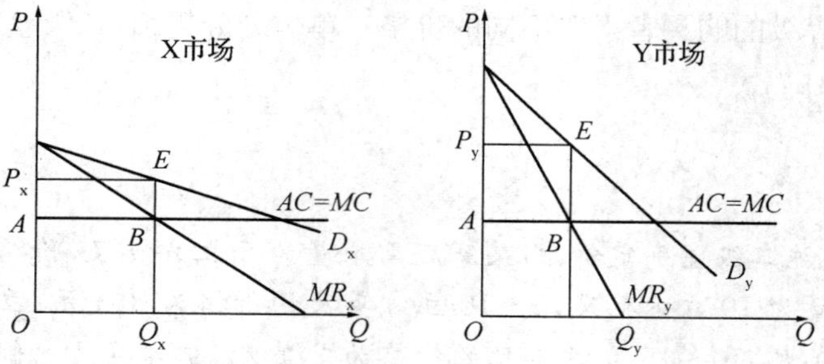

图 3-4-21 三级差别定价

【案例解析】

麦当劳连锁店的折扣券

麦当劳连锁店一直采取向消费者发放折扣券的促销策略。他们向来麦当劳就餐的顾客发放麦当劳产品宣传品,并在宣传品上印制折扣券。为什么麦当劳不直接将产品的价格降低?

回答是折扣券使麦当劳公司实行了三级差别价格。

麦当劳公司知道并不是所有的顾客都愿意花时间将折扣券剪下来保存,并在下次就餐时带来。此外,剪折扣券意愿与顾客对物品支付意愿和他们对价格的敏感相关。富裕而繁忙的高收入阶层到麦当劳用餐弹性低,对折扣券的价格优惠不敏感,不可能花时间剪下折扣券并保存随时带在身上,以备下次就餐时用,而且折扣券所省下的钱他也不在乎。但低收入的家庭到麦当劳用餐弹性高,他们更可能剪下折扣券,因为他的支付意愿低,对折扣券的价格优惠比较敏感。

麦当劳连锁店通过只对这些剪下折扣券的顾客收取较低价格,吸引了一部分低收入家庭到麦当劳用餐，成功地实行了价格歧视，采取了三级差别价格，并从中多赚了钱。如果直接地将产品价格降低，不带折扣券的高收入阶层的高意愿消费而多得的收入就会流失。

（资料来源：http://www.tlu.edu.cn.）

（五）完全垄断市场效率评价

完全垄断的市场结构在现实经济中存在，但并不多见。垄断厂商做决策时，依然要权衡价格和数量的关系；垄断厂商为了维持垄断地位，一般要创新，但动力不大。完全垄断市场有很强的垄断性，存在效率损失；完全垄断时，消费者的利益受到损害。

通过对完全垄断市场的分析可以看到完全垄断市场在资源使用的效率上有 2 个特点。

1. 资源的利用效率较低

完全竞争条件下，每个企业都在长期平均成本和短期平均成本的最低点进行生产。而完全垄断条件下，虽然厂商是在所选生产规模的最低平均成本上生产均衡产量，但这并不是以可能的最低平均成本生产该产品的那种规模。

如果垄断厂商扩大其长期均衡产量，它将能以更低的平均成本生产更多的产量。完全垄断条件下的成本水平高于完全竞争时 *LAC* 最低点所表示的成本。从资源利用的角度看，社会资源在完全竞争行业里比在完全垄断行业里更能得到有效的利用。

2. 价格较高但产量较低

完全竞争市场结构的产量高于完全垄断市场结构的产量，而价格却低于完全垄断市场结构。完全竞争厂商在 *LAC* 的最低点进行生产，而且其销售价格等于边际成本，但是完全垄断厂商的价格却高于边际成本，而且也没有在长期平均成本的最低点生产。

同步练习

一、选择题

1. 下列说法中正确的是(　　)。

A. 只要总产量减少，边际产量一定为负

B. 只要边际产量减少，总产量一定减少

C. 边际产量曲线与平均产量曲线相交，且必定交于边际产量曲线的最高点

D. 只要边际产量减少，平均产量也一定减少

2. 如果连续地增加某种生产要素，在总产量上达到最大值的时候，边际产量曲线与(　　)。

A. 平均产量曲线相交　　B. 纵轴相交

C. 横轴相交　　D. 平均产量曲线平行

3. 等产量曲线上的各点代表的是(　　)。

A. 为生产同等产量而投入的要素价格是不变的

B. 为生产同等产量而投入的要素的各种组合比例不变

C. 投入要素的各种组合所能生产的产量不变

D. 无论要素投入量是多少，产量不变

4. 在生产理论中，短期和长期的划分标准是（　　）。

A. 是否可以调整产量　　B. 是否可以调整产品价格
C. 时间长短　　D. 是否可以调整全部生产要素

5. 生产理论所说的长期是指（　　）。

A. 生产者来不及调整全部生产要素数量的时期
B. 生产者可以调整全部生产要素数量的时期
C. 生产者来不及调整可变生产要素数量的时期
D. 生产者可以调整可变生产要素数量的时期

6. 经济学假设厂商的基本目标是（　　）。

A. 追求满意的利润　　B. 追求最大的利润
C. 满足社会公共需要　　D. 获得最大的销售收入

7. 短期成本的"短期"是指（　　）。

A. 3 年以内
B. 5 年以内
C. 10 年以内
D. 厂商来不及调整全部生产要素数量的时期

8. 企业购买生产要素所引起的成本为（　　）。

A. 显性成本　　B. 隐性成本
C. 固定成本　　D. 机会成本

9. 以下是短期中的可变成本的是（　　）。

A. 向工厂工人支付的工资　　B. 工厂设备的租金
C. 工厂的租金　　D. 为借贷资本支付的利息

10. 当边际成本低于平均总成本时（　　）。

A. 平均固定成本增加　　B. 平均总成本减少
C. 平均总成本增加　　D. 平均总成本最小

11. 如果边际成本等于平均总成本（　　）。

A. 平均总成本增加　　B. 平均总成本减少
C. 平均总成本最小　　D. 平均总成本最大

12. 随着产量的增加，平均固定成本的变化是（　　）。

A. 固定不变　　B. 先下降后上升
C. 先上升后下降　　D. 不断下降

13. 在长期中，如果非常小的工厂扩大其生产规模，最初它很可能经历（　　）。

A. 规模报酬递增　　B. 规模报酬不变
C. 规模报酬递减　　D. 平均总成本增加

14. 以下各项表述正确的是（　　）。

A. 在长期中所有成本都是固定的　　B. 在长期中所有成本都是可变的
C. 在短期中所有成本都是固定的　　D. 在短期中所有成本都是可变的

15. 会计利润等于总收益减(　　)。

A. 隐成本　　B. 显成本

C. 隐成本与显成本之和　　D. 可变成本

16. 经济利润等于总收益减(　　)。

A. 隐成本　　B. 显成本

C. 隐成本与显成本之和　　D. 可变成本

17. 如果存在生产的隐成本,(　　)。

A. 经济利润将大于会计利润　　B. 会计利润将大于经济利润

C. 经济利润总等于零　　D. 会计利润总等于零

18. 在完全竞争市场上(　　)。

A. 产品有差别　　B. 产品无差别

C. 有的有差别,有的无差别　　D. 以上说法都对

19. 在完全竞争条件下,平均收益与边际收益的关系是(　　)。

A. 大于　　B. 小于

C. 等于　　D. 没有关系

20. 在完全竞争条件下,个别厂商的需求曲线是一条(　　)。

A. 与横轴平行的线　　B. 向右下方倾斜的曲线

C. 向右上方倾斜的曲线　　D. 与横轴垂直的线

21. 当价格大于平均成本时,此时存在(　　)。

A. 正常利润　　B. 超额利润

C. 会计利润　　D. 亏损

22. 下列行业中最接近于完全竞争的是(　　)。

A. 飞机　　B. 卷烟　　C. 水稻　　D. 汽车

23. 如果某厂商的边际收益大于边际成本,那么为了取得最大利润(　　)。

A. 他在完全竞争条件下应该增加产量,在不完全竞争条件下则不一定

B. 他在不完全竞争条件下应该增加产量,在完全竞争条件下则不一定

C. 任何条件下都应该增加产量

D. 任何条件下都应该减少产量

24. 一个市场只有一个厂商,生产一种没有替代品的产品,这样的市场结构称为(　　)。

A. 垄断竞争　　B. 完全竞争

C. 寡头垄断　　D. 完全垄断

25. 垄断竞争市场有别于完全竞争市场的关键特征是(　　)。

A. 完全竞争市场上的厂商数量众多,垄断竞争市场上的厂商数量有限

B. 完全竞争市场上的消费者数量众多,垄断竞争市场上的消费者数量有限

C. 完全竞争厂商生产的产品是无差异的,垄断竞争厂商生产的产品是有差异的

D. 从长期来看,完全竞争厂商进入或退出一个行业是自由的,垄断竞争厂商进入或退出一个行业存在障碍

26. 最需要进行广告宣传的市场是(　　)。

A. 完全竞争市场　　B. 完全垄断市场

C. 垄断竞争市场　　D. 寡头垄断市场

27. 完全垄断厂商定价的原则是(　　)。

A. 利润最大化　　B. 社会福利最大化

C. 消费者均衡　　D. 随心所欲

28. 对于完全竞争厂商而言,在$MR=MC$的短期均衡产量上,企业(　　)。

A. 必然能得到最大利润

B. 不可能亏损

C. 必然得到最小的亏损

D. 若获得利润,则利润最大;若亏损,则亏损最小

29. 符合古诺模型的寡头市场的经济效率(　　)。

A. 比垄断市场低

B. 比竞争市场高

C. 比垄断竞争市场高

D. 介于垄断竞争市场和垄断市场之间

30. 下列属于寡头垄断市场的是(　　)。

A. 中国的移动通信服务市场　　B. 某一城市的自来水市场

C. 中国的服装市场　　D. 某一城市的食用油市场

31. 下列市场中被认为效率最低的是(　　)。

A. 完全竞争市场　　B. 垄断竞争市场

C. 垄断市场　　D. 寡头市场

二、实训项目

1. 根据下面表格做出总产量曲线、平均产量曲线和边际产量曲线。

劳动投入(L)	资本投入(K)	总产量(TP_L)	平均产量(AP_L)	边际产量(MP_L)
0	10	0	0	0
1	10	6	6	6
2	10	13	6.5	7
3	10	21	7	8
4	10	28	7	7
5	10	34	6.8	6
6	10	38	6.3	4
7	10	38	5.4	0
8	10	37	4.6	−1

（1）总产量曲线。

（2）平均产量曲线。

(3) 边际产量曲线。

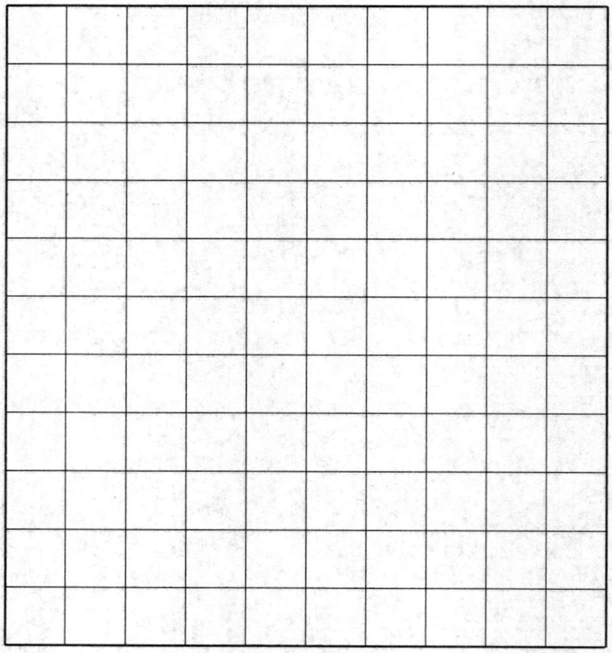

2. 你的朋友正考虑开一家奶茶店。她计算，租店和买原料每年要花费 20 万元。此外，她要辞去她每年 5 万元收入的工作。你朋友经营一年奶茶店的机会成本是多少？如果你朋友认为她一年可以卖出 24 万元的奶茶，她应该开这个店吗？解释原因。

3. 判断下列市场是完全竞争、完全垄断或垄断竞争市场，并解释你的回答。

(1) 木杆铅笔。

(2) 本地电话服务。

(3) 土豆。

微信扫码查看

项目四
经济管理

模块1　微观经济管理

教学目标

掌握市场失灵、微观经济政策的概念,理解垄断、外部影响、公共物品和信息不对称的含义以及它们是如何造成市场失灵的;明确经济学中解决市场失灵的各种微观经济政策。

教学重点

1. 正确理解市场失灵、微观经济政策的概念;
2. 掌握垄断、外部影响、公共物品和信息不对称的含义以及它们如何造成市场失灵;
3. 学会分析解决市场失灵的各种微观经济政策。

课前阅读

产业政策之争:政府和市场的关系

汇添富首席经济学家　韩贤旺

2016年11月14日

最近著名经济学家林毅夫教授和张维迎教授关于产业政策是否有效进行了一次激烈的学术思想之争,市场和媒体也相应地做出了热烈的反应,各种支持和反对之声此起彼伏。一场正常的学术争论之所以能够引起如此的广泛关注,主要原因除了当事人的威望之外,还跟当下中国经济中引起分歧的各种产业政策对经济的影响有关。由此可见,这是一个伴随着中国经济改革开放以来经济转型和过渡中常见的计划存量和市场增量两股力量互相平衡和较量的实务性很强的理论话题。

二十年前,两位经济学家就“市场外部竞争”和“企业内部激励机制”这两大因素哪个更为重要已发生过学术之争,十多年前林毅夫教授和已故著名经济学家杨小凯就“在不改变经济制度设计的情况下能否实现技术创新和赶超”也有一次学术争论。最近这次争论的核心分歧是:张教授认为产业政策是计划经济的后遗症,在缺乏足够信息的制约下,政府很难制定出有效的产业政策,对产业形成促进作用。他早期从事市场经济改革的政策性研究,后来专攻现代企业理论,对企业所有权和激励机制很有自己的理解,对微观层面的企业运行有自己鲜明的观点。林教授则基于多年以来对发展经济学的新思考，发展出一个新古典理论框架，他认为在发展中国家的赶超过程中，政府的作用很重要，产业政策是有效的。他的主要学术成果可以参考他的新著《新结构经济学》，核心架构是借鉴新古典经济学中国际贸易理论和新经济增长理论的成果，林教授认为经济发展过程中各国都会经历产业结构升级，在这个过程中禀赋结构呈现动态变化，特别是技术创新的重要性会很明显，而技术创新、教育等促进经济发展的重要因素具备很强的外部性，政府的介入可以更好地促进这些比较优势的顺利实现。

我们可以发现，两人的学术切入点不同，因此对产业政策是否有效得出了完全不同的结论。张教授的观点把我们带回到八十多年前哈耶克和兰格关于计划和市场的著名争论：兰格认为资本主义自由市场经济带来经济波动，引入计划经济可以带来投入产出的更好匹配；哈耶克则认为计划经济缺乏市场价格机制，没有足够的信息来制定有效的经济计划。这种支持市场经济的保守思想在西方学术界长期占据主导地位，也是主流经济学关于价格机制的基本假设。但在经济现实中，我们却会时常发现市场失灵的现象，也对传统经济理论关于企业内部运行的简单假设不太满意。过去几十年不少学者的确在不断拓展市场经济观点的适用性，不断研究在特定的市场失灵情况下政府如何介入这一课题，产业组织、管制经济、拍卖等新的研究领域不断诞生。林教授则从宏观经济学角度出发，更多地借用国际贸易理论中的要素禀赋结构假设和新经济增长理论成果，尝试突破过去发展经济学缺乏被主流经济学认可的分析框架瓶颈，给发展经济学引入新古典分析框架。由于角度不同，他的分析框架大体上是宏观范畴，不太涉及微观层面的内容。

因此，两人从不同角度讨论产业政策的有效性问题都有其合理性。张教授借用新兴产业、互联网产业的案例说明政府产业政策无效，恰逢近期新能源汽车大规模骗补事件曝光，因此他的观点很容易引起社会共鸣；另外一个因素是近三十年来中国的市场经济改革带来了经济高速发展和个人收入大幅度提高，大部分人对于市场的主导作用非常认可。林教授的理论则与坚持现有主导经济制度的前提下继续深化改革的主流看法非常吻合，这也是供给侧改革等经济政策的理论支撑之一。

我们可以发现，两人的观点看似冲突，实际上并没有看起来这么对立。关于市场和计划经济哪种模式的效率更高，过去七八十年的人类经济史已经给出了结论，但是完全彻底的自由经济也是不可行的，因为随着经济复杂程度的提高，现代经济中的政府介入也越来越多。在价格机制占主导的背景下，我们还是会发现有些重要的经济活动需要引入非价格机制来解决问题，因为不是所有经济活动都可以通过供求关系确定均衡价格，如拍卖、公共产品等。

张教授的核心观点是提醒大家不要忘了以市场经济为主的经济管理思路，强调了政府制定产业政策务必要掌握充分信息，要符合以价格机制为基础的市场经济规律，不要过度介入。林教授则更多地强调经济发展的外部性需要政府的介入来解决，因为很多是技术创新，所以必然涉及产业政策。两人的分歧更多地体现在各自的经济哲学基础，前者的看法引起市场共鸣更强，因为很多人因为市场经济改革而受益，以市场机制为核心的经济学观点已经历了时间考验；而后者对政策决策的影响力受到市场高度关注，因为大家希望看到的是，政府这一“看得见的手”是市场这一“看不见的手”的好帮手，而不是替代关系。在国际贸易和产业组织理论中，不乏关于政府补贴等轻度干预政策的分析，关于发展经济学中提倡的举国打造出口导向优势产业的实际案例也不少。市场担心的是，政府在缺乏足够信息的情况下滥用产业政策，例如政府出台的产业政策超过了政府提供公共产品解决经济中外部性问题的范畴，特别是类似中国这样从计划经济转型到市场经济的国家，国有企业占比还非常高。

[资料来源：上海证券报·中国证券网(上海)]

任务1　市场失灵

一、市场失灵的含义

（一）帕累托最优状态

如果作为市场主体的消费者实现了效用最大化，即实现了消费者均衡，同时厂商也实现了利润最大化，即实现了生产者均衡，并且在此基础上，产品市场和生产要素市场也同时实现了均衡，即当各种产品和生产要素既不存在过剩，也不存在短缺，整个经济的价格体系恰好使所有的产品和生产要素供求都相等时，经济就处于一般均衡状态。显然，当经济处于一般均衡状态时，资源便实现了最优配置或得到了最有效的利用。一般均衡只有在完全竞争的市场经济中才有可能实现。在经济学中，将实现了一般均衡的资源配置状态称为帕累托最优状态。

（二）市场失灵的含义

只有在完全竞争的市场中和一系列假定的条件下，经济的一般均衡和资源配置的帕累托最优状态才有可能实现。在现实生活中，这些条件通常是不具备的。假如市场机制不能有效地实现经济的一般均衡和资源的最优配置，这种情况称为“市场失灵”。由于市场机制不能正常发挥作用，从而资源配置不能达到最优状态。

二、市场失灵的类型

市场失灵有各种表现形式，主要有以下四种类型。

（一）市场处于不完全竞争状态

完全竞争市场是保证市场效率的基本前提，但现实中并不是永远存在完全竞争市场，垄断就是一个典型的例子。需要政府立法限制垄断。

（二）公共产品

公共产品与私人产品是相对的概念，私人产品是消费上具有竞争性和排他性的产品，而公共产品是消费上具有非竞争性和非排他性的产品，如大海上的灯塔。需要政府提供公共产品。

（三）外部性

在现实经济中，经常会出现这种现象，即某企业的活动给其他企业造成了有利或不利的影响，但他并没有因此取得报酬或者提供补偿，这种现象称为外部性，如工厂污染排放给别人造成的损害，或者说把成本强加给了别人。需要政府干预。

（四）信息不对称

由于交易双方掌握的信息不对称，不能有效开展公平竞争，从而对资源配置产生扭曲的现象，而这种信息不对称是市场机制无法克服的。需要政府干预，如股票市场信息披露制度。

任务2 公共物品

一、公共物品的含义

公共物品是指由每一个人消费并不能排除其他任何一个人消费的物品或劳务。也就是说，不能排除人们使用一种公共物品，而且，一个人享用一种公共物品并不减少另一个人对它的享用。公共物品通常具备非竞争性或非排他性。与之相对应，私人物品是那种可得数量将随任何人对它的消费或使用的增加而减少的物品。私人物品具有两个特征：第一是竞争性，如果某人已消费了某种商品，则其他人就不能再消费该商品；第二是排他性，对商品支付价格的人才能消费商品，其他人则不能。

排他性是指某个消费者在购买并得到一种商品的消费权之后，就可以把其他消费者排斥在获得该商品的利益之外。私人物品在使用上具有排他性。例如，甲购买了一块巧克力，他就获得了消费这块巧克力的权力，其他人就不能消费这一块巧克力了。与巧克力不同，国防使我们免受外敌的侵略，很显然，我们都享受国防提供的保护，并没有因为我享受保护而使你受到的保护减少，所以国防是公共物品，它具有非排他性。公共物品的非排他性是指：不论一个人是否支付这种产品的价格，他都可以使用这种产品。也就是说，这种产品提供给全社会所有的人，任何人都可以从中得益。公共物品一旦被生产出来，可以允许公众共同消费，而且要限制任何一个消费者对公共物品的消费，都是非常困难甚至是不可能的，因此任何一个消费者都可以免费消费公共物品。最典型的例子是国防和环境。一国的国防一经设立，就不能排斥该国的任何一位公民从国防安全中受益。不管人们是否对环保工程做出贡献，每个人都得益于清洁的空气。

竞争性是指消费者或消费数量的增加会引起商品的生产成本增加，私人物品大都具有竞争性。例如，甲多吃一块巧克力，生产者就必须多生产一块，而生产一块巧克力需要花费厂商一定数量的成本，从而减少用于生产其他商品的资源，也就是说对其他产量的生产形成竞争。但是公共物品都不具有消费的竞争性，如广播、电视、航标灯等，它们共同的特点是消费者人数的增加并不对生产成本产生影响。例如，增加一些人听广播看电视并不会影响电台的发射成本。汽车通过桥梁只要不是大拥挤，则它们就是非竞争性的。因为通过一辆汽车对桥造成的折旧很小，接近于零。公共物品的非竞争性是指：对于任一给定的公共物品的产出水平，增加额外一个人的消费，不会引起生产成本的任何增加，即消费者人数的增加所引起的边际成本趋于零。对于航行必需的灯塔来说，多增加一艘过往船只一般不会增加成本；在不拥挤的条件下，多一个人或少一个人过一座桥，也不会带来社会边际成本的增加或减少。公共物品的消费者之间，不存在竞争关系。

公共物品中同时具备非排他性和非竞争性的物品为纯公共物品，如国防。只有非竞争性而没有非排他性的物品为非纯公共物品，如道路。

我们通常按照排他性、竞争性、非排他性、非竞争性的标准来划分物品类别，如表4-1-1所示。

表4-1-1 物品类别划分

特 点	竞争性	非竞争性
排他性	私人物品	自然垄断物品
非排他性	共有物品	公共物品

【举例说明】

说明下列物品的类别：巧克力、路灯、公共草坪、学校、衣服、有线电视、海里的鱼、拥挤的收费道路、不拥挤的收费道路、拥挤的不收费道路、不拥挤的不收费道路。

二、公共物品与市场失灵

单纯靠市场机制的调节，由私人部门生产公共物品通常不能使其产量达到合理的水平，确切地说，这会使公共物品的产量低于资源最优配置状态（也就是帕累托最优状态的产量水平）。因此，公共物品会导致市场失灵。为什么公共物品会导致市场失灵？其主要原因在于公共物品具有非竞争性和非排他性这样的特点。

公共物品的这些属性使市场机制发挥作用遇到了困难。公共物品的非排他性决定了其提供者不可能向消费者收取费用，消费者也不愿为此支付费用，使得公共物品在任何情况下都可以免费消费，产生所谓的“免费搭车”问题。如果利用市场机制排斥人们享受公共物品，那么资源配置效率是极低的。公共物品的非竞争性表明多一人消费并不增加供给成本，也就是说，允许更多的人消费公共物品的边际成本为零。公共物品的这些特性决定它无法由私人部门通过市场提供。如果由私人部门通过市场来提供公共物品，那么会造成公共物品供给的严重短缺。因此，市场机制在提供公共物品或服务方面存在明显的“失灵”现象，这为政府的介入提供了一个基本依据。

三、公共物品的解决措施

根据公共物品的特征，有些公共物品在一定条件下可以成为准公共物品或私人物品，通过市场机制来提供。例如，灯塔是一种公共物品，它收费困难，而且不具有竞争性。但在历史上曾经有私人建立的灯塔，这就因为灯塔的所有者与所在港口的所有者合作（或由港口所有者建立灯塔）。这时，凡是进入这一港口的船只都要收取灯塔使用费。一旦实现这种收费方法，私人灯塔就可以实现边际成本与边际收益相等，从而成为私人物品。再如，公路、桥梁等公共物品都可以运用这种方法解决。

但并不是所有公共物品都可以变成私人物品，如国防、公安、公路、提供义务教育的学校、公园及其他公益事业等。这时市场无法解决这类纯公共物品问题，就需要政府或公共部门介入解决。政府一方面可以用税收作为生产公共物品的费用,另一方面面向社会提供公共物品,增加社会福利。

政府提供的物品不全是公共物品,但公共物品通常由政府提供。要使消费者的欲望得到满足,公共物品是必不可少的,但市场本身缺乏提供充足的公共物品的机制。政府提供公共物品需要各种生产要素,也需要成本支出。政府为提供或生产公共物品而进行筹资的渠道是多种多样的。

需要明确的是,“政府提供”和“政府生产”不一样,政府生产是直接生产,而政府提供是通过某种方式,可以自己生产,也可以通过政府采购、授权经营、经济赞助、政府参股和社会资源服务等方式进行。公共物品提供的另一种方式是由投票方式决定,公共部门根据投票结果做出决策,即公共选择。经济学家们认为,尽管投票方式并不总能获得有效率的公共物品的支出水平,但用投票的方法决定公共物品的支出方案仍然是调节公共产品生产的较好方法。

任务 3　外部性

一、外部性的含义

当某种商品的生产和消费所产生的效应扩散或波及当事人之外时,就出现外部经济效果,即是外部性,也译为外部效应或外部影响。外部影响会对他人产生有利的或不利的影响,但不需要他人对此支付报酬或进行补偿。

外部性的两种主要的类型是外部经济和外部不经济。

(一)外部经济

当某一市场主体的经济活动使其他市场主体或社会成员受益,而他自己却又不能由此得到补偿,那么这种行为所导致的外部结果就是“正外部性”,亦称“外部经济”。它是对个人或社会有利的外部性。因此,外部经济的特点是私人利益低于社会利益,私人成本高于社会成本,容易导致供给不足。根据经济活动的主体是生产者还是消费者,“外部经济”又可分为生产的外部经济和消费的外部经济。

1. 生产的外部经济

生产的外部经济是指当一个生产者采取的经济行动对他人产生了有利的影响,而自己却不能从中得到报酬。例如,一个企业对其所雇佣的工人进行培训,而这些工人可能转到其他单位去工作。该企业并不能从其他单位索取培训费用或得到其他形式的补偿。因此该企业从培训中得到的私人利益就小于该活动的社会利益,而私人成本却大于私人利益。虽然从社会的角度看,该企业的行动是有利的,但是从企业的角度看,这一行动对于它来说显然是无利的。显然在这种情况下,帕累托最优状态没有实现,还存在帕累托改进的余地,没有实现“最优”的资源配置。

2. 消费的外部经济

消费的外部经济是指当一个消费者采取的行动对他人产生了有利的影响,而自己却不能从中得到补偿时,便产生了消费的外部经济。例如,当某个人对自己的房屋和草坪进行保养时,他的隔壁邻居也从中得到了不用支付报酬的好处。此外,一个人对自己的孩子进行教育,把他们培养成更值得信赖的公民,这显然也使其隔壁邻居甚至整个社会都得到了好处。

(二)外部不经济

当某一市场主体的经济活动使其他市场主体或社会成员的利益受损,而又并不为此进行相应的赔偿,那么这种活动所导致的外部影响就是“负外部性”,亦称“外部不经济”。它是对个人或社会不利的外部性。因此,外部不经济的特点是私人利益高于社会利益,私人成本低于社会成本,容易导致供给过足。根据经济活动的主体是生产者还是消费者,“外部经济”又可分为生产的外部不经济和消费的外部不经济。

1. 生产的外部不经济

当一个生产者采取的行动使他人付出了代价而又未给他人补偿时,便产生了生产的外部不经济。生产的外部不经济的例子也很多,如一个企业可能因为排放脏水而污染了河流,或者因为排放烟尘而污染了空气,这种行为使附近的人们和整个社会都遭到了损失;再如,因为生产的扩大可能造成交通拥挤及对风景的破坏等等。

2. 消费的外部不经济

当一个消费者采取的行为使他人付出了代价而又未给他人以补偿时,便产生了消费的外部不经济。和生产者造成污染的情况类似,消费者也可能造成污染而损害他人。吸烟便是一个明显的例子。吸烟者的行为危害了被吸烟者的身体健康,但并未因此而支付任何东西。此外,还有在公共场所随意丢弃果皮、瓜壳,等等。

上述各种外部影响可以说是无所不在、无时不在。尽管就每一个单个生产者或消费者来说,其造成的外部经济或外部不经济对整个社会也许微不足道,但所有这些消费者和生产者加总起来,所造成的外部经济或不经济的总的效果将是巨大的。例如,由于生产扩大而引起的污染问题现在已经到了严重危及人类自身生存环境的地步。

二、外部性的解决措施

无论是外部经济还是外部不经济的存在,都表明资源没有实现最优配置,帕累托最优未能实现。外部性的存在,在很大程度上与产权不清晰有关,而对产权的明确界定,市场机制通常是无能为力的。显然,市场机制在外部性面前失去了或部分失去了自己的作用,市场失灵就是难免的。

(一)使用税收和津贴

对那些输出负外部性的企业,如污染严重的企业,征收适度的赋税,其数额应等于治理污染的费用,这样就会使企业的私人成本等于社会成本,企业的生产成本和产品的价格就会相应提高,这不仅会使市场对企业产出的有效需求得到抑制,而且也会使企业的生产收缩,从而最终引导资源转移到其他用途上或效率更高的企业中去,使资源得到更为有效的利用。反之,对造成外部经济的企业,国家则可以采取津贴的办法,使企业的私人利益与社会利益相等,如我国采取的退耕还林政策,连续补贴八年。无论是何种情况,只要政府采取措施使得私人成本和私人利益相应的社会成本和社会利益相等,则资源便可达到优化配置。

(二)使用企业合并的方法

一个企业的生产影响到另一个企业。如果是正的(外部经济),则第一个企业的生产就会低于社会最优水平;反之,如果影响是负的(外部不经济),则第一个企业的生产就会超过社会的最优水平。但是如果把这两个企业合并为一个企业,则此时的外部影响就“消失”了,即被“内部化”了。合并后的单个企业为了自己的利益将使自己的生产确定在其边际成本等于边际收益的水平上,而由于此时不存在外部影响,故合并企业的成本与收益就等于社会成本与收益,于是就达到了资源优化配置的目的。如果由一个企业同时种树和造纸,这个企业在其决策中自然会考虑造纸给种树带来的外部效果。在这种情况下,由于该企业将直接承担造纸生产外部效果导致的成本,也就是说这个经合并的企业将支付造纸生产的全部社会边际成本。这时企业就会调整造纸的产量,使产量定在价格等于社会边际成本的水平上,这样就实现了生产过程中的外部化,就实现了资源的优化配置。

(三)明晰产权

在许多情况下,外部影响之所以导致资源配置失当,是由于财产权不明确。如果财产权是完全确定并得到充分保障的,则有些外部影响就可能不会发生。例如,某条河流的上游污染者使下游用水者受到损害。如果给予下游用水者以一定质量水源的财产权,则上游的污染者将因把下游水质降到特定质量之下而受罚。在这种情况下,上游污染者便会同下游用水者协商,将这种权力从他们那里买过来,然后再让河流受到一定程度的污染。同时,受到损害的下游用水者也会使用他出售污染权而得到的收入来治理河水。总之,由于污染者为其不好的外部影响支付了代价,故其私人成本与社会成本之间不存在差别。

任务4 垄 断

一、垄断与市场失灵

垄断是对市场的控制,垄断企业以最大超额利润为目的,控制整个行业的价格和产量,制定高于边际成本的价格,这意味着垄断企业能以较高的价格出售较少的数量。垄断的市场结果从社会利益看,主要表现在资源浪费和社会福利的损失上。具体表现有以下几个方面:

一是与竞争企业相比,垄断企业产量低而价格高。垄断企业通过限制产量抬高价格的方式向消费者榨取高额垄断利润,使消费者福利受到损失。

二是竞争市场上,企业只能通过改进技术和管理以降低成本、提高产品质量来获取尽可能多的利润,而垄断企业却可以依靠其垄断地位保持高额的垄断利润,缺乏竞争的激励,从而会使改进技术和管理的动力大大下降。

三是垄断企业为获得和维持垄断地位,需要依靠政府相关部门给予一定的特权,这就会有寻租行为,如向政府官员行贿,把高额垄断利润的一部分转移到有关行政部门,尤其是领导人手中。寻租破坏了公平竞争,干扰了市场秩序,降低资源配置效率,并滋生腐败。

二、垄断的管制

垄断可以分为自然垄断和立法垄断。政府对垄断的消除主要运用以下三种方法。

（一）价格管制

价格管制是政府控制垄断者产品的价格。这种方法主要用于自然垄断行业，其原则有三种。一是边际成本定价，即垄断企业按产品的边际成本确定价格。二是平均成本定价，即垄断企业按产品的平均成本定价。由于垄断企业平均成本高于边际成本，当按边际成本定价时，总收益小于总成本，要使企业维持下去只有实行政府补贴。按平均成本定价才能收支相抵。三是确定一个合理的资本回报率，按成本加这种回报率定价。此外，政府为了防止企业定价过高，也可以采用价格上限的政策，即规定一个企业不能超过的最高价，在此之下由企业自行定价。

（二）实施反托拉斯法

各国都有名称不同的反对垄断保护竞争的立法，在美国这种立法称为反托拉斯法。这种立法在美国由司法部或联邦贸易委员会实施，对违法的垄断企业提起诉讼，进行行政处罚或法律制裁。

（三）行业的重新组合

如果一个垄断行业被重新组合成包含许多企业的行业，那么企业之间的竞争可以把市场的价格降低下来。被重新组合行业的竞争程度越高，市场价格就越接近于竞争价格。政府采取的手段可以是分解原有的垄断企业或者扫除进入垄断行业的障碍，并为进入行业的企业提供优惠条件。这种措施是对已有的垄断行业的矫正手段。

任务5　信息不对称

一、信息不对称的含义

信息的对称是指在一个市场上，所有的新信息都能迅速地被市场中的参与者所知晓，并能够立即融入市场价格之中。

信息不对称是指获得相关知识的差别。即市场上买卖双方所掌握的信息，一方掌握得多些，一方掌握得少些。例如，某些商品与生产要素市场上，卖者掌握的信息多于买者。照相机的卖者一般比买者更了解照相机的性能；药品的卖者比买者更了解药品的功效；劳动力的卖者一般比买者更了解劳动的生产力等。在另一些市场买方所掌握的信息多于卖方，保险与信用市场往往就是这种情况。医疗保险的购买者显然比保险公司更了解自己的健康状况。

二、信息不对称和市场失灵

在信息不对称条件下，如果卖方知道的信息多于买方知道的信息，降低商品和生产要素价格不一定刺激消费者对该商品的需求；如果卖方知道的信息少于买方知道的信息，提高商品和生产要素价格不一定刺激生产者的供给，这就是市场失灵（即价格无法有效地调节供给和需求）。

信息不对称造成逆向选择。逆向选择是指在买卖双方信息不对称的情况下，差的商品总是将好的商品驱逐出市场,即买者有选择低质量物品的风险。由于市场上好坏商品均存在,消费者又无法得知到底哪个是好产品,哪个是伪劣产品,于是消费者对该产品产生普遍不信任,不愿意出高价买产品,而价格不高,好产品不愿意出售,而坏产品却很容易卖出,于是出现次品充斥市场。

信息不对称情况下会产生道德风险。道德风险就是拥有信息多的一方以自己的信息优势来侵犯拥有信息少的一方的利益,实现自己利益的可能性。

现实经济中信息不对称是普遍存在的,这就引起广泛的道德风险与逆向选择,不利于市场交易。例如,在劳动市场上,雇主与求职者之间存在信息不对称。雇主并不了解求职者的个人实际能力,求职者的实际能力也是他的私人信息。这样,求职者的道德风险就是向雇主传递假消息(如假文凭或假获奖证书等),以便让雇主高薪雇他。雇主知道求职者的这种行为,就把所有来求职的人都作为假消息提供者,只愿为他付低薪。这时真正能干的求职者就不会来,引起逆向选择,劳动市场难以运行。

市场机制很难有效地解决信息的不对称性给经济运行带来的诸多问题,在此情况下,就需要政府在市场信息方面进行调控。

一般政府对市场信息的调控方式有:规范并经常检查企业发布的广告信息和上市公司发布的财务信息;对生产假冒伪劣产品的企业依法进行严厉的打击;采用各种方式增加市场的透明度;等等。政府规范市场信息的目的是为了提高资源的配置效率。

但是,由于信息不对称所引发的问题不一定总是必须由政府来解决。有时,通过某些有效的制度安排或者适当的措施,也可以消除信息不充分所造成的影响。比如,通过建立汽车、耐用消费品等产品的质量保证制度,可以在很大程度上消除产品的逆向选择问题。同样,在保险市场上,保险公司也可以通过制度设计来解决道德风险问题,如建立投保人自我约束的制度。在这种投保人自我约束的制度中,保险公司并不对投保人实行全额财产保险,而是规定某些最低数量的免赔额,一旦投保人遭受财产损失,投保人自己也将负担一部分损失。在医疗保险中,让个人承担一定的份额也是必需的,否则,个人的败德行为将使任何一种医疗保险制度难以维系。此外,由委托代理问题而产生的效率损失也是难以通过政府干预来解决的。因为在企业的所有者无法观察和监督其代理人行为的情况下,政府也难以做到这一点。那么应当如何解决委托代理问题呢?一般来说,企业外部的竞争,如企业间的收购和兼并、经理市场的建立、企业内部约束机制的建立,股东"用脚投票"(即抛出股票)的行为,都会对企业的经营者造成一种压力,迫使经营者为企业盈利而努力工作,但这毕竟只是一种外在压力。为了使代理人所追求的目标在最大限度上与委托人所追求的利润最大化目标相一致,设计合理的企业经营者激励机制,如利润分享制度,是解决委托代理问题的一种有效措施。

同步练习

1. 当一个人在一个拥挤的城区买了一辆汽车时,这就引起了(　　)。

A. 有效率的市场结果　　　　B. 资源的优化配置

C. 正外部性　　　　D. 负外部性

2. 如果一个人消费的东西,别人就不能消费,可以说这种物品是(　　)。

A. 公共资源　　　　B. 由自然垄断生产的

C. 竞争性的　　　　D. 排他性的

3. 私人市场难以提供公共物品是由于(　　)。

A. 公共物品问题　　B. 竞争性问题　　C. 排他性问题　　D. 搭便车者问题

4. 人们在消费公共物品时(　　)。

A. 必须付费购买　　　　B. 可以免费消费

C. 必须排队进行消费　　D. 必须凭票消费

5. 根据科斯定理,纠正外部经济影响的政策有(　　)。

A. 征税　　B. 明晰产权　　C. 收取污染费用　　D. 补贴

6. 某人在公共场所吸烟影响其他人,其行为产生(　　)。

A. 正的外部经济影响　　B. 负的外部经济影响

C. 消费的排他性　　　　D. 消费的非排他性

7. "搭便车"现象,源于公共物品的(　　)。

A. 非竞争性　　B. 非排他性　　C. 排他性　　D. 竞争性

8. 下列产品中最接近私人物品的是(　　)。

A. 私人住宅　　B. 国家公园　　C. 国防　　D. 消防设施

9. 如果上游工厂污染了居民的饮水,按科斯定理(　　)。

A. 不管财产权是否明确,且交易成本为零,问题可妥善解决

B. 只要财产权明确,且交易成本为零,问题可妥善解决

C. 只要财产权明确,不管交易成本有多大,问题可妥善解决

D. 不论财产权是否明确,交易成本是否为零,问题可妥善解决

10. 外部经济影响发生在(　　)。

A. 人们的经济活动对其他经济单位施加了非市场性影响时

B. 用超过均衡价格的价格购买某一商品时

C. 由于供给的减少而减少他们对一种商品的需求时

D. 供款给一个公司而那个公司破产时

11. 下列物品的供给上最有可能出现市场失灵的是(　　)。

A. 牙膏　　B. 小麦　　C. 公共图书馆　　D. 服装

微信扫码查看

模块 2 宏观经济管理

教学目标

了解宏观经济核算的意义，掌握核算指标尤其是国内生产总值的含义、核算方法，了解国内生产总值的意义和局限性。

了解宏观经济管理四大目标及其相互之间交替、互补的关系。

了解失业的含义及其界定，掌握失业的分类尤其是自然失业的含义，了解失业对经济、社会的影响及应对措施。

了解通货膨胀的含义及其衡量指标，理解通货膨胀的分类及成因，了解通货膨胀对社会各方面的影响及其应对措施。

了解经济增长与经济发展的基本含义及区别，了解经济增长的因素，了解经济周期的变化规律。

了解国际收支的基本含义，了解国际收支平衡表的基本内容。

了解财政政策的含义、常用工具，了解货币政策的含义、作用机制及常用工具，理解财政政策、货币政策的运用及其对宏观经济的影响。

教学重点

1. 掌握国内生产总值的含义、核算方法；
2. 了解宏观经济核算指标体系；
3. 宏观经济管理四大目标；
4. 目标之间的交替、互补关系；
5. 了解失业的含义及其界定；
6. 掌握自然失业的概念；
7. 了解失业对经济、社会的影响；
8. 通货膨胀的含义及其衡量指标；
9. 通货膨胀的分类及成因；
10. 通货膨胀对社会各方面的影响；
11. 经济增长与经济发展的区别；
12. 经济增长因素；
13. 经济周期的变化规律；
14. 国际收支的基本含义；

15. 国际收支平衡表的基本内容；
16. 财政政策的工具；
17. 货币政策常用工具；
18. 财政政策与货币政策的使用选择。

课前阅读

7个衡量指标看中国是不是经济强国

除了GDP，还有什么能衡量国家经济发展程度？中国为啥还算不上经济强国，离经济强国还有多远？国际上衡量经济强国的指标有哪些？对照下面的经济衡量指标，看一看中国离经济强国还有多远。

GDP

首先是大家熟悉的GDP，GDP即国内生产总值。

国内生产总值是指在一定时期内(一个季度或一年)，一个国家或地区的经济中所生产出的全部最终产品和劳务的价值，常被公认为衡量国家经济状况的最佳指标。它不但可反映一个国家的经济表现，还可以反映一国的国力与财富。

清朝，1820年，中国GDP在世界排名第一，占世界GDP总量的32.9%。1895年被美国超过，沦为第二。在遭受了八国联军侵华，庚子赔款和日俄在中国东北的战争破坏后，中国GDP仍居世界第二位。

民国时期，尽管军阀混战，国共内战，自然灾害频繁，中国GDP仍居世界第三位。

1978年，中国GDP总量占世界第四，比清末和民国都低。

1979年以后，在改革开放国策的强力推动下，中国GDP总量迅速飙升，至今天，已经回升至世界第二。根据国际货币基金组织IMF的数据显示，2013年世界各国GDP排名最高的仍为头号经济强国美国，其经济总量将达16万1 979亿美元；中国位居第二，GDP总量为9万零386亿美元；日本5.99万亿美元，排在第三。之后是德国、法国、英国、巴西、印度、俄罗斯和意大利。

看来单论GDP，不要说明清强盛时期，就是积贫积弱的战争时期，中国也算得上经济大国。

人均GDP

我们都知道中国地大物博，人口众多。GDP平均到每个人头上，是不是还算多呢？

人均国内生产总值(Real GDP per Capita)，也称作“人均GDP”，常作为发展经济学中衡量经济发展状况的指标，是重要的宏观经济指标之一。它是人们了解和把握一个国家或地区的宏观经济运行状况的有效工具。将一个国家核算期内(通常是一年)实现的国内生产总值与这个国家的常住人口(或户籍人口)相比进行计算，得到人均国内生产总值。人均GDP是衡量各国人民生活水平的一个标准，为了更加客观地衡量，经常与购买力平价结合。

中国2011至2013年人均GDP分别为5 434、6 076、6 629美元。人均排名第一的国家不是美国、英国、德国等我们理解中的经济强国，而是小国卢森堡，它的2011至2013年的数值分别是114 186、107 206、112 135美元，是我国人均GDP的两倍左右。也就是说人均购买力几乎相当于我们的2倍。

基尼系数

基尼系数(Gini Coefficient)，或译坚尼系数，是20世纪初意大利经济学家基尼，根据劳伦茨曲线所定义的判断收入分配公平程度的指标。基尼系数是比例数值，在0和1之间，是国际上用来综合考察居民内部收入分配差异状况的一个重要分析指标。2013年国家统计局局长马建堂公布了过去十年中国基尼系数，2012年中国为0.474。1月20日，国家统计局局长公布2013年中国基尼系数为0.473系数。基尼指数通常把0.4作为收入分配差距的“警戒线”。

在一份基尼系数排名表中，共对全球77个国家做了统计，中国排名52位(排名越靠后，基尼系数越小，收入分配更为公平)，基尼系数为0.47；日本排名76位，基尼系数为0.376。对于中国而言，要成为经济强国，必然要面对收入分配不均这一问题。

受教育程度

据世界各国文化教育程度排行榜显示，在对全球176个国家受教育程度的排名中，中国位居91位，受教育程度为0.849，澳大利亚排名第一，受教育程度为0.993。

通过数据分析，证明吸收知识能力高的地区，受教育程度也高，经济发展迅速。若想缩小经济发展差距，必须改变教育体制，使教育成为新经济增长点，起到拉动国民经济增长的作用。筹措教育经费，培育教育市场，将是未来教育发展的必然趋势。

要想成为经济强国，受教育程度还要提高。

研发开支占GDP比重

研发支出是指系统性创新工作的经常支出和资本支出(国家和私人)，其目的在于提升知识水平，包括人文、文化、社会知识，并将知识用于新的应用。R&D包括基本研究、应用研究和实验开发。研发开支的比重一定程度上决定一国的科研水平。

在对全球国家的一份不完全统计表中，中国2011年研发开支占GDP比重为1.84，以色列最高，为4.39。差距还是有些大的。

万人发明专利拥有量

“万人发明专利拥有量”，是国际通用指标，主要体现一个国家或地区自主创新能力。

“万人发明专利拥有量”，是指每万人拥有经国内外知识产权行政部门授权且在有效期内的发明专利件数，是衡量一个国家或地区科研产出质量和市场应用水平的综合指标。计算公式为：

$$\text{万人发明专利拥有量}=\frac{\text{年末发明专利拥有量}}{\text{年末总人口}}$$

万人发明专利拥有量是国民经济和社会发展综合考核指标体系的重要组成部分。

截至2013年年底，中国每万人口发明专利拥有量达4.02件，美国为35.6件，约是我国的4倍。

碳排放

碳排放是关于温室气体排放的一个总称或简称。温室气体中最主要的气体是二氧化碳，因此用碳(Carbon)一词作为代表。虽然并不准确，但作为让民众最快了解的方法就是简单地将“碳排放”理解为“二氧化碳排放”。多数科学家和政府承认温室气体已经并将继续为地球和人类带来灾难，所以“(控制)碳排放”“碳中和”这样的术语就成为容易被大多数人所理解、接受，并采取行动的文化基础。

据法新社报道，哥本哈根会议上公布的全球30大温室气体排放国排行榜中，中国排第一，占全球排放量的19.12%。

只有谋求人与自然的和谐发展，才能可持续发展，才能成为经济强国。

(资料来源：http://www.topnews9.com/article_20140514_37113_1.html)

任务1　宏观经济核算

一、宏观经济核算的意义

宏观经济核算的意义有五个方面。

第一，作为官方经济文件的主要参考依据。

资本主义国家政府有关经济的文件和活动，如由美国总统经济顾问委员会协助准备的美国总统的经济咨文、预算咨文以及美国财政部的税制变动、美国农业部的农情研究、美国劳工部的就业水平和工资计划的研究等等，几乎没有一项不以宏观经济核算和它的主要项目作为主要参考依据的。

第二，作为表明国家经济周期变化的指标。

在美国，通常是在国内生产总值统计数字连续两个季度处于停滞下降状态时，西方经济学家开始认为有迹象表明经济会产生衰退(这是西方经济学家对于经济危机的一种缓和的说法)。

第三，作为衡量国家经济力量大小的指标，并据以进行国际比较。

目前，资本主义国家普遍的以国民生产总值和人口平均的国民生产总值来表示一个国家的经济实力，通过不同时期的国民生产总值的变化率表明一国经济增长速度的快慢，并通过国与国之间的对比以表明发达国家与发展中国家的收入差距，从而为制定和执行经济政策提供依据。

第四，作为政府、企业、学术机构和报刊等进行经济活动和预测的依据。

在美国，不仅政府机构和官员进行经济预测，一些大的企业和大的银行也经常雇佣一批经济学家进行国民生产总值的分析和预测工作，作为进行生产和投资活动的参考，并经常在报刊上发表他们有关预测的意见。就连私人企业在研究产品销路时，大体上都要分析国民收入及其项目的变化。

第五，国民收入资料作为西方经济学的分析重点，成为经济学家和政府退休经济稳定政策之间的桥梁。

从2003年起，我国开始实施了一套国民经济核算工作的新的规范性文件，这就是《中国国民经济核算体系(2002)》。这套新的核算体系，努力做到基本上与联合国等国际组织的国民账户体系相衔接。这是我国国民经济核算体系的第二次大转变,这次转变,从GDP的表述、人均GDP的计算、三次产业的划分、价格指数缩减的计算、数据发布的程序等各方面都做了更为一致的改革。尽管与联合国的标准相比,还有一定的差距,但我国国民经济核算体系的不断完善和发展是确定无疑的。

二、国内生产总值的含义

国内生产总值(Gross Domestic Product,GDP)是指一国一年内所生产的最终产品(包括产品和劳务)的市场价值的总和。

在理解这一定义时,应该注意以下几个问题:

第一,国内生产总值指一国在本国领土内所生产的产品和劳务,既包括本国企业所生产的产品和劳务,也包括外国企业或合资企业在本国生产的产品和劳务,是一个"地域概念"。

第二,国内生产总值是指一年内生产出来的产品的总值,因此在计算的时候不应该包括以前所生产的产品的价值。例如,以前生产而在该年所售出的存货等。

第三,国内生产总值是指最终产品的价值,因此,在计算时不应包括中间产品价值,以避免重复计算。最终产品是最后供人们使用的产品,中间产品是在以后的生产阶段中作为投入的产品。

第四,国内生产总值中的最终产品不仅包括有形产品,而且包括无形产品——劳务,即要把旅游、服务、卫生、教育等行业提供的劳务,按其所获得的报酬计入国内生产总值中。

第五,GDP一般仅指市场活动导致的价值。家务劳动等非市场活动不计入GDP中。

与"一国"的这种含义相对应的国民收入指标是国内生产净值(Net Domestic Product,NDP)或国内生产总值。

GDP是一国范围内生产的最终产品的市场价值,从而是一个地域概念。而与此相联系的GNP则是一个国民的概念。

三、国内生产总值核算的意义和局限性

(一) GDP核算的意义

(1) 判断宏观经济运行状况。

判断宏观经济运行状况主要有3个重要经济指标,经济增长率、通货膨胀率和失业率。这三个指标都与GDP有密切关系,其中经济增长率就是GDP增长率,通货膨胀率就是GDP折算指数,失业率中的奥肯定律表明当GDP增长大于2.25个百分点时,每增加1个百分单位的国内生产总值,失业率就降低0.5个百分点。

(2) 在宏观经济管理中有重要作用。

如制订战略目标、计划规划和财政金融政策时,都以达到一定数量的GDP为标准。

(3) 在对外交往中有重要意义。

与我国承担的国际义务相关,如承担联合国会费;与我国享受的优惠待遇有关,如世界银行根据GDP来划分给予优惠的标准。

(二) GDP的局限性

首先,它不反映分配是否公平。

其次,非市场活动得不到反映。

第三,有些严重影响社会发展和人们生活质量的内容无法得到反映,如环境质量的变动、精神满足程度、闲暇福利。

第四,它把所有市场交易活动反映到GDP上来,并不能正确反映社会经济发展水平;也无法反映人们从产品和劳务消费中获得的福利状况。

第五,GDP的数值不能完全反映经济内容的实质。

第六,由于不同国家产品结构和市场价格的差异,两国GDP指标难以进行精确比较。

最后,生活质量的改善不能得到体现。

四、国内生产总值核算的基本方法

GDP可以通过将所有的最终产品分别乘以各自的价格,然后加总得到。但是,一个经济社会在一定时期内生产的最终产品何止千万,每种产品又有不同的规格,不同规格又有不同的价格,所以这种方法没有实际意义。实际上,可分别按照形成、形成以后的使用以及所产生的收入分配的统计来核算GDP,分别称为支出法、收入法和生产法。

(一) 支出法

支出法(Expenditure Approach)又称最终商品法(Final Product Approach)或产品流量法(Flow of Product Approach)。它是直接按照循环流动模型进行计算的。从宏观经济学来说也是一种最有用的计算国民生产总值的方法。这种方法是从产品的使用出发,把一年内购买各项最终产品的支出加总起来,计算出该年内生产出来的产品与劳务的市场价值,也就是把购买各种最终产品所支出的货币价值加在一起,得出社会最终产品流量的货币价值总和。

运用这种方法计算国内生产总值时,相加的一定是最终产品的价值,而不是中间产品的价值,目的在于避免重复计算。如果在计算国内生产总值时,把中间产品的价值也包括在内,必然产生重复计算产值的情况。例如,矿工开采铁矿石以后,矿业主将它卖给钢铁公司。该公司将铁矿石冶炼成钢并卖给机器制造公司,假定由它制成小汽车卖给消费者。按最终产品法计算国民生产总值,就不能将铁矿石的价值、钢的价值和小汽车的价值加在一起计算,因为这样一来,铁矿石的价值重复计算三次,钢的价值重复计算两次,只能是计算最终产品小汽车的价值。由于最终产品的价值包括所用的原料、劳动和其他生产劳务的全部价值在内,一年之中,任何中间产品所使用的生产要素的价值必然会表现在最终产品之中。企业购置的机器之类的生产资料,不像原材料那样直接地加入到最终产品中去,因此只是当这些机器和其他生产资料达到它们的最终使用者手中时才计算在国内生产总值中。这种方法是从最终产品的使用出发,把一年内购买的各项最终产品支出加总,计算该年内生产的产品和劳务的市场价值。用公式表示:

$$GDP=C+I+G+X-M$$

(1) 个人消费支出(Consumption Expenditure,用C表示),占GDP一半以上。它包括所有家庭对国内生产的和进口的商品和劳务的总消费,又分三个项目,即耐用消费品、非耐用消费品和劳务三种支出。能使用一年以上的消费品,如汽车、电视机、家具等,称为耐用消费品；一年以下的是非耐用消费品，如食物、肥皂、汽油等。在不易划清两者的界限时，只能加以硬性规定，如衣服一概视为非耐用消费品。劳务包括租房的租金。购买消费品和劳务支出，包括购买耐用品和非耐用品的支出、住房租金和用于劳务的支出，不包括建造住宅的支出。住宅是一种相当耐用的产品，它的效用在其很长的“寿命”周期中缓慢发挥出来。正是由于这一原因，住宅投资被计入投资支出而不计入消费支出。

在消费的商品和服务中有少数项目并不通过市场途径到达消费者手中，包括农民自产农产品的自行消费部分和自有房屋估算的租金价值。这一部分产值不能计入国内生产总值。

(2) 投资(Investment，用 I 表示)，指一个国家或地区一定时期内社会资本的形成和增加。投资分为固定投资(Fixed Investment)和存货投资(Inventory Investment)。固定投资指资产可以长期存在和使用，包括居民住房投资和企业固定投资(厂房和设备)。存货投资指企业持有存货的变化，即产量超过销量的存货，是净存货(即年初存货与年底存货的差额)。

(3) 政府购买商品和服务支出(用 G 表示)，它包括中央和地方各级政府购买现期生产的商品和劳务的数量。这种支出视作消费，因此只要政府购买这些物品，就认为它们已被消耗掉了。对政府雇员薪金的支出就如同政府购买办公用品、飞机、大炮一样都包括在这个项目之中。

政府购买商品和服务支出不包括政府的转移支付、公债利息等。政府转移支出是政府单方面的价值让渡，不是等价交换，如社会保障支出、财政补贴，体现的是再分配职能救济金，失业保障金，因为转移支付仅仅把收入转移，没有交换的产生，这个过程中，没有什么物品被消费掉。由于它增加某些人的消费能力，因此，它不包括在政府购买商品和劳务的支出之中，而应包括在个人消费支出之中。

(4) 净出口(X－M)，GDP 的最后一个项目是净出口，即出口(Export)减去进口(Import)的净值。为什么要减去进口呢？因为 GDP 是计量一国经济的生产总量，在开放经济情况下，C、I 和 G 中都包括一部分进口的产品，为了精确地计量本国经济一年内的总产量，必须减去其中的进口部分，不然就会发生重复计算。出口是本国生产，但不是由本国人购买的商品和劳务，它不包括在 C＋I＋G 中，但必须加上，才能得出准确的 GDP 数字。用 X 代表出口，M 代表进口，因此就有：

$$GDP=C+I+G+(X-M)$$

表 4-2-1 是中国 1978—2014 年按支出法计算的中国 GDP。

利用支出法应注意以下几点。

第一，有些支出项目不应计入 GDP 中。① 对过去时期生产的产品的支出(如购买旧设备)；② 非产品和劳务支出(如购买股票、债券的支出)以及对进口产品和劳务的收入。此外，政府支出中的转移支付也不应计入。

第二，避免重复计算，这主要是由于最终产品和中间产品往往无明显的区分，因而容易造成重复计算。

表 4－2－1　中国历年支出法国内生产总值(GDP)统计表(1978—2014)

本表按当年价计算　　单位:亿元

年　份	支出法国内生产总值	最终消费支出	居民消费支出	政府消费支出	资本形成总额	固定资本形成	存货变动	货物和服务净出口
1978	3 605.6	2 239.1	1 759.1	480.0	1 377.9	1 073.9	304.0	－11.4
1979	4 045.4	2 586.5	2 014.0	572.5	1 478.9	1 153.1	325.8	－20.0
1980	4 539.3	2 974.3	2 336.9	637.4	1 579.7	1 302.4	277.3	－14.7
1981	4 919.6	3 282.3	2 627.5	654.7	1 620.2	1 339.3	280.9	17.1
1982	5 385.9	3 580.7	2 867.1	713.6	1 714.2	1 513.2	201.0	91.0
1983	6 033.4	4 068.6	3 220.9	847.6	1 914.0	1 688.3	225.7	50.8
1984	7 293.7	4 797.3	3 689.5	1 107.7	2 495.1	2 127.0	368.1	1.3
1985	9 121.5	5 931.1	4 627.4	1 303.6	3 557.5	2 772.0	785.5	－367.1
1986	10 406.2	6 739.5	5 293.5	1 446.0	3 921.9	3 219.7	702.2	－255.2
1987	12 221.8	7 649.0	6 047.6	1 601.4	4 562.0	3 738.7	823.3	10.8
1988	15 252.9	9 433.8	7 532.1	1 901.7	5 970.2	4 751.9	1 218.3	－151.1
1989	17 270.1	11 043.0	8 778.0	2 265.1	6 412.7	4 419.4	1 993.3	－185.6
1990	18 968.4	12 011.1	9 435.0	2 576.1	6 447.0	4 527.8	1 919.2	510.3
1991	22 014.1	13 628.6	10 544.5	3 084.1	7 768.0	5 670.3	2 097.7	617.5
1992	27 208.0	16 246.1	12 312.2	3 933.9	10 686.3	8 313.7	2 372.6	275.6
1993	35 751.2	20 826.9	15 696.2	5 130.7	15 603.8	13 395.3	2 208.5	－679.5
1994	48 644.9	28 305.9	21 446.1	6 859.8	19 704.9	16 976.5	2 728.4	634.1
1995	61 328.9	36 225.7	28 072.9	8 152.8	24 104.6	20 119.5	3 985.1	998.6
1996	71 861.2	43 117.6	33 660.3	9 457.2	27 284.5	23 047.7	4 236.8	1 459.2
1997	79 739.2	47 556.7	36 626.3	10 930.4	28 632.5	25 029.5	3 603.0	3 549.9
1998	85 174.4	51 509.8	38 821.8	12 688.0	30 035.4	28 390.2	1 645.2	3 629.2
1999	90 447.3	56 681.9	41 914.9	14 767.0	31 228.7	29 804.5	1 424.2	2 536.6
2000	100 080.1	63 729.2	46 987.8	16 741.5	33 960.7	32 962.3	998.4	2 390.2
2001	110 657.4	68 617.2	50 908.8	17 908.4	39 715.6	37 400.7	2 314.9	2 324.7
2002	121 576.7	74 171.7	55 076.4	19 095.4	44 310.9	42 978.0	1 332.9	3 094.1
2003	137 457.3	79 641.5	59 343.8	20 297.7	54 850.9	52 978.6	1 872.3	2 964.9
2004	161 616.4	89 224.8	66 587.0	22 637.9	68 156.0	64 405.3	3 750.7	4 235.6
2005	187 767.2	101 604.2	75 232.4	26 371.8	75 954.0	74 230.0	1 724.0	10 209.1

续 表

年 份	支出法国内生产总值	最终消费支出	居民消费支出	政府消费支出	资本形成总额	固定资本形成	存货变动	货物和服务净出口
2006	219 424.6	114 894.9	84 119.1	30 775.8	87 875.2	85 275.1	2 600.0	16 654.6
2007	269 486.4	136 438.7	99 793.3	36 645.4	109 624.6	102 630.0	6 994.6	23 423.1
2008	317 172.0	157 746.3	115 338.3	42 408.0	135 199.0	124 958.1	10 240.9	24 226.8
2009	346 431.1	173 093.0	126 660.9	46 432.1	158 301.1	152 917.7	5 383.4	15 037.0
2010	406 580.9	199 508.4	146 057.6	53 450.9	192 015.3	181 189.6	10 825.8	15 057.1
2011	480 860.7	241 579.1	176 532.0	65 047.2	227 593.1	213 936.8	13 656.3	11 688.4
2012	534 744.6	271 718.6	198 536.8	73 181.8	248 389.9	237 750.6	10 639.3	14 636.1
2013	589 737.2	301 008.4	219 762.5	81 245.9	274 176.7	263 027.9	11 148.8	14 552.1
2014	640 796.4	328 311.2	241 541.7	86 770.5	295 022.3	283 017.6	12 004.7	17 462.9

（资料来源：中国统计年鉴）

（二）收入法

收入法又称要素收入法（Factor Income Approach），或称对要素支付法（Factor Payments Approach）。一件产品的销售收益中，除了包括工资、利息、租金、利润等各项收入外，还包括从其他厂商购进的原材料和零部件的价值。这些产品是中间产品，因此自销售总收益中减去从其他厂商购买的量，剩下的必然是最终产品的销售量。同时，销售收益减去向其他厂商购买的量又等于工资、利息、租金和利润的总和。因此，收入法是从收入的角度出发，把生产销售收益中所形成的各种收入加起来，即把工人劳动得到的工资、土地建筑物等财产所有人得到的租金、贷款者得到的利息和股东得到的利润加起来，就能计算出国民收入，再经过调整就得出国内生产总值。收入法是指把一定时期内生产要素所有者的收入和非要素收入相加来获得 GDP 的计算方法。计算公式为：

GDP＝工资＋利息＋租金＋利润＋间接税和企业转移支付＋折旧＋非企业业主收入

这里面主要分三块：要素报酬收入；非公司企业主收入；厂商收入。

(1) 要素报酬收入。工资：所有对工作的酬金、津贴和福利费，其中包括个人所得税和社会保险税。利息：给企业提供的货币资金所得利息，如银行存款利息、企业债券利息等，不包括政府公债利息和消费信贷利息。租金：出租土地、房屋等租赁收入；专利、版权等收入。

(2) 非公司企业主收入。非公司企业主收入主要指自办业务的医生、律师、农民和小商贩的收入，个体户收入。利用自己的资金，自我雇佣，工资、利息、利润和租金常混在一起，无法区分。

(3) 厂商收入。公司税前利润，包括公司所得税、社会保险税、股东红利和未分配利润等。资本折旧不是要素收入，但包括在总投资里面。企业转移支出对非营利组织的社会慈善捐款和消费者呆账。企业间接税包括货物税、销售税、周转税。企业转移支出和企业间接税虽然也不是生产要素创造的收入但通过价格转嫁给消费者。表 4-2-2 是中国 1992—

2008 年按收入法计算的 GDP。

表 4-2-2 中国收入法 GDP 核算(实物交易资金流量)及相关经济总量指标

单位:亿元

年份	增加值(GDP)	#劳动者报酬	#生产税净额	#营业盈余(含固定资产折旧)	初次分配总收入(GNI)	可支配总收入(NDI)	总储蓄(GNS)
1992	26 923.50	14 696.70	3 907.13	8 319.67	26 937.24	27 000.94	9 444.61
1993	35 333.90	18 173.40	5 518.97	11 641.53	35 259.98	35 327.51	14 113.50
1994	48 197.90	25 206.00	7 493.85	15 498.05	48 108.61	48 223.84	18 321.59
1995	60 793.70	32 087.40	8 501.27	20 205.03	59 810.47	59 930.23	24 046.90
1996	71 176.60	37 085.80	10 697.60	23 393.20	70 142.56	70 320.35	25 797.90
1997	78 973.00	41 870.40	12 308.14	24 794.46	78 060.77	78 487.13	27 282.46
1998	84 402.30	44 337.23	13 848.27	26 216.80	83 024.47	83 378.95	29 184.96
1999	89 677.10	47 177.86	14 599.67	27 899.57	88 479.24	88 888.48	31 664.51
2000	99 214.60	50 075.90	16 181.30	32 957.40	98 000.40	107 695.60	29 380.00
2001	109 655.20	54 444.80	18 482.10	36 728.30	108 067.30	108 770.50	40 452.00
2002	120 332.70	60 732.90	20 674.10	38 925.70	119 096.70	120 171.80	45 547.40
2003	135 822.80	66 925.00	23 472.90	45 424.90	135 174.50	136 634.00	55 386.90
2004	159 878.30	81 065.21	24 597.15	54 215.94	159 587.04	161 484.81	68 246.57
2005	184 937.40	93 296.87	28 968.67	62 671.86	185 808.56	187 888.06	75 663.04
2006	216 314.40	106 554.74	34 689.37	75 070.29	217 522.70	219 850.50	87 028.49
2007	265 810.31	128 108.49	43 512.88	94 188.94	267 763.62	269 350.95	109 566.65
2008	314 045.43	150 701.76	50 609.49	112 734.18	316 228.83	319 409.61	137 469.43

(数据来源:国家统计局编制的《资金流量(实物交易)》)

用收入法计算 GDP 应注意以下几点:

第一,销售上一期生产的产品和劳务取得的收入不计算在内;

第二,与生产无关的收入不计在内,如出售股票和债券,只是一种金融交易;

第三,政府的转移支付也不能算作接受者的收入。

以上介绍的两种方法,核算的对象都是 GDP,所以得出的结果从理论上来说应该是一致的,因为它们是从不同的角度核算同一 GDP。但是在实际上,这两种方法所得到的结果往往不一致。国民收入核算体系以支出法为主要方法,即以支出法所核算的 GDP 为标准。如果按收入法和生产法核算出的结果与此不一致,就要通过误差调整项来进行调整,使之达到一致。

五、名义 GDP 和实际 GDP

名义 GDP 也称货币 GDP,是用生产物品和劳务的当年价格计算的全部最终产品的市场价值。名义 GDP 的变动可以有两种原因:一种是实际产量的变动,另一种是价格的变动。也就是说,名义 GDP 的变动既反映了实际产量变动的情况,又反映了价格变动的情况。

实际 GDP 是指按基年价格计算的最终产品的价值。由于相同产品的价格在不同的年份会有所不同,因此,如果用名义 GDP 就无法对国民收入进行历史的比较。为了使一个国家或地区不同年份的 GDP 具有可比性,就需要以某一年的价格水平为基准,各年的 GDP 都按照这一价格水平来计算。这个特定的年份就是基年,基年的价格水平就是所谓的不变价格,按基年的不变价格计算出来的各年最终产品的价值就是实际 GDP。

名义 GDP 是包含价格水平考虑的,如果我们现在的所有价格水平上升一倍,则名义 GDP 也要上升一倍。所以名义 GDP 有很大的不确定性,尤其在通货膨胀时期。这时人们引用实际 GDP 的含义。其实,经济学上的实际 GDP 也不是完全舍弃了价格水平,而是用基年的价格水平。例如,2016 年的名义 GDP 是用 2016 年的价格水平算出的,而实际 GDP 则是用 2008 年的价格水平得出的(如果选 2008 年作基年),如表 4-2-3 所示。

表 4-2-3　实际 GDP 与名义 GDP 的比较

单位:美元

	2008 年名义 GDP	2016 年名义 GDP	2016 年实际 GDP
牛奶	1 瓶 X_1(单价)=1	2 瓶 $X_2=4$	2 瓶 $X_1=2$
白糖	1 包 X_5(单价)=5	3 包 $X_8=24$	3 包 $X_5=15$
	6	28	17

前两列表示假定的 2008 年和 2016 年牛奶和白糖的产量与价格。2008 年的名义 GDP 为 6 美元,2016 年为 28 美元。但名义 GDP 的大部分增加纯粹是价格上涨的结果,并不反映物质产品的增加。以 2008 年的价格估价 2016 年的商品,以便计算 2016 年的实际 GDP,结果为 17 美元。由于牛奶的消费增加到两倍,白糖的消费增加到三倍,我们知道实际 GDP 增加到两倍多。名义 GDP 增加到近五倍,但却不能反映实际价值。

显然,实际 GDP 相对名义 GDP 来说,更能反映一国经济发展的实际情况。所以,如果没有特别说明,一般说 GDP 就是指实际 GDP。

六、其他核算指标

国民生产总值(GNP)是指一年内本国常驻居民所生产的最终产品的价值的总和。以人口为统计标准。在美国的国民收入统计中,常住人口包括:居住在本国的本国公民,暂居外国的本国居民,常驻本国但未入本国国籍的居民。国民生产总值应该包括以上三类居民,在国内外所生产的最终产品价值的总和。国民生产总值计算公式:

$$\text{国民生产总值}=\text{国内生产总值}+\text{本国公民在国外生产的最终产品的价值总和}-\text{外国公民在本国生产的最终产品的价值总和}$$

如果本国公民在国外生产的最终产品的价值总和大于外国公民在本国生产的最终产品的价值总和,则国民生产总值大于国内生产总值;反之,如果本国公民在国外生产的最终产品的价值总和小于外国公民在本国生产的最终产品的价值总和，则国民生产总值小于国内生产总值。

国内生产净值(NDP)：一个国家一年内新增加的产值，即在国内生产总值中扣除了折旧之后的产值。

国民收入(NI)：一个国家一年内用于生产的各种生产要素所得到的全部收入，即工资、利润、利息和地租的总和。

个人收入(PI)：一个国家一年内个人所得到的全部收入。

个人可支配收入(PDI)：一个国家一年内个人可以支配的全部收入。

国民收入核算中这种总量的关系是：

$$\text{GDP}-\text{折旧}=\text{NDP}$$

$$\text{NDP}-\text{间接税}=\text{NI}$$

$$\text{NI}-\text{公司未分配利润}-\text{企业所得税}+\begin{matrix}\text{政府给居民户}\\\text{的转移支付}\end{matrix}+\begin{matrix}\text{政府向居民}\\\text{支付的利息}\end{matrix}=\text{PI}$$

$$\text{PI}-\text{个人所得税}=\text{PDI}=\text{消费}+\text{储蓄}$$

国民收入可以分为广义的国民收入和狭义的国民收入。前面所讲的是狭义的国民收入，广义的国民收入泛指国民生产总值、国内生产净值、国民收入、个人收入、个人可支配收入五个总量。这种国民收入也可以指国内生产总值。国民收入决定理论中所讲的国民收入就是指国内生产总值。

任务2　宏观经济管理目标

一、宏观经济管理目标

宏观经济管理主要是对经济进行总量调控，调控的具体目标如下。

(一) 充分就业

充分就业是宏观经济管理的第一目标，西方经济学家通常以失业率高低作为衡量充分就业的尺度。失业率是指失业者人数对劳动力人数的比率。劳动力是指一定年龄范围内有劳动能力并愿意工作的人，失业者是劳动力中想工作但尚未找到工作的人。按照凯恩斯主义者的观点，充分就业是指社会消除了“非自愿失业”时的就业状况，在接受现有的工资水平和工作条件下，愿意工作的人都能得到就业机会，有工作可做，除了“自愿失业”外。现代西方经济学家把充分就业看成社会可以接受范围内所维持的一定失业率时的就业状况。把失业率控制在社会允许的范围之内，或者说把失业率保持在自然失业率的水平，就算实现了充分就业。

(二) 物价稳定

物价稳定是宏观经济管理的第二个目标，物价稳定不是指每种商品的价格固定不变，而是指保持一般价格水平的稳定或物价总水平的稳定，维持一个低而稳定的通货膨胀率，以保证经济运行有一个稳定增长的环境。

（三）经济增长

经济增长意味着在一定时期内社会所创造的人均产量或人均实际国内生产总值的增长。这种增长既要满足社会发展的需要，又要为人口增长和技术进步所允许，即要达到一个适度的增长率。要根据资源和技术进步来确定适度增长率，并考虑到环境保护和减少污染问题。国际上一般用国内生产总值(GDP)来衡量一个国家的经济增长速度，无论哪个国家的政府，经济活动的最终目标都应该是向百姓提供尽可能丰富的商品和劳务，使他们的生活持续提高。

（四）国际收支平衡

随着国际经济交往的密切，国际收支对于现代开放型经济国家是至关重要的。国际收支平衡是指一国净出口与净资本流出相等而形成的平衡。随着现代化的交通运输工具、通信工具在生产中的广泛应用，如何平衡国际收支也成为一国宏观经济管理的重要目标之一，一国的国际收支状况不仅反映了这个国家的对外经济交往情况，还反映出该国经济的稳定程度。在开放经济条件下，一国国际收支出现失衡，通过汇率的变动，会对国内经济形成冲击，从而影响该国国内就业水平、价格水平和经济增长。

二、宏观经济管理目标之间的关系

充分就业、物价稳定、经济增长、国际收支平衡四大目标相互之间既存在互补关系，也有交替关系。互补关系是指一个目标的实现对另一个目标的实现有促进作用，如为了实现充分就业水平，就要维护必要的经济增长。因此，经济增长与充分就业之间具有内在一致性。交替关系是指一个目标的实现对另一个目标有排斥作用，如物价稳定与充分就业之间就存在两难选择，这在后文讲解菲利普斯曲线时有详细说明。

但以上四大宏观经济政策目标之间最常见的关系是交替关系，由此，在制定经济政策时，必须对经济政策目标进行价值判断，权衡轻重缓急和利弊得失，确定目标的实现顺序和目标指数高低，同时使各个目标能有最佳的匹配组合，使所选择和确定的目标体系成为一个和谐的有机的整体。

任务3　失　业

一、失业的概念

失业(Unemployment)是就业的相对状态，指在法定年龄规定范围内，有劳动能力并愿意就业的劳动者积极寻找工作却未能按当时通行的实际工资水平获得工作机会的社会现象。失业的实质是劳动力不能与生产资料相结合进行社会财富的创造，因此是一种经济资源的浪费。所有那些未曾受雇以及正在变换工作岗位或未能按当时通行的实际工资找到工作的人都是失业者。

（一）失业的界定程序

1. 确定劳动年龄人口

确定劳动年龄人口即确定哪些年龄的人口有可能成为失业者。根据世界上大多数国家的规定，我们可以把 16～65 周岁的人口确定为劳动年龄人口。

2. 确定非劳动力人口

非劳动力人口主要是指有劳动能力而不愿意劳动的人。

3. 确定劳动力人口

用劳动年龄人口减去非劳动力人口，得到的数字就是劳动力人口。

4. 确定失业人口

用劳动力人口减去就业人口，得到的数字就是失业人口。

我们可以用图 4－2－1 说明失业的界定程序。

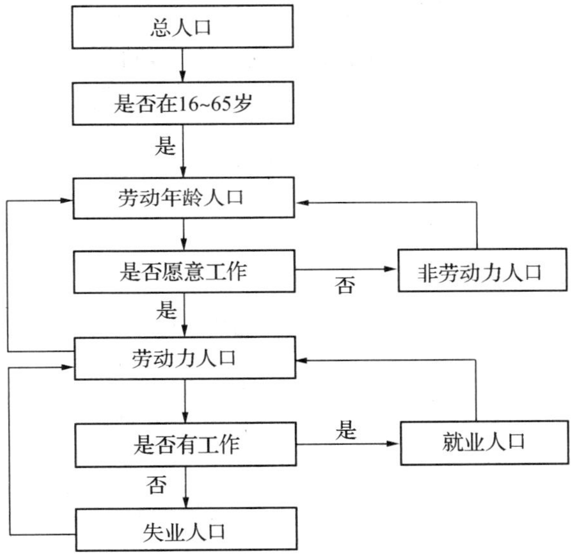

图 4－2－1　失业的界定程序

需要说明的是，以上对劳动年龄人口、劳动力人口、非劳动力人口、就业人口、失业人口的划分只是大致的划分，事实上许多介于就业与失业、就业与非劳动力人口、失业与非劳动力人口之间的现象，难以明确划分。比如从事地下经济的人，既可以归入就业人口，也可以归入失业人口，还可以归入非劳动力人口。由总人口推算劳动力总量，也可以用总人口扣除：法定劳动年龄以外的人口、丧失劳动能力的人口、求学和服兵役的人口、操持家务的人口，等于劳动力人口。

（二）失业率

失业率是衡量失业的重要指标，也是最基本的指标。失业人数占劳动力总数的百分比就是失业率。就业者和失业者的总和，称为劳动力。

需要特别注意的是：失业率所计算的并不是失业人口和总人口的比率，而是失业人口和劳动力人口的比率。

【例题讲解】

某国总人口为 5 500 万人,就业人口为 4 500 万人,失业人口为 500 万人。试分析:该国的失业率是多少?

解 劳动力人口=就业人口+失业人口

$$=4\,500+500=5\,000(\text{万人})$$

$$\text{失业率}=\frac{\text{失业人口}}{\text{劳动力人口}}\times 100\%$$

$$=\frac{500}{5\,000}\times 100\%=10\%$$

从以上计算可知:该国的失业率是 10%。

西方发达国家非常关注失业率的变动。在美国,有关失业的数据是国家设计和收集的最详细和全面的经济数据之一。政府在每个月大约对 6 万个家庭进行随机抽样调查并估算失业数据。由于有些失业者未登记而未计入失业人数中,同时是用抽样调查来估算,所以官方对失业率的估计不一定能准确地反映失业的严重程度,尽管如此它仍是重要的宏观经济指标。

【知识专栏】

表 4-2-4 表示的是 2006—2012 年我国的失业人口及失业率情况。

表 4-2-4　2006—2012 年我国的失业人口及失业率

指　标	2006 年	2007 年	2008 年	2009 年	2010 年	2011 年	2012 年
城镇登记失业人口(万人)	847	830	886	921	908	922	917
城镇登记失业率(%)	4.1	4	4.2	4.3	4.1	4.1	4.1

(数据来源:国家统计局,http://data.stats.gov.cn/workspace/index? m=hgnd.)

二、失业的分类以及原因

一般来说,根据引起失业的不同原因,在经济分析中,人们将各种失业分为由于经济中某些难以克服的原因而造成的自然失业、由于需求不足而造成的周期性失业和隐蔽性失业。

(一) 自然失业

自然失业是指由于经济中某些难以避免的原因而引起的失业。在任何国家和任何动态经济中,这种失业都是不同程度存在的。因此,经济学家们认为这是正常的失业。

自然失业按其具体原因主要分为以下四种类型,即摩擦性失业、季节性失业、结构性失业和古典失业。

1. 摩擦性失业

摩擦性失业是指因为劳动力市场运行机制不完善或信息不畅而产生的一种暂时的、短期的失业,由于人们在不同的地区、职业和生命周期的不同阶段不停地变换工作和寻找新的工作的过程而引起的失业,这是一种由于劳动力的正常流动而引起的失业,因而是一种自然失业。在一个动态经济中，各地区、各行业、各部门之间劳动需求的变动是经常发生的，这种变动必然导致劳动力的流动，因此总有一部分人或者自愿或者被迫离开原来的地区和职业。劳动力从旧的工作岗位到新的工作岗位之间需要一段找工作的时间，这一段时间内，劳动力就处于失业状态；当他们找到新的工作时，又流出失业队伍。

摩擦性失业有以下几种类型：

(1) 求职性失业。劳动者不满意现有的工作，自动离职去寻找更理想的工作所造成的失业，如“炒老板鱿鱼”即是这种情况。时下国内流行一种高校毕业生“先就业后择业”的观念，虽然有助于学生就业，但将来可能造成求职性失业。

(2) 失职性失业。劳动者被雇主解聘，被迫寻找新的工作所造成的失业，如“被老板炒鱿鱼”即是这种情况。与求职性失业中劳动者自动离职不同的是，失职性失业中劳动者是被迫离职的。

(3) 寻职性失业。新加入劳动力队伍的劳动者，由于暂时没有找到工作，而正在寻找工作所造成的失业，如大学毕业生刚离开学校正在社会上寻找工作即是这种状况。

造成摩擦性失业的具体原因主要有以下几点：

第一，劳动力市场的组织状况，主要包括劳动力市场供求信息的完整性，职业介绍与指导的完善与否，劳动力流动性的大小等等。比如由于劳动力市场供求信息的不完整、不充分，并不是每一个雇主和劳动者都可以得到完全的工作信息，雇主找到所需的劳动者和失业者找到合适的工作都需要花费一定的时间，因此造成摩擦性失业。

第二，失业者寻找工作的能力与愿望，主要包括失业者的工作能力和学历程度，获得工作的难易程度，劳动者劳动的愿望等等。

第三，社会保障的程度，包括最低工资标准，失业救济制度的完善与否，退休制度等等。

2. 季节性失业

季节性失业是指由于某些行业生产的季节性变动而引起的失业。一般季节性行业(如旅游业、农业等行业)经常出现这种失业。比如广大的农村，在农忙季节需要大量劳动力，但一过了秋季，就称为农闲季节，对劳动力的需求大大减少，原来的劳动力大都会面临季节性失业问题。

3. 结构性失业

由于劳动力市场结构的特点，劳动力的流动不能适应劳动力需求所引起的结构性失业，它也是一种自然失业。此时，劳动力的供给与需求在总量上也许是平衡的，但在结构上不一致，于是，一方面出现了有人找不到工作的失业现象，另一方面又存在着有工作无人做的职位空缺现象。出现这种失业与职位空缺现象并存的原因，是由于随着经济结构的调整，对某些劳动力的需求增加，对另一些劳动力的需求减少，与此同时劳动力的供给却没有迅速做出调整。由于这种失业的根源在于劳动力的供给结构不能适应劳动力需求结构的变动，所以称为结构性失业，如产业结构变化、产业升级造成的失业。其特点是在经济生活中既有失业人口，又有职位空缺，只是由于失业者没有适当技术或居住地点不合适等原因而无法填补职位空缺。

结构性失业有以下几种类型：

(1) 技能性失业。由于劳动力的技能不能适应经济结构、地区结构和性别结构的变动而引起的失业。这种失业一般会集中体现在某一个结构变动的时期。比如在现代社会中,很多从事传统民间艺术的艺人会由于民俗文化的衰弱而失业,这属于技能性失业。

(2) 技术性失业。在经济增长的过程中由于技术进步而引起的失业。属于这种失业的劳动力大都是文化技术水平低,不能适应现代化技术要求的非技术性劳动力。比如在纺织、机械等传统劳动密集型行业中应用现代先进技术后,就会造成大量非技术性员工失业。

4. 古典失业

工资是劳动的价格。古典经济学家提出,我们可以从劳动的供给与需求相结合的角度来分析古典失业现象。从需求的角度看,企业对劳动的需求与劳动的价格即工资呈反方向变动关系。即随着工资的上升,企业对劳动的需求下降;当工资水平下降时,企业对劳动的需求增加。从供给的角度看,劳动的供给与工资呈同方向变动关系,即工资水平越高,劳动者愿意提供的劳动越多;反之,工资水平越低,劳动者愿意提供的劳动就越少。因此,如果企业对劳动的需求与劳动的供给相等,则决定了劳动的均衡价格(即工资)。此时,劳动力市场上,劳动的供给量、需求量及就业量都相等,不存在失业。如果工资水平上升,则劳动的供给会因工资上升而增加,超过了劳动的需求,就会有失业人口的存在。当失业人口出现时,只要劳动力市场是遵循一般市场机制的运行规则,即当市场供给大于需求时,价格就下降,从而工资回落,失业便会消失。如果失业还存在,那么一定是工资的下降遇到了市场以外的其他因素的阻挠,如制度力量、工会力量等。比如工会的存在,会迫使政府通过立法规定最低工资,这样,即使劳动的供给大于劳动的需求,也可使工资维持在一定水平上,从而造成失业。

(二) 周期性失业

周期性失业是指由于社会总需求不足而引起的短期失业。它一般只是在经济周期的萧条阶段才存在,故称周期性失业。在经济衰退时期,产品的生产和需求下降,因有效需求不足而使部分个人失业,这种失业是和经济周期变化联系在一起的。

经济发展是有周期性的,在经济繁荣时期,社会总需求会上升,在经济萧条时期,总需求就会不足了,所以周期性失业常与经济周期同步,在经济繁荣时期比较少见,在经济萧条时期就大量出现。例如,在世界各地各阶段发生经济大衰退时,失业率都上升了。这种几乎在每个地区都发生的失业率上升现象表明这种增加了的失业主要是周期性的。

(三) 隐蔽性失业

除了前述各种失业外,经济中往往还存在另一种失业:隐蔽性失业。

隐蔽性失业是指表面上有工作,实际上对生产并没有做出贡献的人,即有“职”无“工”的人。隐性失业在经济活动中是经常存在的,当经济中减少就业人员而产量仍没有下降时,就存在着隐性失业。或者说,这些工人的边际生产力为零。隐性失业主要存在于发展中国家、某些福利国家和社会主义国家,在发展中国家存在较多。

隐性失业的存在阻碍了经济的快速发展,并给经济带来巨大的损失。因此,消灭隐性失业对提高经济效益是十分必要的。

【身边的经济学】

我国的隐性失业

一个经济中有5 000万工人，如果减少500万工人而国内生产总值并不减少，则经济中存在着10%(=500÷5 000×100%)的隐性失业。特别是发展中国家的农业部门就存在着严重的隐性失业。

长期以来，我国不论是农村，还是城镇，都存在着比较严重的隐性失业。新中国成立后，鉴于当时严峻的国际环境和特殊的历史条件，我国选择了优先发展工业特别是重工业而牺牲农业的发展战略。在国家工业化发展过程中，转移农村劳动力是必然趋势。但是，由于国家当时实行城乡分割的户籍管理制度，农村剩余劳动力向非农产业转移的速度是相当缓慢的。这样，农业在为工业化提供资本积累的同时又承担着剩余劳动力的压力。到改革前夕，农业部门已累积了大量的剩余劳动力，形成了农村严重的隐性失业。与此同时，城镇实行的是低工资、高就业、国家包分配的劳动就业政策，形成了企业人浮于事、大量冗员存在、劳动效率低下的状况。这种就业政策导致了城镇的隐性失业。

（四）自然失业和充分就业

由于经济中某些难以克服的原因而造成的自然失业是在任何动态市场经济中都是必然存在的。这类失业，凯恩斯把它称之为自愿失业。

如果一个社会只存在这类自然失业，而不存在或已消除了由于需求不足而造成的周期性失业，这种就业状态就是充分就业。自然失业是不可避免的，因而，即使存在自然失业，也可以说实现了充分就业。

充分就业与自然失业的存在并不矛盾。充分就业并不意味着百分之百的劳动力就业，这时仍然有一定的失业。这种失业的存在不仅是必然的，而且还是必要的。充分就业时的失业率就是自然失业率。

三、失业的影响

美国著名经济学家保罗·萨缪尔森曾在他的《经济学》一书中对失业的经济损失有过如下描写：高失业伴随着高水平的生产损失或者高水平的生产停顿——就好像干脆把相同数量的汽车、食品和房屋扔进大海……在高失业期间的损失是现代经济中有文献记载的最大浪费。它们比垄断或关税和限额导致的浪费所造成的缺乏效率或“无谓的损失”据估计要大许多倍。

过高的失业率会带来一系列经济、社会、个人问题，影响经济正常发展，甚至引发社会的不稳定。

（一）失业的经济损失

失业的经济损失究竟有哪些呢？失业的存在，对个人、企业和社会都会造成不良的影响。下面我们逐一进行分析。

对于个人来说，如果是自愿失业，当然在一定意义上会给他带来闲暇的享受。但如果是非自愿失业，会给失业者本人及其家庭造成损失。因为他们失去了本来用劳动可以换得的收入,而收入的减少,又造成他们生活水平的下降。

对企业来说,失业会使企业的人才流失,并且伴随着机器、厂房、设备等资源的闲置,造成全社会生产能力利用不足,实际国民收入减少,这是失业最大的经济损失。

(二) 失业的社会影响

对社会来说,失业增加了社会保障金和福利的支出,造成财政困难。失业率过高导致财政出现支付社会保障金困难而提高失业救济标准,必然影响社会的安定,带来其他社会问题,甚至造成社会动乱。除此之外失业还会破坏失业者的身体和精神的健康,带来诸如酗酒、自杀等消极现象,造成一系列家庭和社会问题。

(三) 奥肯定律

对国民收入来说,失业造成实际国民收入的减少。失业的经济损失究竟有多大?美国经济学家阿瑟·奥肯(Arthur M. Okun)在 20 世纪 60 年代根据统计资料回答了这个问题。奥肯应用统计的方法,提出了用以说明失业率与实际国民收入增长率之间关系的一条经验规律,这条规律被称为奥肯定律(Okun's Law)。奥肯定律是描述国民收入增长和失业率变动之间关系的一条经验性定律。该规律指出经济增长于就业之间的高度相关关系。奥肯定律的一般表达方式是:实际 GDP 增长率每高于潜在 GDP 增长率 1 个百分点,失业率就会下降 0.5 个百分点。即失业率增加,实际国民生产总值增长率减少;失业率减少,实际国民生产总值增长率增加。

【知识专栏】

我国的失业率与 GDP

我国的经济学家依据据"奥肯定律"估算:我国失业率每增加 1%,实际国内生产总值增长率减少 2.9%;反之,失业率每减少 1%,实际国内生产总值增长率增加 2.9%。我国的"奥肯定律"是依据我国的失业或就业与经济增长率的关系做出的。1980—1989 年,全国 GDP 年平均增长率为 9.3%,从业人员就业年平均增长率为 3.0%。1991—1995 年,全国 GDP 年平均增长率为 11.9%,同期全国就业人员年平均增长率为 1.3%,比 20 世纪 80 年代低 1.7 个百分点。也就是说,1978—1989 年,GDP 每增长 1 个百分点,就业增长 0.311 个百分点;1990—1999 年,GDP 每增长 1 个百分点,就业增长 0.17 个百分点,比 1978—1989 年下降了约 40%。综合分析之后,得出 0.29 的奥肯系数。

现在这条定律可以概述如下:

(1) 假定潜在国民收入每年增长 $X\%$;

(2) 如果实际国民收入每年增长超过潜在国民收入的 3%,则失业率下降 1%。

这条定律可以帮助人们解决经济如何增长才能达到充分就业问题。

四、失业治理对策

现代经济学家主张对失业进行综合治理,他们的失业治理对策可以分为两大类,即主动的失业治理政策和被动的失业治理政策。

（一）主动的失业治理政策

主动的失业治理政策是指依据失业的原因，提出相应的对策，使失业状况根本好转。其措施主要有以下几种。

1. 从根本上提高经济活动的水平

失业率与实际国民收入增长率之间存在一种反向变动的关系，因此要减少失业，必须增加国民收入，而这又是以经济活动水平的提高为条件的。正是在这个意义上，西方经济学家普遍认为提高经济活动的水平是治理失业的根本性措施。为此，政府可以通过增加投资，提高投资效率，使国民收入获得成倍增加，从而提高国民收入增长率，以吸收更多的劳动力，从根本上改变失业状况。

2. 加强职业培训

当前世界失业问题中有相当部分是因为劳动者技术素质偏低，无法适应就业岗位日益提高的技术要求而造成的，如技能性失业、技术性失业等结构性失业。为了消除这类失业，必须提高劳动者的技术素质。因此相关部门应加强对劳动者的职业培训，这样既提高了劳动者素质，又增加了接受培训人员的就业机会。

【知识专栏】

国外的职业培训

世界上许多国家都很重视职业培训。德国把职业培训看作是经济发展的柱石和民族生存的基础，采取企业为主、学校为辅的培训方式；在日本，职业培训主要通过函授形式提高工人的技术水平，合格者发给“技能工”证书；东南亚国家则普遍重视高能技术培训。

3. 提供就业信息，反对就业歧视

把大力收集岗位信息作为就业工作的重中之重，确保招聘活动场次和岗位数量进一步增长。各高校要采取“走出去，请进来”等多种方式，调动各方力量，采取多种方式，为毕业生举办优质高效的招聘活动。不断创新信息服务方式，充分运用“全国大学生就业信息服务一体化系统”及就业网、微博、微信等新型传播手段及时发布招聘信息，切实降低毕业生求职成本。

针对当前高校毕业生求职过程中遭遇的就业歧视问题，要营造公平就业环境。凡是教育行政部门和高校举办的高校毕业生就业招聘活动，要做到“三个严禁”：严禁发布含有限定985高校、211高校等字样的招聘信息、严禁发布违反国家规定的有关性别、户籍、学历等歧视性条款的需求信息、严禁发布虚假和欺诈等非法就业信息，坚决反对任何形式的就业歧视。

4. 控制和减少劳动力供给

具体做法可以考虑延长人口受教育的年限，以就学替代和延迟一批新增劳动力就业，这样既可缓解就业压力，又能提高人力资本的价值含量；还可以考虑让一部分就业者提前退休，使其提前退出劳动年龄人口，以减缓劳动力供应过大的压力。

5. 缩短就业者的劳动时间

这样既可以增加劳动者的休闲时间，提高其生活质量，又可以吸收更多的劳动力就业。例如，许多国外企业实行的“带薪休假”制度，我国目前实行的五天工作制、春节放长假、“五一”小长假、“十一”黄金周等，也有这方面的考虑。

（二）被动的失业治理政策

被动的失业治理政策是指由于失业总是存在，政府只能采取补救对策。其措施主要是有以下两种。

1. 建立和完善社会保障制度

建立社会保障制度主要是通过建立失业保险制度，具体做法是：劳动者在岗就业时，由企业和个人分别向社会保险机构缴纳一部分保费，劳动者一旦失业，就可向保险公司领取失业保险金，以保证日常生活的正常进行。

2. 建立失业救济专项基金

失业救济金制度是对失业者按一定标准发放能使其维持正常生活的补助金。建立失业救济制度，首先是要确立失业救济线和最低生活标准，然后经过再确认，发放失业救济金，以确保失业人口的基本生活。

以上两类失业治理政策各有特点，必须相互补充，综合治理。

【知识专栏】

欧盟失业治理对策的转变

欧盟国家原有的就业政策从总体上讲是偏重于采取被动的失业治理政策，通过强化失业保障制度体系来对应失业，使失业者得到较好的社会保障，以避免贫富过分悬殊。但近年日益沉重的失业保障负担已经侵占了一部分欧盟国家未来经济增长的潜力，而且长期以来，欧盟国家完善的社会保障体系还形成了民众对它的依赖心理，不利于人力资源适应各种新趋势的发展。因此，目前欧盟在就业政策方面也已开始从对失业的被动治理向主动治理的转变。

五、我国的失业原因及治理对策

失业是一个国家经济发展中的正常现象，近年来我国也出现了较为严重的失业问题。因此，要从我国实际出发，认真分析失业的原因，并采取有效的失业治理对策。

（一）我国失业的原因

我国的失业问题不是单一因素造成的，而是许多因素合成的结果。

1. 计划经济向市场经济体制过渡的转轨性失业

在传统的高度集中的计划经济体制下，计划就业指标是考核企业经营好坏的重要指标，企业领导者具有强烈的“就业指标饥渴”，结果是企业员工日益增多，隐性失业问题越来越严重。随着市场经济体制的建立和完善，国有企业摆脱了就业指标的约束，追求利润最大化成为企业的最大目标，许多企业采取“减员增效，下岗分流”措施，隐性失业逐渐显性化。

2. 产业结构调整导致的结构性失业

发达国家经验表明，当一个国家的经济处于高速发展阶段时，必然伴随着产业结构的快速调整，夕阳产业不断被淘汰，朝阳产业不断涌现。这就要求劳动力的供给能够及时做出调整，否则，就会出现“失业”与“空位”并存的现象。目前我国正存在这种产业结构调整导致的结构性失业。农业、纺织业等传统的第一、第二产业劳动力供过于求，失业问题严重；大量新兴的第三产业劳动力则供不应求。

3. 经济周期波动引起的周期性失业

自改革开放以来我国宏观经济基本上每隔 4～5 年就波动一次，在经济紧缩阶段，由于有效需求不足、市场疲软，企业往往采取减员增效的措施，造成失业人口增加。例如，1997 年亚洲金融危机对我国外贸行业造成严重的不利影响，随后我国国内又面临通货紧缩和需求不足的严重局面，因此随后几年我国出现了比较严重的失业问题。

4. 其他原因

除了上述原因以外，劳动力市场的不完善、劳动力素质偏低、新劳动力大量增加等，都是我国失业问题的重要原因。

（二）我国失业的治理对策

1. 提高经济活动水平，减少经济周期波动，促进经济持续稳定健康发展

改革开放以来，我国宏观经济经历了数次周期性的波动。经济周期波动是造成我国失业问题的重要原因。每当经济处于萧条阶段，市场有效需求不足，就业机会减少，失业就会增加。因此，政府必须深化改革，充分挖掘潜力，确保国民经济的持续稳定健康发展，避免经济大起大落。只有这样，才能形成社会经济发展与就业再就业工作良性互动的局面。

据测算，在我国，国内生产总值每增加一个百分点，可创造 80 万个就业岗位。因此，如果我国经济增长率能够保持在 8%左右，即可新增就业岗位 640 万个左右。

2. 实行有利于促进就业的财政政策和货币政策

国家应继续实行有利于促进就业的财政、货币政策。财政政策方面，应继续加大公共项目的投资，这样既能直接创造就业机会，又能刺激经济需求，带动社会投资，从而间接促进就业；同时，要对下岗、失业人员自主创业和自谋职业，企业吸纳失业人员就业或减少裁员，给予一定的税收优惠。货币政策方面，应改革商业银行管理体制，完善对中小企业的金融服务，通过促进中小企业的发展发挥其吸纳就业的优势。

3. 实行有利于促进就业的产业政策

在拓宽就业渠道、增加就业岗位的同时，为促进就业，我国应积极调整产业结构，实行有利于促进就业的产业政策。针对我国劳动力资源丰富、当前世界制造业从发达国家向发展中国家转移、国际上许多国家纷纷运用高新技术改造传统产业、大力发展新兴产业的现状，我国应大力发展就业容量大的劳动密集型产业，面向国际市场发展制造业，鼓励具有较高科技含量，又能吸纳较多劳动力就业的行业发展。与此同时，把积极发展第三产业，作为今后扩大就业的主攻方向，使其成为吸纳就业的主要载体。

4. 大力发展乡镇企业、中小企业、非公有制经济,充分发挥其吸纳就业的优势和潜力

发展乡镇企业可以充分利用农村丰富劳动力资源的优势,国家应当在政策、资金、技术等方面大力支持和促进乡镇企业的发展。同时,发展乡镇企业要与小城镇建设结合起来,扩大农村就业空间。中小企业一般侧重于劳动密集型的产业,吸收的劳动力相对要多,在扩大就业渠道、创造就业机会等方面具有大型企业无法替代的作用。而非公有制经济事实上已成为目前我国就业的一个主要增长点。因此,国家在发展国有大型企业、高新技术企业的同时,也要重视并加快中小企业和非公有制经济的发展,进一步创造有利于中小企业和非公有制经济生存和发展的环境,以增强其对劳动力的吸收能力。

5. 完善劳动力市场

要建立统一、开放、竞争、有序的劳动力市场体系,实行国家政策指导下的市场就业方针。建立全国统一的劳动力市场,建立覆盖全国的劳动力信息网络,制定就业服务体系建设的整体规划,加强劳动力市场法规和法制建设,促进公平就业。

任务 4　通货膨胀

一、通货膨胀的概念与衡量

(一) 通货膨胀的概念

通货膨胀是指物价水平普遍而持续的上涨。换句话说,通货膨胀就是单位货币的购买力(即单位货币所能购买的商品和劳务的数量)不断下降的现象,也就是一般人所说"钱不值钱了"的现象。

从通货膨胀的概念,我们可以看出它有以下两个方面的特征。

1. 通货膨胀是指物价水平的普遍上涨

通货膨胀不是指一种或几种商品的价格上涨,而是指物价水平的普遍上涨,即物价总水平的上涨。如果只是一种或少数几种商品的价格在上涨,我们不能断定就是发生了通货膨胀。比如,我们不能单从房价的上涨就推断发生了通货膨胀。

2. 通货膨胀时期物价水平的上涨必须持续一定时期

通货膨胀条件下的物价上涨必须持续一定时期。如果物价只是一次性、暂时性、季节性上涨,都不能称为通货膨胀。比如,节假日期间,宾馆、饭店的收费标准一般都会上升,我们不能就说是发生了通货膨胀。因为,节假日过后,这些收费标准都会由于客人的减少而降低。

(二) 通货膨胀的衡量

1. 通货膨胀率

通货膨胀状况一般使用通货膨胀率(Inflation Rate)来衡量。通货膨胀率可以理解为当年物价水平相对于上一年物价水平的变动比率。

2. 物价指数的概念

物价指数是表明某些商品的价格从一个时期到下一个时期变动程度的指数,是衡量通

货膨胀水平的基本指标。物价指数根据其计算时所包含的商品品种的不同，通常有以下几种类型。

（1）消费物价指数（Consumer Price Index，CPI）。

CPI又称生活费用指数。它是衡量各个时期居民家庭日常消费的生活用品和劳务的价格变化的指标。世界各国都倾向于根据本国居民的消费习惯，选定一些有代表性的生活必需品和服务项目，并以用这种方法编制出来的物价指数来判断本国是否发生了通货膨胀。消费物价指数能衡量消费品的价格变动，消费者比较关心，因此它是当今世界使用广泛的物价指数，我国目前也使用它来衡量通货膨胀状况。

（2）零售物价指数。

它是衡量各个时期市场上商品零售价格总水平变动趋势和程度的指标。零售物价指数的优点在于资料比较容易收集，反映价格变动情况及趋势比较直观、快速。因此，许多国家以零售物价指数的变化来衡量通货膨胀的状况。需要注意的是，消费物价指数和零售物价指数不仅在反映的内容和包括的范围上有所不同，两者统计的口径也不一样。消费物价指数只统计市场上零售给居民的生活消费品和劳务，不包含社会公共需要的商品和劳务；而零售物价指数的统计范围包括市场上零售给居民的生活消费品和劳务，也包含社会公共需要的商品和劳务。消费物价指数比零售物价指数更贴近居民的生活实际。

（3）批发物价指数（Producer Price Index，PPI）。

PPI又称生产者价格指数，是衡量各个时期生产资料与消费资料批发价格变化的指标。如果已知基期的批发物价指数，再算出报告期的批发物价指数，即可看出其价格变动情况，从而判断是否发生了通货膨胀。批发物价指数代表的商品范围较为广泛详尽（如在美国就包含大约3 400种商品）而且有用，所以，一些经济学家认为批发物价指数最适合于衡量通货膨胀。由于批发物价指数与产品出厂价格紧密相关，因此它是厂家比较关心的物价指数。

（4）国内生产总值折算指数（GNP Deflator）。

国内生产总值折算指数被定义为名义国内生产总值对实际国内生产总值的比率，是衡量各个时期一切商品与劳务价格变化的指标。

二、通货膨胀的类型

通货膨胀按不同的划分标准可以划分成不同的类型，常见的划分方法是按照物价上涨速度或通货膨胀的程度来划分。

物价上涨速度或通货膨胀的程度可以用通货膨胀率来表示，其计算公式是：

$$\text{报告期通货膨胀率}=\frac{\text{报告期的物价水平}-\text{基期的物价水平}}{\text{基期的物价水平}}\times 100\%$$

公式中的物价水平用物价指数来表示。

根据通货膨胀率的大小，或者说按通货膨胀的严重程度，通货膨胀可划分为以下四种类型。

（一）爬行的通货膨胀

爬行的通货膨胀又称为温和的通货膨胀，其特点是通货膨胀率低而且物价水平比较稳定。一般认为,在温和的通货膨胀情况下,物价上涨速度不超过两位数(即在10%以下),而且人们对于这种通货膨胀比较容易预测。这种通货膨胀对经济的负面影响一般不大。温和的通货膨胀在大多数发达工业国中是比较常见的。

(二) 加速的通货膨胀

加速的通货膨胀又称急剧的或奔腾的通货膨胀,其特点是通货膨胀率较高(一般在两位数以上),而且还在加剧,物价水平继续攀升。一般认为,在急剧或奔腾的通货膨胀情况下,物价上涨速度高达两位数(即在10%到100%之间)。这种通货膨胀率会使经济发生严重的扭曲。由于货币购买力迅速下降,人们更愿意囤积商品而不愿意持有货币,金融市场陷入瘫痪。

(三) 恶性通货膨胀

恶性通货膨胀又称超速的通货膨胀,其特点是通货膨胀率非常高(一般在三位数以上),而且完全失去了控制。一般认为,在恶性通货膨胀下,物价上涨的速度高达三位数以上(即超过100%),通货膨胀完全失去了控制,货币极度贬值。这种通货膨胀会导致金融体系乃至整个经济的崩溃,甚至导致一个政权的垮台。

【知识专栏】

世界上的大面额纸币:100万亿都太小!

中华民国时期60亿元金圆券是中国货币史上最大面额的纸币。那是20世纪30年代中期,国民党政府统治时期新疆省发行的一枚金圆券。因为国务党政府滥发纸币,组成了庞大的垄断金融体系"四行两局",造成恶性通货膨胀,这60亿面值的金圆券实际面值折合成金圆券只有1万元,在当时的上海市场上只能买到70粒大米。

100万亿津巴布韦津元:旷日持久的内战和国际社会制裁使南斯拉夫经济处于崩溃状态,物价飞涨和货币贬值导致市场流通钞票供不应求。2009年1月16日报道,津巴布韦储备银行从即日起开始发行一套世界上最大面额的新钞,这套面额在万亿以上的新钞包括10万亿、20万亿、50万亿和100万亿津元四种。即使是100万亿,贬到最低时只能买半个面包。

5 000亿南斯拉夫第纳尔:该纸币发行于1993年,纸币正面的人物头像是著名的南斯拉夫-塞尔维亚诗人兹马耶;背面的图案为南斯拉夫国家图书馆。由于当时正是波黑战争如火如荼时期,南斯拉夫发生严重的通货膨胀,物价飞涨,这张纸币要是折算成人民币的话,大概只值6元钱。

匈牙利帕戈:面值10的21次方。匈牙利帕戈在第二次世界大战后失去价值,遭受到纪录上有史以来最严重的货币贬值,物价飞涨到了无法控制的地步,计价时需要用到极高的位数,面值10垓帕戈的钞票,旧匈牙利的钞票,面值是100,000,000,000,000,000,000,也就是10的21次方帕戈,有印出但是没有发行,成为历史上最高面额的未发行钞票。发行的钞票中面值最高的为1垓帕戈(10的20次方),成为历史上最高面额的已发行钞票。如果兑换成美元,如此惊人面额也不过20美分左右。

(资料来源:http://tech.ifeng.com/a/20141211/40900673_0.shtml#p=1,凤凰网)

（四）受抑制的通货膨胀

受抑制的通货膨胀又称隐蔽的通货膨胀。这种通货膨胀是指经济中存在着通货膨胀的压力，但由于政府实施了严格的价格管制与配给制，通货膨胀并没有发生。一旦解除价格管制并取消配给制，就会发生较严重的通货膨胀。

三、通货膨胀的成因

经济学家认为，通货膨胀主要有四种成因：需求拉动的通货膨胀、成本推动的通货膨胀、供求混合推动的通货膨胀和结构性通货膨胀。

（一）需求拉动的通货膨胀

需求拉动的通货膨胀（Demand-Push Inflation），是指当市场上商品和劳务的总需求增加时，市场所能供给的商品和劳务不能满足市场的过度需求而引起的物价上涨。

（二）成本推动的通货膨胀

成本推动的通货膨胀（Cost-Push Inflation），是从总供给的角度（成本的增加）分析通货膨胀的原因，认为引起通货膨胀的原因在于成本的增加。

成本推动的通货膨胀根据成本增加的具体原因，又主要分为三种类型。

（1）工资成本推动的通货膨胀。

工资是企业生产成本的主要部分，工资的提高自然会使生产成本增加，从而引起产品价格水平上升，导致通货膨胀。引起工资上升的一个很重要原因是在不完全竞争的劳动市场上，工会往往会利用其拥有的垄断地位迫使雇主提高工资，当工资的增加超过生产率的增长时就提高了单位产品的生产成本，为了维持原有的利润水平，企业必然提高产品的价格，从而引起通货膨胀。

（2）利润成本推动的通货膨胀。

利润成本推动的通货膨胀又称价格推动的通货膨胀，指市场上具有垄断地位的厂商为了增加利润而提高价格所引起的通货膨胀。

在不完全竞争的市场上，具有垄断地位的厂商往往控制着产品的销售价格，为了获取更多的利润，他们不是采取通过提高生产效率来降低成本的途径，而是利用提高产品价格的方式，使得产品价格的上升速度超过产品成本的增长速度，进而从中获利。这种方法同样提高了企业的生产成本，从而产生通货膨胀。

经济学家认为，工资推动和利润推动实际上都是操纵价格的上升，其根源在于经济中的垄断，即工会的垄断形成工资推动，厂商的垄断引起利润推动。

（3）原材料和能源等涨价或者进口成本推动的通货膨胀。

除了工资和利润上升的推进，原材料和能源等涨价也会使成本提高，使总供给曲线向左上方移动，引起通货膨胀。

原材料、能源等都是数量有限的资源，很多国家都需要进口。当这些进口的生产要素价格提高时，会促使国内产品价格提高，从而引发通货膨胀。例如，1973 年，为了抗议美国等西方国家在阿拉伯和以色列冲突中偏袒以色列，以中东产油国为主的石油输出国家以石油为武器，通过减少产量和出口量，迫使国际市场石油价格翻了两番，由此导致的成本推进的通货膨胀使美国在 1973—1975 年的物价水平迅速上升，失业率也从 1973 年的不到 5%上升到 1975 年的 8.5%。

除了上述需求拉上和供给推动，许多经济学家还把总需求与总供给结合起来分析通货膨胀的原因。他们认为，通货膨胀不是单一的总需求或总供给，而是这两者共同作用的结果。

（三）供求混合推动的通货膨胀

在现实生活中，很难分清通货膨胀究竟是需求拉动还是成本推动引起的，因为这两种原因可以互为因果。供求混合推动的通货膨胀，就是把总需求和总供给结合起来分析通货膨胀的原因，认为通货膨胀的根源不是单一的总需求或总供给，而是这两者共同作用的结果。如果通货膨胀是由需求拉动开始的，即过度需求的存在引起物价上升，这种物价上升又会使工资增加，从而供给成本的增加又引起了成本推动的通货膨胀。如果通货膨胀是由成本推动开始的，即成本增加引起物价上升。这时如果没有总需求的相应增加，工资上升最终会减少生产，增加失业，从而使成本推动引起的通货膨胀停止。只有在成本推动的同时，又产生总需求的增加，这种通货膨胀才能持续下去。

（四）结构性通货膨胀

结构性通货膨胀（Structural Inflation）是指由于经济结构方面的因素而引起的通货膨胀。它是从社会各生产部门之间劳动生产率的差异、劳动市场的结构特征和各生产部门之间收入水平的赶超速度等角度来分析由于经济结构的特点而引起通货膨胀的过程。

在一个社会的经济中，社会各生产部门的劳动生产率存在差异，一些生产部门劳动生产率较高，生产扩张，需要更多的资源和劳动力；而另一些生产部门劳动生产率较低，生产在收缩，资源与劳动力因需求减少而显得过剩。如果资源与劳动力能够自由而迅速地由劳动生产率低的部门转移到劳动生产率高的部门，结构性的通货膨胀就不会发生。但事实上现代社会经济结构的特点限制了劳动生产率低的部门的资源与劳动力向劳动生产率高的部门转移。这样，劳动生产率高的部门由于资源与劳动力的短缺，导致资源价格上升，工资上升。而劳动生产率低的部门尽管资源与劳动力过剩，其资源价格和工资并不会下降，特别是工资不仅不会下降，还会由于追求所谓"公平"而在向劳动生产率高的部门"看齐"的过程中上升。这样，由于两类部门的成本增加，尤其是工资成本的增加而产生了通货膨胀。

四、通货膨胀的后果

通货膨胀对一国经济的影响是多方面的，这里可以总结为两类：影响财富和收入再分配；对产出的影响。

（一）影响财富和收入再分配

在温和的通货膨胀情况下，通货膨胀对财富和收入分配没有太大影响，但如果发生了比较严重的、出乎意料的通货膨胀，比如急剧或奔腾的通货膨胀，通货膨胀将会引起人们之间任意的财富和收入的再分配。具体体现在对以下三对主体的不同影响上。

1. 通货膨胀在债务人与债权人之间发生收入再分配，有利于债务人而不利于债权人

债务契约是根据债权人、债务人双方签约时的通货膨胀率来确定名义利息率的。当发

生了双方未预期到的通货膨胀(即比较严重的通货膨胀)以后,由于债务契约事先已经签订,无法更改,从而就使实际利息率下降,因此债务人受益,而债权人则受损。

【举例说明】

某人向银行贷款 10 万元用于购买小汽车,贷款利率为 10%,则每年须向银行支付利息 1 万元。现在发生了 20%的通货膨胀,意味着现在的 1 元钱只相当于原来 8 角钱的购买力。虽然贷款买车的人每年仍须向银行支付 1 万元利息,但这 1 万元只相当于原来的 8 000 元了。换句话说,原来要支付 1 万元利息,现在只要支付 8 000 元就可以了。而对银行来说,本来每年可收回利息 1 万元,现在收回的只是相当于原来的 8 000 元。可见,通货膨胀有利于债务人而不利于债权人。通货膨胀实际上是靠牺牲债权人的利益而使债务人获利。这意味着通货膨胀将一部分财富从债权人手中转移到了债务人手中。

2. 在企业与工人之间,通货膨胀将有利于企业而不利于工人

通货膨胀是不利于靠固定的货币收入维持生活的人的。那些靠变动收入维持生活的人,则会从通货膨胀中得益。同样,在雇主与工人之间,通货膨胀将有利于雇主而不利于工人。因为工人的工资一般比较固定,而雇主则可以从通货膨胀中获利。

3. 在政府与公众之间,通货膨胀将有利于政府而不利于公众

实际研究表明,在政府与公众之间,通货膨胀常常是有利于政府而不利于公众。经济学家认为,这种财富分配有助于解释为什么政府总是倾向于发行过多的货币。因为,政府是一个巨大的债务人,向公众发行了巨额的国债,政府为筹集收入而印刷纸币,会增加货币供给,引发通货膨胀。当价格水平上升时,政府还本付息的负担减轻了,而公众的财富则被转为政府的收入。

【举例说明】

假定你的实际财富为 50 000 元,可以买一部小汽车,现在你把这 50 000 元用于购买 1 年期国债,这等于你的财富被政府用 50 000 元纸币收购了。如果 1 年后价格水平上涨了一倍,你手里的 50 000 元买不到同样品质的小汽车,你的实际购买力只有一年前的一半,另一半财富成为政府的收入。这类似于对居民的征税,所以经济学家把政府通过发行货币而对人们的财富的攫取部分称为通货膨胀税,也称铸币税。实行浮动利率有助于减少通货膨胀的再分配效应。

通货膨胀对政府与公众的不同影响体现在税收上。当发生了不可预测的通货膨胀(即比较严重的通货膨胀)以后,公众的名义工资会有所增加,随着名义工资的增加,达到纳税起征点的人增加了,而原来已达到纳税起征点的人则进入了更高的税率等级,这样,政府的税收总额增加了;相反,随着公众纳税数额的增加,公众的实际收入在减少。因此,通货膨胀对政府有利而对公众不利。

【举例说明】

某国个人所得税的纳税起征点是1 000元，某人的工资是800元，因此不用纳税。现在发生了比较严重的通货膨胀，这个人的工资涨到1 000元，进入纳税阶层，而原来已纳税的人则由于工资的上涨而进入了更高的税率等级，要缴纳比原来更多的税。因此，政府的税收收入增加了。

需要注意的是，虽然从税收角度看，通货膨胀对政府有利，但通货膨胀给政府带来的负面影响远远超过政府从通货膨胀中得到的税收收入的增加。因此，世界上没有一个国家的政府喜欢通货膨胀。

（二）通货膨胀对产出的影响

经济学家存在着两种极端的观点：一些经济学家认为适度的通货膨胀有利于经济的增长；而大多数学者则认为通货膨胀会损害经济增长，降低经济效率。

1. 随着通货膨胀的产生，产出增加

发生温和的需求拉动通货膨胀时，总需求增加，产品价格上涨，这会刺激企业扩大投资，增加产量，促进经济增长。

2. 随着通货膨胀的产生，产出减少

通货膨胀会动摇人们对货币的信心，促使人们更多地持有那些随通货膨胀不断上涨的实物资产、黄金、外汇或从事房地产等投机活动，从而影响生产性活动的进行，其结果将严重阻碍经济增长。通货膨胀会降低货币的购买力，公众都更宁愿持有实物以避免因储蓄而带来的损失。公众减少储蓄而增加当前消费，会导致社会储蓄率下降，从而使投资率和经济增长率下降。且一旦通货膨胀超过一定幅度，成为恶性通货膨胀时，那么将对经济产生摧毁性的打击。

五、通货膨胀的治理

综观世界各国治理通货膨胀的实践，在治理通货膨胀的政策体系中，财政政策、货币政策是最重要的两种，此外还有需求管理政策和供给管理方面的政策。需求管理政策主要包括紧缩性的财政政策、紧缩性的货币政策以及“冷火鸡”式；在通货膨胀比较严重的时候，现代经济学还主张采用其他一些政策措施，着重从供给方面来抑制通货膨胀，并与财政政策、货币政策相结合，起到对通货膨胀的综合治理作用。供给管理方面的政策主要包括收入政策。

（一）财政政策方面，主要采取紧缩性财政政策

在通货膨胀时期，由于总需求大于总供给，存在需求过度，因此政府可以采取紧缩性财政政策抑制总需求，以实现物价稳定。由于财政政策主要包括政府支出与税收，因此紧缩性财政政策主要从减少政府支出和增加税收入手，主要内容有以下四个方面。

1. 削减政府预算，压缩政府公共工程支出和政府购买

政府公共工程支出和政府购买是政府财政支出的重要组成部分。通过削减政府预算，压缩政府公共工程支出和政府购买，能够抑制政府投资，减少政府对商品和劳务的需求，缓和通货膨胀的压力；同时也能因减少政府财政支出而减少财政赤字。

2. 降低政府转移支付水平，减少社会福利费用

除了失业救济金、养老金等福利费用外，其他福利、津贴等都要随经济的过热而压缩。在许多国家，社会福利费用在政府支出中占重要地位。通过减少社会福利费用，能减少居民的可支配收入，从而抑制消费需求的膨胀，缓和通货膨胀的压力。

3. 增加税收

税收在政府收入中占有非常重要的地位。通过增加税收，可以增加政府收入，弥补财政赤字；同时增加税收以后，企业和居民的实际收入减少，从而也减少了企业的投资支出和居民的消费支出，最终可以控制总需求的膨胀。

4. 对部分商品开征特别消费税

通货膨胀时期不同商品的供求矛盾不同，因此可以考虑对部分需求特别旺盛的商品开征特别消费税，通过这些商品的高税率来限制其过度膨胀的需求。

此外，政府还可通过发行公债来抑制通货膨胀。

（二）货币政策方面，主要采取紧缩性货币政策

在通货膨胀时期，由于总需求大于总供给，存在需求过度，因此政府可以采取紧缩性货币政策抑制总需求。由于货币政策主要包括中央银行三大货币政策工具和利率政策等，因此，紧缩性货币政策主要从这些政策入手，具体内容包括以下四个方面。

1. 提高商业银行的法定存款准备金率

通过提高商业银行的法定存款准备金率，可以减少商业银行贷款的发放，继而通过银行创造货币的机制减少货币供应量，从而提高利息率，最终减少社会总需求。

2. 提高再贴现率

通过提高再贴现率，可以减少商业银行向中央银行的借款，从而减少商业银行的货币供应量，这就势必带来银行信贷的紧缩和利息率的上升，有利于控制银行信贷的膨胀，最终减少社会总需求。

3. 通过开展公开市场业务卖出政府债券

中央银行在公开市场上卖出各种政府债券，能够从商业银行和公众那里收回货币，从而减少货币供应量，进而促进利息率的上升，最终减少社会总需求。这是最重要且经常被利用的一种抑制通货膨胀的政策工具。

4. 直接提高利息率

法定存款准备金率、再贴现率、公开市场业务是通过变动货币供应量以间接影响利息率，最终影响社会总需求。为了抑制通货膨胀，中央银行有时会通过直接提高利息率来收缩信贷。因为利息率的提高会增加信贷资金的使用成本，从而减少信贷的发放；还可以吸收储蓄存款，减少消费和投资，以减轻通货膨胀的压力。

（三）收入政策

根据成本推进的通货膨胀理论，通货膨胀是由于成本增加，特别是工资成本的增加引起的。但财政政策和货币政策被认为不足以对付这种成本推进的通货膨胀，因此，有些西方经济学家建议通过对工资和物价进行调控来抑制通货膨胀。由于这项政策控制的重点是工资，所以又称收入政策。在一般情况下，收入政策主要是通过确定工资—物价指导线，以限制工资和物价的上升。具体做法是政府根据劳动生产率的增长速度和其他因素，规定工资

与物价的上涨限度，特别是规定工资的增长率。当通货膨胀十分严重的时候，收入政策会采用工资—物价冻结的形式。具体做法是政府采用行政手段禁止在一定时期内提高工资与物价，把全社会工资与物价固定在一定水平上。但需要注意的是，这种形式只能在短期内使用。此外还有税收刺激计划。

六、通货膨胀与失业的交替关系

1958 年，当时在英国伦敦经济学院工作的新西兰经济学家菲利普斯（A. W. Philips）通过整理英国 1861—1957 年近一个世纪的统计资料，发现货币工资增长率和失业率之间存在一种负相关的关系。此后，经济学家对此进行了大量的理论解释，尤其是萨缪尔森和索洛将原来表示失业率与货币工资率之间交替关系的菲利普斯曲线发展成为用来表示失业率与通货膨胀率之间交替关系的曲线。

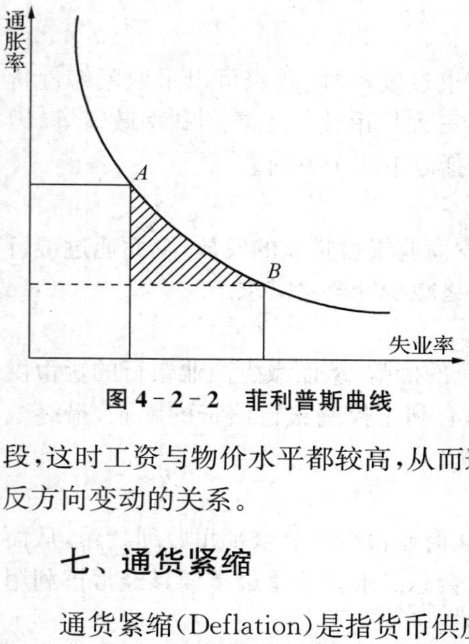

图 4-2-2　菲利普斯曲线

菲利普斯根据英国 1861—1913 年间失业率和货币工资变动率的经验统计资料，提出了一条用以表示失业率和货币工资变动率之间交替关系的曲线。这条曲线表明：当失业率较低时，货币工资增长率较高；反之，当失业率较高时，货币工资增长率较低，甚至是负数，如图 4-2-2 所示。根据成本推动的通货膨胀理论，货币工资可以表示通货膨胀率。因此，这条曲线就可以表示失业率与通货膨胀率之间的交替关系。即失业率高表明经济处于萧条阶段，这时工资与物价水平都较低，从而通货膨胀率也就低；反之失业率低，表明经济处于繁荣阶段，这时工资与物价水平都较高，从而通货膨胀率也就高。失业率和通货膨胀率之间存在着反方向变动的关系。

七、通货紧缩

通货紧缩（Deflation）是指货币供应量少于流通领域对货币的实际需求量而引起的货币升值，从而引起的商品和劳务的货币价格总水平的持续下跌现象。通货紧缩，包括物价水平、货币供应量和经济增长率三者同时持续下降；它是由于市场上的货币减少，购买能力下降，影响物价下跌所造成的；长期的货币紧缩会抑制投资与生产，导致失业率升高与经济衰退。

而依据诺贝尔经济学奖得主保罗·萨缪尔森的定义："价格和成本正在普遍下降即是通货紧缩。"经济学者普遍认为，当消费者物价指数（CPI）连跌两季，即表示已出现为通货紧缩。通货紧缩就是物价、工资、利率、粮食、能源等价格不能停顿地持续下跌，而且全部处于供过于求的状况。

通货紧缩对经济与民生的伤害力比通货膨胀还要厉害。多位学者认为，通货紧缩是未来世界经济所必定面临的严峻课题。许多经济学家已在担忧若是当前的疲软经济不能很快复苏，美国陷入经济紧缩的可能性则会大幅增加。

任务 5　经济增长

一、经济增长与经济发展

在宏观经济学中，经济增长是指经济社会（一国或某一地区）在一定时期内（通常为一年）国内生产总值或国民收入的增长，即总产出量的增加。经济增长通常用国内生产总值或国民收入的变动率作为衡量指标。经济增长率是指国家在一年内实际总产出的年增长率或人均实际收入的年增长率。

如果说经济增长是"量"的概念，那么经济发展就是一个比较复杂的"质"的概念。从广泛的意义上说，经济发展不仅包括经济增长，还包括国民的生活质量（包括教育水平、健康卫生标准、人均住房面积等指标）的提高，以及整个社会经济结构与制度结构的总体进步。一般认为，经济发展具有五个方面的特征：一是人均产值增长率较高；二是生产力提高的速度较快；三是经济结构转变的速度快；四是社会结构和思想观念的变化迅速；五是与国外经济的联系加强。总之，经济发展是反映一个经济社会总体发展水平的综合性概念。由于经济发展问题的复杂性，因此，在经济学中有一门学科专门研究经济发展，被称为"发展经济学"。而在宏观经济学中，则重点在于论述经济增长理论。

经济增长是经济发展的前提，只有在一定量的增长的前提下，才有质量的提高，经济发展是经济持续增长的结果。但是，经济增长不等于经济发展，一些经济增长可能会带来经济发展，但也有一些经济增长是高投资、高消耗、高污染下的增长，导致经济结构的扭曲或出现贫富分化、资源破坏、环境恶化等结果，影响发展和可持续发展。

二、经济增长因素分析

美国经济学家爱德华·富尔顿·丹尼森（Edward Fulton Denison），被称为增长核算或增长原因分析之"父"。1962 年他在《美国经济增长因素和我们面临的选择》（*The Soarces of Economic Growth in the United Stares & the Alternatires Before Us*）一书中，分析了美国经济增长的因素，并计量了各因素的贡献度。

丹尼森分析的经济增长因素，主要有以下五个方面。

（一）劳动在数量上的增长和质量上的提高

丹尼森把劳动的质量划分为三个方面：一是由于正常劳动时间的缩短而引起的劳动质量的变化；二是成年男工由于正常教育年限的增长而引起的劳动质量的变化；三是由于年龄、性别构成的变化和相对于男工说来，女工劳动价值的变化而引起的平均的劳动质量的变化。

（二）资本（包括土地）在数量上的增加

丹尼森认为美国土地的数量是不变的。他把能够再生产的资本（简称资本）投入分为五类：企业建筑和设备、非农业的住宅建筑、存贷、美国居民在国外的资产、外国人在美国的资产。

（三）资源配置的改善

它主要是指两种人力资源的改善。第一，配置到农业上的过多劳动力从农业中转移出去；第二，非农业性的独立经营者和那些本小利微的小企业中参加劳动但不取报酬的业主家属，从该企业中转到大企业，充任工资劳动者。

（四）规模的节约或者称为规模报酬

就是西方经济学中经常涉及的随着生产规模的扩大，报酬是递增，不变，还是递减？

（五）知识进展和它在生产上的作用

丹尼森认为，知识进展能使同样的产品只需更少的生产要素投入量。促进经济增长的新技术的采用，只是在知识有所进展时，才有可能实现。

20世纪80年代，罗默和卢卡斯相继发表了《递增收益与长期增长》和《论经济发展机制》，文章通过规模收益递增和内生技术进步的阐述来说明长期经济增长和各国经济增长率的差异，在此基础上形成了著名的内生经济增长理论。新增长理论的重要特征是将增长率内生化。在规模收益递增的原因上，内生增长理论大多强调技术的溢出效应。企业采用了新技术而增加了技术知识，从而对整个社会产生了有利影响，技术的这种正的外部性就叫技术的溢出效应。罗默的内生增长理论主要表现在以下几个方面：

① 承认知识是一个生产要素，与获得资本一样，知识必须通过放弃当前的消费才能得到。② 过去投入的资本可以使知识得到积累，并且知识又能刺激投资，投资的持续增长能够永久地提高一国的经济增长率。③ 资本、人力资本、非熟练劳动、专利等都属于生产要素，这些生产要素的组合使得规模报酬递增。④ 知识能够提高投资收益。⑤ 国际贸易有利于将新技术、新知识及人力资本引入一个国家，会促进一国的经济增长，各国经济增长的差别源于不同的知识、人力资本等。

卢卡斯沿着罗默的思路，依据人力资本理论，提出了“私人人力资本积累带动经济增长”的卢卡斯模式，认为必须重视人力资本的投入，重视包括在职训练、边学边干等形式的教育，不断积累人力资本，多对研究与发展进行投资。这样，一国才能实现长期、稳定、均衡的经济增长。在技术进步的原因方面，新增长理论的经济学家有不同的看法，罗默认为技术进步表现为私人厂商投资于研究活动而生产出新知识，卢卡斯认为技术进步是教育部门进行人力资本投资的结果。

从新增长理论的内容来看，新增长理论具有重要的政策意义。如果一个国家的政府认真考虑教育、投资、研究与发展、税收与贸易政策等问题，并实施正确的政策，就能够促进一国的经济增长。

三、经济周期

（一）经济周期的含义

经济周期是指经济运行中周期性出现的经济扩张与经济紧缩交替更迭、循环往复的一种现象。它可以分为两个大的阶段：扩张阶段与收缩阶段。前者包括复苏和繁荣，后者包括衰退和萧条。经济增长的周期波动是经济增长过程中的普遍现象。尽管有许多经济学家对如何实现持续稳定的经济增长进行了深入的研究，但到目前为止，世界上还没有哪个国家成功实现经济的持续增长，任何国家的经济在增长过程中都会反复出现波动。

图 4-2-3 中，纵轴表示国民收入（y），横轴表示时间（t），向右上方倾斜的直线 N 是一条趋势线，表示经济活动的正常水平。从图中可以看出经济活动从而国民收入的变动趋势是：顶峰—衰退—萧条—谷底—复苏—繁荣—顶峰—衰退—萧条—谷底……如此周而复始。从一个顶峰到下一个顶峰之间，即为一个经济周期。

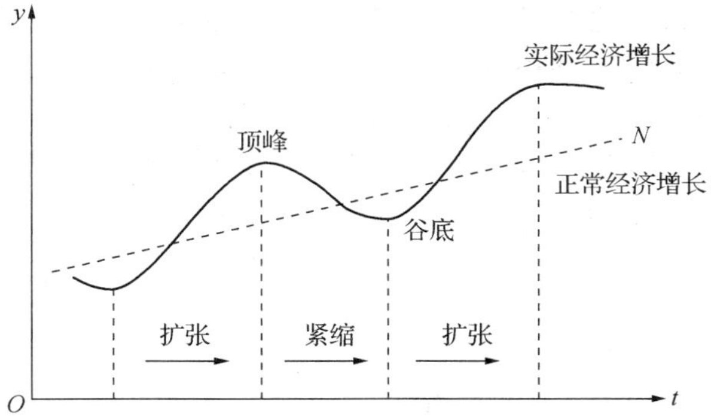

图 4-2-3　经济周期性波动

假定一个经济周期从繁荣阶段开始，这时，经济处于高水平时期，市场需求旺盛，现存的生产能力得到充分的利用，劳动力、原材料和银行贷款开始变得短缺，市场经常出现供不应求的现象，但是投资仍在不断增加。由于投资转变为生产能力需要一段时间，因而需求的增长超过生产的增长，价格水平趋于上涨。当价格水平的上涨变得持续和普遍时，便会发生通货膨胀。

繁荣阶段不可能长期保持下去，当消费趋缓、投资下降时，经济就开始下滑，走向衰退阶段。这时，市场需求疲软，投资也逐步减少，资金周转不畅，订货不足，商品滞销，进而生产下降、失业增多，企业在供、产、销和人、财、物方面都会遇到很多困难。

随着消费的不断减少，产品滞销，价格下降，企业利润减少，致使企业投资进一步减少，相应地，社会收入也不断减少，最终使得经济跌落到萧条阶段。在萧条阶段，经济活动处于最低水平，这一阶段存在大量的失业工人和闲置的生产设备，工厂亏损甚至倒闭，厂商不愿意增加投资，商业银行和其他金融机构的资金贷不出去。

随着时间的推移，现有设备不断损耗和消费引起的库存减少，使得企业开始增加投资，于是就业开始增加，产量逐渐扩大，经济便进入复苏阶段，此时经济走出萧条而趋于上升。这一阶段闲置的设备得到利用，厂商逐渐增加投资，生产和销售逐渐回升，就业增加，价格有所上涨，整个经济呈现上升的势头。

随着就业与生产的继续扩大，价格上升，经济又走向繁荣阶段，开始了又一个经济循环，如此周而复始，不断进行，每四个阶段构成一个经济周期。其特点是：各个经济周期在持续时间和变化幅度上可以有很大的差别；每个经济周期的高峰并不一定超过上一个周期的高峰，但从整个趋势来看，经济活动水平是在上升的。

（二）经济周期的类别

在研究经济周期时，经济学家根据波动时间的长短，把经济周期划分为不同的类型。

1. 长周期

长周期又称为康德拉耶夫周期，平均 50 年，是由苏联经济学家康德拉耶夫于 1925 年提出的。他根据美、英、法等国一百多年内批发物价指数、利率、工资率、对外贸易、铁煤产量与消耗量等变动的时间序列资料，认为经济活动存在一个长期的循环，这个周期平均为50年左右。

2. 中周期

中周期又称为朱格拉周期，平均8到10年，是由法国的医生、经济学家克里门特·朱格拉(C Juglar)于1860年在《论法国、英国和美国的商业危机以及发生周期》一书中首次提出的。他认为危机或恐慌不是一种独立的现象，而是经济中周期性波动的三个连续阶段(繁荣、危机、清算)中的一个。这三个阶段在经济中顺序地反复出现，形成经济周期现象，他在对统计资料的分析中根据物价水平、生产、就业人数等指标，认为经济周期的期限应该为8～10年，这就是朱格拉周期。朱格拉周期理论是针对资本主义经济中一种为期约10年的周期性波动而提出的理论。

3. 短周期

短周期又称为基钦周期，平均为40个月，是由美国经济学家基钦(J. Kitchen)于1923年提出的。他在《经济因素中的周期与趋势》中研究了1890—1922年间英国与美国的物价、银行结算、利率等指标，认为经济周期实际上有主要周期与次要周期两种。主要周期即中周期，次要周期为3～4年一次的短周期，又称为基钦周期。一个主要周期一般包括两个或三个短周期。

4. 建筑业周期

建筑业周期又称库兹涅茨周期，平均长度为20年左右。这是1930年美国经济学家库兹涅茨(S. Kuznets)提出的一种为期15～25年，平均长度为20年左右的经济周期。由于该周期主要是以建筑业的兴旺和衰落这一周期性波动现象为标志加以划分的，所以也被称为"建筑周期"。

5. 综合周期

综合周期又称熊彼特周期，是以技术创新为基础研究经济周期运动的理论，1936年伟大的经济学家熊彼特以他的"创新理论"为基础，对各种周期理论进行了综合分析后提出的。熊彼特认为，每一个长周期包括六个中周期，每一个中周期包括三个短周期。短周期约为40个月，中周期约为9～10年，长周期为48～60年。他以重大的创新为标志，划分了三个长周期。第一个长周期从18世纪80年代到1842年，是"产业革命时期"；第二个长周期从1842年到1897年，是"蒸汽和钢铁时期"；第三个长周期从1897年以后，是"电气、化学和汽车时期"。在每个长周期中仍有中等创新所引起的波动，这就形成若干个中周期。在每个中周期中还有小创新所引起的波动，形成若干个短周期。

(三) 经济周期的成因

19世纪以来，对导致经济周期性波动的原因，西方经济学家做了不少探讨。哈勃勒受国际联盟(即联合国)委托撰写了一本名为《繁荣与萧条》的著作，他将以往的理论进行总结，把凯恩斯主义以前的各种经济周期的理论分为六大类别。

1. 纯粹货币论

该理论主要由英国经济学家霍特里在1913—1933年的一系列著作中提出的。纯货币理论认为其实经济周期纯粹是一种货币现象，货币供应量和货币流通度直接决定了名义国民收入的波动，而且极端地认为，经济波动完全是由于银行体系交替地扩张和紧缩信用所造成的，尤其以短期利率起着重要的作用。如果货币增加过多，就会使银行利息率降低，信贷放宽，从而使投资增加和经济繁荣，即进入扩张阶段。另一方面，经济的繁荣又会使货币短缺，这样又会引起利息率的提高，抑制投资，使经济进入萧条。随着货币的增减，使国民经济处于周期性的波动中。

2. 投资过度理论

投资过度理论把经济的周期性循环归因于投资过度。由于投资的增加引起对投资品需求的增加以及投资品价格的上升，这样就更加刺激了投资的增加，形成繁荣。但如果投资过多，与消费品生产相对比，资本品生产发展过快，资本品过度增长导致的过剩又会促进经济进入萧条阶段。

3. 消费不足理论

消费不足理论的出现较为久远。早期有西斯蒙第和马尔萨斯，近代则以霍布森为代表。该理论认为，经济中出现萧条的原因是因为消费品的需求赶不上社会对消费品生产的增长，而这种消费不足又根源于国民收入分配不平均所造成的富人储蓄过度。因此解决的办法是实行收入分配均等化的政策。

4. 心理理论

该理论认为，人们对经济前景乐观和悲观预期的交替引起了经济波动。

庇古认为，经济高潮时，人们总是对未来有乐观的预期，引起经济过度繁荣，而当过度乐观的情绪及其后果被察觉后，又会变成不合理的过度悲观的预期。由此出现投资的过度下降，造成经济萧条。

凯恩斯认为，预期收益下降和重置成本上升导致资本边际效率下降，资本边际效率递减导致社会总投资、总需求不足，总需求不足形成紧缩缺口，缺口大到一定程度时，就出现经济萧条。萧条期间，获利机会减少，储蓄倾向得到强化，即使利率很低，工商业者也不肯借款，所以，凯恩斯指出：要复苏经济，花钱比储蓄更重要，获利前景取决于需求的增长。

5. 太阳黑子论或农业收获论

该理论由英国经济学家杰文斯于1875年提出的，他把经济的周期性波动归因于太阳黑子的周期性变化。他认为，黑子的周期性变化会影响气候的周期变化，而这又会对农业收成有影响，从而影响工业、商业、工资和购买力、投资等方面。太阳黑子的出现是有规律的，大约每十年出现一次，因而经济周期大约也是每十年一次。

6. 创新论

这一理论是奥地利经济学家熊彼特提出的。创新是指把一种新的生产要素和生产条件的“新结合”引入生产体系。熊彼特认为，生产要素新组合的出现会刺激经济的发展与繁荣。某些企业采用了新技术和新发明而获得厚利，当这种创新技术被其他企业效仿，投资急剧增加，需求迅速增加，价格普遍上升，造成经济繁荣。一旦创新中断或被大多数企业获得以致不能称为新技术时，繁荣便走向萧条。当新的“创新浪潮”形成，经济再次出现繁荣。

综合以上各种不同的周期理论，大致可以分为外部因素和内部因素两大类，诸如太阳黑子、科技创新等属于外部因素，纯粹货币、心理预期、消费投资等属于内部因素。

任务6 国际收支平衡

一、国际收支

国际收支分为狭义的国际收支和广义的国际收支。

狭义的国际收支指一国在一定时期(常为1年)内对外收入和支出的总额。

广义的国际收支不仅包括外汇收支,还包括一定时期的经济交易。

国际货币基金组织对国际收支的定义为:国际收支是一种统计报表,系统地记载了在一定时期内经济主体与世界其他地方的交易。大部分交易在居民与非居民之间进行。

(1) 国际收支是一个流量概念。

(2) 所反映的内容是经济交易,包括商品和劳务的买卖、物物交换、金融资产之间的交换、无偿的单向商品和劳务的转移、无偿的单向金融资产的转移。

(3) 记载的经济交易是居民与非居民之间发生的。

国际收支是由一个国家对外经济、政治、文化等各方面往来活动而引起的。生产社会化与国际分工的发展,使得各国之间的贸易日益增多,国际交往日益密切,从而在国家间产生了货币债权债务关系,这种关系必须在一定日期内进行清算与结算,从而产生了国家间的货币收支。

国家间的货币收支及其他以货币记录的经济交易共同构成了国际收支的主要内容。

国际收支的概念是随着国际经济交易的发展变化而变化的。资本原始积累时期,主要的国际经济交易是对外贸易,因而早期的国际收支概念是指一国一定时期的对外贸易差额。金本位货币制度崩溃后,演化为狭义的国际收支概念。“二战”后,国际经济交易的内容和范围进一步增加与扩大,就发展为被各国普遍接受的广义的国际收支。

二、国际收支平衡表

国际收支平衡表(Balance of Payment Presentation)是一国根据交易内容和范围设置项目和账户,并按照复式记账法对一定时期内的国际经济交易进行系统的记录,对各笔交易进行分类、汇总而编制出的分析性报表。

国际收支平衡表是按照“有借必有贷,借贷必相等”的复式记账原则来系统记录每笔国际经济交易。这一记账原则要求,对每一笔交易要同时进行借方记录和贷方记录,贷方记录资产的减少、负债的增加;借方记录资产的增加、负债的减少。

国际收支平衡表由三大部分构成,即由经常项目、资本项目和平衡项目构成。

(一) 经常项目

经常项目(Current Account)是一国国际收支平衡表中最基本、最重要的项目,它包括三个重要的收支项目。

(1) 贸易收支。具有一定物质存在形式,看得见摸得着的商品进出口收支。

(2) 劳务(Service)收支。由于主要涉及的是看不见实物的“服务”,所以劳务收支又称为无形贸易(Invisible Trade)收支。

(3) 单方转移收支。这是指无偿取得或无偿提供财富,即实物资产或金融资产的所有权在国家间的不需要偿还的转移。

(二) 资本项目

资本项目反映的是金融资产在一国与他国之间的移动,包括资本输出和资本输入。

(1) 长期资本。指期限在一年以上或未规定期限的资本输入和资本输出。

(2) 短期资本。指期限在一年以内的资本输出和输入。

(三) 平衡项目

为了在技术上调查弥补这一收支的不相抵所产生的净差额(即所谓"缺口"——Gap),一国官方当局需要一种与自主性交易相辅的平衡项目。平衡项目包括官方储备资产、错误与遗漏。

(1) 官方储备资产。指一国金融当局用以满足国际收支平衡和稳定汇率所需要的一切资产,包括货币用黄金、外汇储备和特别提款权等。

(2) 错误与遗漏。由于错误和遗漏的存在,缺口数与使用官方储备的实际增减并不相同,因而设立了这个"错误与遗漏"项目来人为加以平衡。

国际收支平衡表示例如表4-2-5所示。

表4-2-5　中国国际收支平衡表(初步数)　　单位:亿元人民币

项　目	行　次	2016年四季度	2016年
1. 经常账户	1	**2 576**	**13 950**
贷方	2	45 822	167 869
借方	3	−43 246	−153 919
1. A 货物和服务	4	**4 033**	**16 134**
贷方	5	42 377	151 051
借方	6	−38 344	−134 917
1. A. a 货物	7	**8 093**	**32 239**
贷方	8	37 072	132 292
借方	9	−28 979	−100 053
1. A. b 服务	10	**−4 060**	**−16 104**
贷方	11	5 305	18 759
借方	12	−9 365	−34 863
1. A. b. 1 加工服务	13	324	1 221
贷方	14	328	1 232
借方	15	−3	−11
1. A. b. 2 维护和维修服务	16	52	215
贷方	17	92	345

续 表

项 目	行 次	2016年四季度	2016年
借方	18	−40	−131
1. A. b. 3 运输	19	−735	−2 658
贷方	20	638	2 250
借方	21	−1 374	−4 908
1. A. b. 4 旅行	22	−3 737	−14 821
贷方	23	2 287	7 861
借方	24	−6 025	−22 682
1. A. b. 5 建设	25	119	277
贷方	26	261	841
借方	27	−141	−564
1. A. b. 6 保险和养老金服务	28	−109	−505
贷方	29	75	270
借方	30	−183	−775
1. A. b. 7 金融服务	31	39	88
贷方	32	67	211
借方	33	−27	−123
1. A. b. 8 知识产权使用费	34	−375	−1 514
贷方	35	38	77
借方	36	−413	−1 591
1. A. b. 9 电信、计算机和信息服务	37	156	840
贷方	38	437	1 689
借方	39	−282	−848
1. A. b. 10 其他商业服务	40	255	975
贷方	41	1 047	3 852
借方	42	−791	−2 877
1. A. b. 11 个人、文化和娱乐服务	43	−27	−93
贷方	44	15	49
借方	45	−41	−142
1. A. b. 12 别处未提及的政府服务	46	−23	−131
贷方	47	22	81
借方	48	−45	−211

续 表

项 目	行 次	2016年四季度	2016年
1. B 初次收入	49	**−1 343**	**−1 775**
贷方	50	2 953	14 751
借方	51	−4 296	−16 526
1. C 二次收入	52	**−114**	**−409**
贷方	53	492	2 067
借方	54	−606	−2 476
2. 资本和金融账户	55	**−2 576**	**−3 183**
2.1 资本账户	56	**−1**	−23
贷方	57	5	21
借方	58	−5	−44
2.2 金融账户	59	**−2 575**	**−3 160**
2.2.1 非储备性质的金融账户	60	**−12 807**	**−32 780**
其中:2.2.2.1 直接投资	61	1 174	−3 807
2.2.2.1.1 直接投资资产	62	−2 364	−13 974
2.2.2.1.2 直接投资负债	63	3 538	10 167
2.2.2 储备资产	64	**10 232**	**29 620**
2.2.2.1 货币黄金	65	0	0
2.2.2.2 特别提款权	66	5	22
2.2.2.3 在国际货币基金组织的储备头寸	67	−4	−349
2.2.2.4 外汇储备	68	10 230	29 947
2.2.2.5 其他储备	69	0	0
3. 净误差与遗漏	70	**0**	**−10 767**

注:1. 根据《国际收支和国际投资头寸手册》(第六版)编制。

2. “贷方”按正值列示,“借方”按负值列示,差额等于“贷方”加上“借方”。本表除标注“贷方”和“借方”的项目外,其他项目均指差额。

3. 以人民币计值的国际收支平衡表的折算方法为,当季以美元计值的国际收支平衡表,通过当季人民币对美元季平均汇率中间价折算。

4. 2016年初步数由2016年前三季度正式数与2016年四季度初步数累加而成。其中,2016年四季度初步数的资本和金融账户因含净误差与遗漏,与经常账户差额金额相等,符号相反。四季度初步数的金融账户、非储备性质的金融账户同样含净误差与遗漏。2016年前三季度正式数的资本和金融账户、金融账户和非储备性质的金融账户均不含净误差与遗漏,净误差与遗漏项目单独列示。

5. 本表计数采用四舍五入原则。

任务7　宏观经济政策

宏观经济政策(Macroeconomic Policy)是指国家或政府有意识、有计划地运用一定的政策工具,调节控制宏观经济的运行,以达到一定的政策目标。宏观调控是公共财政的基本职责。所谓公共财政,指的是为弥补市场失效,向社会提供公共服务的政府分配行为或其他形式的经济行为。通常来说宏观经济政策包括财政政策和货币政策,以及供给管理政策和对外经济政策等。

一、财政政策

(一) 财政政策的含义

财政政策是指以特定的财政理论为依据,运用各种财政工具,为达到一定的财政目标而采取的财政措施的总和。简言之,财政政策是体系化了的财政措施。它是国家(或政府)运用各种财政工具以达到一定财政目标的经济政策,是国家经济政策的重要组成部分,是政府干预经济活动的主要调控手段,其制定和实施的过程也是国家实施财政宏观调控的过程。

财政政策是政府根据一定时期政治经济形势和任务制定的指导财政分配活动和处理各种财政分配关系的基本准则。在现代市场经济条件下,财政政策又是国家干预经济、实现国家宏观经济目标的工具。

(二) 财政政策的内容

财政政策包括财政收入政策和财政支出政策两个方面。

政府财政收入主要是个人所得税、企业所得税和其他税收。个人所得税是对个人(自然人)取得的各项所得征收的一种所得税。我国个人所得税的纳税义务人是在中国境内居住有所得的人,以及不在中国境内居住而从中国境内取得所得的个人,包括中国国内公民,在华取得所得的外籍人员和港、澳、台同胞。在中国境内有住所,或者无住所而在境内居住满一年的个人,是居民纳税义务人,应当承担无限纳税义务,即就其在中国境内和境外取得的所得,依法缴纳个人所得税。在中国境内无住所又不居住或者无住所而在境内居住不满一年的个人,是非居民纳税义务人,承担有限纳税义务,仅就其从中国境内取得的所得,依法缴纳个人所得税。个人所得税征收范围包括工资薪金所得;个体工商户生产、经营所得;对企事业单位的承包经营、承租经营所得;劳务报酬所得;稿酬所得;特许权使用费所得;利息、股息、红利所得;财产租赁所得;财产转让所得;偶然所得;经国务院财政部门确定征税的其他所得。2011 年 6 月 30 日,十一届全国人大常委会第二十一次会议表决通过了个税法修正案,将个税起征点由现行的 2 000 元提高到 3 500 元,适用超额累进税率为 3%至 45%。

(三) 财政政策工具

财政政策工具也称财政政策手段,是指国家为实现一定财政政策目标而采取的各种财政手段和措施,主要包括财政收入(主要是税收)、财政支出、国债和政府投资。财政政策工具有收入政策工具和支出政策工具。收入政策工具主要是税收。支出政策工具分为购买性支出政策和转移性支出政策，其中，购买性支出政策又有公共工程支出政策和消费性支出政策之别。

1. 财政收入

税收是国家凭借政治权力参与社会产品分配的重要形式，具有无偿性、强制性、固定性、权威性等特点。税收促进财政目标实现的方式即是灵活运用各种税制要素。一是适当设置税种和税目，形成合理的税收体系，从而确定税收调节的范围和层次，使各种税种相互配合。二是确定税率，明确税收调节的数量界限，这是税收作为政策手段发挥导向作用的核心。三是规定必要的税收减免和加成。

因此，税收可以通过调整税率和增减税种来调节产业结构，实现资源的优化配置，可以通过累进的个人所得税、财产税等来调节个人收入和财富，实现公平分配。

按税负能否转嫁，税收又可分为直接税和间接税两种。

直接税是直接就个人纳税者征收，负担是个人的、规避不了，所得税、财产税、工薪税都属于直接税。直接税是调节经济非常有效的手段，优点是稳定性强、征收成本低、收入较高而且公平；缺点是对劳动有抑制作用而且容易造成逃税、降低生产率、投资降低等现象发生。

间接税不是就个人直接征收，而是就个人的活动征收，可以通过不参加经济活动来规避间接税，也可以通过各种途经转嫁给他人，即间接税存在一个赋税归宿问题。间接税包括销售税、购买税、烟草税、汽油和燃油税、印花税、关税、货物税、从量税、从价税及增值税等等。优点是其效应扩及整个社会，而且常常在纳税人不知不觉的情况下征收；间接税可以增强人们的生产和劳动积极性，提高生产和劳动效率，把赋税分摊给广大公众，刺激着一种社会责任感；可以改变高需求价格弹性物品的浪费情况，提高了其价格，也促使公民关注税款的使用；可作为政府的政策工具。缺点是间接税的累退性，即对穷人来说，负担较大；还有间接税可能导致通货膨胀。

课外阅读

2012 年 6 月 8 日河南日报报道
“啥税也不缴很惭愧”国家级贫困县老农境界高

6 月 4 日至 7 日，河南省委书记、省人大常委会主任卢展工深入平顶山市、洛阳市贫困山区调研。

“我常想，过去俺农民种粮缴税还能为国家做点贡献，现在啥税也不缴了，国家还给这补贴那补贴，俺现在一点贡献也没有，现在党委政府又在为俺农民谋划建设新型农村社区，说实话，俺心里很惭愧。”村民段中智由衷感叹。

卢展工赞叹说：“这就是我们的农民群众，境界高啊。”长期以来，农业、农村和农民为我们国家做出了很大贡献，没有‘三农’的贡献，我们也发展不到今天这个程度，现在经济发展了，有了这个条件，党委政府就要想方设法更好解决‘三农’问题，破除城乡二元结构，实现协调发展，让农村老百姓也过上更好的生活。

与西方国家的税制不同，中国实行的是以间接税（又称流转税）为主体的税制。人们在购买商品或消费服务时，就已经不知不觉将税收缴纳了。比如农民花了100元购买工业日用品，实际上就已经缴纳了17元的增值税。国家税务总局副局长许善达曾指出，据初步测算，目前中国农民在购买生产资料等生产过程中缴纳的增值税，每年在4 000亿元至5 000亿元之间，农民人均缴纳的税款在200元以上。农民仅仅在购买生产资料环节就为国家间接地承担如此高额的税收，又哪来的“啥税也不缴”？河南农民对于税收的认知缺乏，恐怕不能用简单的个人缺乏常识来归因。中国实行专制制度长达数千年，即使在新中国成立之后的很长一段时间内，个人与国家的关系定位中国家依然是本位，个人对国家需无条件地认可和服从。在这种大环境下，税收被赋予了神圣的意义。很多民众都不明白，纳税不是报答国家的养育之恩，而是让国家为自己提供更好的服务。现代国家理论认为，是人民养活了国家而不是国家养活了人民，人民纳税是为了让政府向人民提供单凭纳税人不能自行解决的公共服务和公共产品。

民众纳税了，理所当然应该得到政府提供的服务。民众纳税了，就必然有权利知道政府是否真正为民众提供服务，服务的质量效益如何。只有意识到个人“纳税人”权利身份，他才算一个合乎现代社会需要的现代公民，而不是匍匐在国家和政府面前哀求乞怜的臣民。专制社会认为老百姓是被国家养活的，因此老百姓不但应该通过纳税服役报答国家的养育之恩，还要对于国家的这种养育之恩诚惶诚恐，感恩戴德，肝脑涂地，生死以报。只有当民众意识到了“税负痛感”，才能意识到自己的主体地位，只是在间接税制和长期的宣传教育之下，这样的觉醒太难，才有现实生活中许许多多的“愧对国家”。

2. 财政支出

政府支出或财政支出包括政府公共工程支出、政府购买，以及转移支付。政府支出通常包括：① 社会福利支出。② 退伍军人的福利支出。③ 国家防务和安全支出。④ 债务利息支出。⑤ 教育和职业训练支出。⑥ 公共卫生和保健支出。⑦ 科学技术研究费用。⑧ 交通、公路、机场、港口和住宅的支出。⑨ 自然资源的环境保护的支出。⑩ 国际交往与国际事务的支出。

政府转移支付与政府购买不同。政府购买是指政府对商品和劳务的购买，其特点是以取得商品和劳务作有偿支出。它是一种实质性的支出，可以使经济资源的利用从私人部门转到公共部门。由于政府购买有着商品和劳务的实际交易，因而直接形成社会需求和社会购买力，是国民收入的一个组成部分，作为计入GDP的四大需求项目（消费、投资、政府购买和出口余额）之一。而政府转移支付是指政府单方面的、无偿的资金支付，包括社会保障、社会福利支出、政府对农业的补贴以及债务利息支出、捐赠支出等。政府转移支付的特点是不以取得商品和劳务作报偿的支付。它是货币性支出，是通过政府把一部分人的收入转给另一部分人，整个社会的收入总量并没有变化，变化的仅是收入总量在社会成员之间的分配比例。

3. 财政赤字

财政赤字是财政支出大于财政收入而形成的差额，由于会计核算中用红字处理，所以称为财政赤字。它反映着一国政府的收支状况。财政赤字是财政收支未能实现平衡的一种表现，是一种世界性的财政现象。但是还有一种情况就是，政府会主动形成财政赤字来作为一种财政政策。在制定国家预算时，政府有意将当年预算支出安排得大于当年预算收入，不足的预算资金，依靠发行国债、向银行透支、发行财政性货币的办法来应付。

1929—1933年，发生了世界经济危机，为解释和解救危机，赤字预算论纷纷出现，其中，英国经济学家凯恩斯和美国经济学家汉森的理论最具代表性。他们认为，财政收支平衡不是国家理财的原则，负债多少也不是衡量一国财政稳定的尺度。资本主义经济之所以陷入了长期萧条和危机，原因在于有效需求不足。国家为了促进就业和消除危机，应该积极进行经济干预，采用扩大国家预算支出的方式，举办公共工程，增加政府投资，增加军事订货，支付出口补贴等。国家在实行这些政策中难免会出现赤字，但可以刺激社会总需求，增加就业，从而增加国民收入，缓解或消除经济危机。第二次世界大战以后，西方的许多国家使用了这种政策。

财政赤字是国家宏观调控的手段，它能有效动员社会资源，积累庞大的社会资本，支持经济体制改革，促进经济的持续增长。实际上财政赤字是国家为经济发展、社会稳定等目标，依靠国家坚实和稳定的国家信用调整和干预经济，是国家在经济调控中发挥作用的一个表现。

但是这并不是包治百病的良药。刺激投资，就是扩大生产能力。实行扩张性政策，有可能是用进一步加深未来的生产过剩的办法来暂时减轻当前的生产过剩。因此，长期扩张积累的后果必然会导致更猛烈的经济危机的暴发。财政赤字可能增加政府债务负担，引发财政危机。甚至由于货币需求总量增加，可能会诱发通货膨胀。

课外阅读

我国财政赤字率或将突破3%

适度扩大财政赤字，将提升中国的财政政策力度，既确保财政支出亦留下减税空间，但预算体系优化及财税体制改革，不能因此而拖延。

为托底下行通道的中国经济，今年的宏观经济政策取向将采取积极的财政政策和稳健偏宽松的货币政策基调，政府扩大赤字率堪为相机抉择。

在经济整体放缓过程中，全国财政收入增幅明显降低，从过去几年高于GDP的增幅，落至2015年5.8%的增长率，低于同年度GDP增幅。而财政支出服务于“积极”政策取向的扩张加力，又成为客观需要，于是财政收支矛盾在财政“过紧日子”中如何处理，便自然聚焦到赤字和相关问题的把握上。

改革开放以来，虽然中国基本上是财政“连年赤字”，但在总结调控经验之中，赤字安排掌握已比较成熟,2015 年度的赤字率(赤字规模与年度 GDP 之比)在 2.3%~2.7%,明显处于安全区;估计 2016 年可能达到甚至高出 3%,同时,资金使用方向纳入预算盘子坚持以稳增长、优结构、护生态、惠民生、促改革为原则,通过加强量化考评和多重监督,结合预算改革力求提升绩效水平。中国在阶段性提高赤字率过程中,把握赤字风险可控的原则将成为必须。

一方面,央行采取相对较宽松的货币政策,目标锁定在降低实际利率,减少企业的债务风险和地方政府的还款负担,避免发生金融系统性风险;另一方面,积极的财政政策则针对性地向实体经济输血,使微观企业恢复元气。通过提升赤字,实施扩张性财政政策,在经济低迷时期采用反周期策略,或将成为决策层今年的宏观取向,希望这能为中国经济过渡期提供充气垫和安全阀。

(资料来源:2016 年 03 月 07 日,《财经》杂志)

4. 自动稳定器作用

自动稳定器也称内在的稳定器,指在经济中能够自动地趋向于抵消总需求变化的政策工具与活动。其特征是对总需求的调节是自动的,不需要人们预先做出判断和采取措施,它可以自行发挥作用,减轻需求水平的波动,进而起到稳定经济的作用。

在社会经济生活中,通常具有内在稳定器作用的因素主要包括个人和公司所得税、失业补助和其他福利转移支付、农产品维持价格以及公司储蓄和家庭储蓄,等等。财政的这种内在稳定经济的功能主要通过下述三项制度得到发挥。

(1) 政府税收的自动变化。当经济衰退时,国民产出水平下降,个人收入减少;在税率不变的情况下,政府税收自动减少,留给人们的可支配收入也会自动地少减少一些,从而使消费和需求也自动地少下降一些。

(2) 政府支出的自动变化。当经济出现衰退与萧条时,失业增加,符合救济条件的人数增多,失业救济和其他社会福利开支就会相应增加,这样就可以抑制人们收入特别是可支配收入的下降,进而抑制消费需求的下降。当经济繁荣时,失业人数减少,失业救济和其他福利费支出也会自然减少,从而抑制可支配收入和消费的增长。

(3) 农产品价格维持制度。经济萧条时,国民收入下降,农产品价格下降,政府依照农产品价格维持制度,按支持价格收购农产品,可使农民收入和消费维持在一定水平上。经济繁荣时,国民收入水平上升,农产品价格上升,这时政府减少对农产品的收购并抛售农产品,限制农产品价格上升,也就抑制了农民收入的增长,从而也就减少了总需求的增加量。

(四) 财政政策的运用

根据财政政策在调节经济总量中的不同功能,可把财政政策划分为扩张性、紧缩性和中性的财政政策。扩张性财政政策就是增加财政支出、减少税收进而扩大赤字,将刺激社会总需求。紧缩性财政政策就是增加税收、减少支出以压缩赤字,则会抑制社会总需求。一般来讲,在经济萧条时期,总需求小于总供给,经济中存在失业,这时政府就要通过扩张性财政政策,包括减税与增加政府支出,减税可以增加企业和居民的可支配收入,进而增加消费和投资,政府支出的增加则直接刺激总需求,从而可能使经济走出萧条。而在经济繁荣时期,总需求大于总供给,经济中存在通货膨胀,政府则要通过紧缩性的财政政策来压抑总需求,以实现物价稳定。紧缩性的财政政策包括减少政府支出与增税。减少政府支出则直接使总需求下降；征税可以减少居民和企业的消费和投资。酌情使用的财政政策是政府根据经济形势的分析，主动采用的增减政府收支的决策。例如，当认为总需求非常低，即出现经济衰退时，政府应通过削减税收、降低税率、增加支出或双管齐下等策略以刺激总需求。反之，当认为总需求非常高，即出现通货膨胀时，政府应增加税收或减少支出以抑制总需求。前者称为扩张性（膨胀性）财政政策，后者称为紧缩性财政政策。究竟什么时候采取扩张性财政政策，什么时候采取紧缩性财政政策，应由政府对经济发展的形势加以分析权衡，斟酌使用。

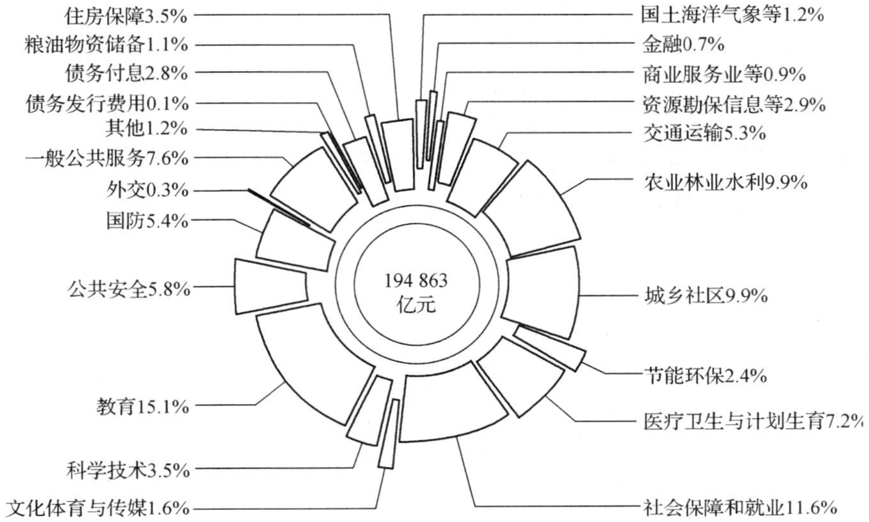

图 4－2－4　2017 年全国一般公共预算支出结构①

中性财政政策是指财政的分配活动对社会总需求和总供给保持中性，不对其进行政策性干预。通过财政收支的大体平衡，以保持社会总需求与总供给基本平衡的政策。其政策功能在于保持社会总供求的同步增长，以维持社会总供求对比的既定格局；政策实施表现为财政收支在数量上基本一致。

（五）财政政策的局限性

1. 时滞性

财政政策发挥作用具有一定的时滞性，即从发现问题到决策执行之间需要时间，从执行到起到作用同样也需要时间。一般来说，财政政策运用过程中，政府行为产生的“时滞”主要有：一是认识时滞，即市场经济发展本身需要进行必要的调整，与政府决策官员意识到这种调整的必要性之间产生的时间差距。这种时差通常可能长达数月之久。二是执行时滞，即从政府经济政策决策开始，到政策制定、落实、执行之间的时间差距。这种时滞一般也会长达数月之久，克服这种时滞的办法就是简化有关立法、行政程序。三是效果时滞，即从政府政策执行到实际可以观察到经济形势发生预期变化的时间长度。这种时滞至少要长达半年以上，因为政府财政收支的变化对国民经济的影响往往需要较长的时间才能反映出来。

① 资料来源：《政府预算解读 2017》新华社记者编制。

2. 挤出效应

挤出效应是指增加政府投资对私人投资产生的挤占效应，从而导致增加政府投资所增加的国民收入可能因为私人投资减少而被全部或部分地抵消。

在一个充分就业的经济中，政府支出增加会以下列方式使私人投资出现抵消性的减少：由于政府支出增加，商品市场上购买产品和劳务的竞争会加剧，物价就会上涨，在货币名义供给量不变的情况下，实际货币供给量会因价格上涨而减少，进而使可用于投机目的的货币量减少。结果，债券价格就下跌，利率上升，进而导致私人投资减少。投资减少了，人们的消费随之减少。这就是说，政府"挤占"了私人投资和消费。

财政政策挤出效应的大小取决于多种因素。在实现了充分就业的情况下，挤出效应最大为 1，即政府的支出增加等于私人支出的减少，扩张性财政政策对经济没有任何刺激作用；没有实现充分就业的情况下，挤出效应一般大于 0 而小于 1，其大小主要取决于政府支出增加所引起的利率上升的大小：利率上升高，则挤出效应大；反之，利率上升低，挤出效应小。

3. 外在影响因素

财政政策在实施过程中还会受到政策之外的因素影响。对财政收入即税收方面的政策来说，减税容易得到国民的支持，但是增税就会引起绝大多数人的反对，导致政策效果受到影响；在经济萧条时期，由于居民对未来不确定性的悲观预期，即使是减税，也很难起到刺激居民消费的作用。对于财政支出政策来说，削减政府支出，尤其是一些军事订单、大型公共工程项目，会遭到大企业方面的压力；还有转移支付的社会保障体系，也是易增不易减，稍加变动甚至会引起社会动荡、政权更替。

课外阅读

希腊债务危机发展时间表

2015 年 7 月 1 日

2010 年，希腊主权债务危机爆发，IMF、欧盟及欧洲央行联手援助希腊，为它提供 2 400 亿欧元的援助金，希腊则承诺实施大刀阔斧的财政预算削减和债务重组。5 年紧缩后，希腊工资水平下降，2013 年环比下降近 12%，仍在持续降低。希腊人的退休年龄从 2010 年的 61 岁延到 65 岁。希腊国内掀起"反紧缩潮"。在这种背景下，左翼政党开始崛起。

2015 年 1 月 25 日，反对紧缩措施和现有救助协议的激进左翼联盟党在希腊大选中获胜，该党领导人齐普拉斯当选希腊总理，成为首个公开反对紧缩措施的欧元区国家政府首脑。

希腊的"债务危机 2.0"也就随之展开。

1 月 30 日，希腊财长瓦鲁法基斯表示，希腊政府不接受国际债权人代表对救助协议执行情况的审查，也不寻求延长将于 2 月底到期的救助协议期限。

2 月 5 日，希腊与重要债权国德国举行谈判，未取得任何进展。在希德财长谈判结束数小时后，数以千计希腊民众在首都雅典举行游行示威，支持本国政府与欧洲相关国家和机构的谈判努力，同时抗议欧洲央行针对希腊的举措。

2 月 12 日，希腊债务谈判第一次会议结束，没有在希腊要求的修改纾困条件这件事情上谈出结果，未达成任何突破，各国将进一步会谈。

2 月 16 日，希腊与欧元区财长就希腊债务危机进行的谈判以破裂收场，雅典当局拒绝了一项要求延长国际援助 6 个月的提议。

2 月 19 日，希腊做出让步，提出延长救助协议 6 个月的申请。

2 月 20 日，欧元区的希腊债权人同意在希腊改革情况符合要求的前提下，可将对希腊的救助协议延长 4 个月。

2 月 24 日，希腊政府及时提交改革措施清单，欧元区国家的财长们将对清单内容进行评估，讨论是否最终批准延长希腊救助协议的申请。

2 月 27 日，欧洲联盟、欧洲中央银行和国际货币基金组织组成的“三驾马车”专家组对改革清单进行了评估并打开了“绿灯”。欧元区 19 国财长也取得一致，接受这份改革清单。欧元区决定延长希腊纾困方案，把希腊偿还债务期限延长到 6 月底。

但在此后几个月中，希腊与国际债权人的分歧越来越大。希腊政府与 IMF、欧盟与欧洲央行这“三驾马车”的一次又一次谈判始终未能达成一致。而希腊也多次游走在主权债务违约的悬崖边缘。

比如，5 月 11 日，希腊在偿还贷款的最后期限前夕，动用该国在 IMF 的紧急储备，将 7.5亿欧元债务还给 IMF，避过了又一次债务违约危机。但此时希腊政府手里的资金降至危险水平，支付养老金和公务员工资成为巨大挑战。

债务谈判拉锯战持续到今年 6 月份，希腊手中的现金已消耗殆尽，不与国际债权人达成妥协就必然会陷入债务违约的窘境。

但希腊左翼政府看上去似乎并不是那么畏惧债务违约，他们在谈判中始终不妥协。

6 月 18 日，欧元区财长会议在卢森堡召开，各方就希腊债务危机解决方案的谈判再度搁浅，欧洲理事会主席图斯克要求欧元区各国首脑在 22 日召开紧急峰会以求应对之策。

6 月 22 日，希腊在欧元集团领导人紧急峰会上提出了“跨越红线”的改革建议，得到欧盟领导人的欢迎，称谈判“重现曙光”。但在希腊国内，包括国会副议长米特罗普洛斯在内的多名议员对该建议表示反对。

6 月 24 日，希腊总理齐普拉斯与欧盟及 IMF 等国际债权方就债务问题举行了长达八小时的高强度磋商，仍没有取得一致。

6 月 25 日，希腊政府和其国际债权人向欧元区各国财长提交两份不同的救助草案。欧盟峰会就希腊总理齐普拉斯提交的最新改革方案进行磋商，仍没有达成共识。

6 月 27 日，齐普拉斯宣布政府提议就国际债权人提出的协议草案举行全民公决。欧元集团会议召开，欧元区 18 国财长拒绝延长月底到期的希腊债务救助协议的期限。这意味着，这一次国际债权人也不会再给希腊更多时间，而希腊方面则打算以全民公投的形式来决定希腊的命运——是接受救助方案所附加的各项改革条款，还是干脆选择债务违约。

（资料来源：光明网）

二、货币政策

货币政策又称金融政策。凯恩斯的宏观货币政策是指通过中央银行增加或减少货币供应量，影响利息率，通过利息率的升降来间接影响投资和消费，实现宏观政策目标。

（一）货币供应量

货币政策的实施是通过货币供应量的变化来实现的。货币供应量是指某个时点上全社会承担流通和支付手段的货币存量。货币供应量，是指一国在某一时期内全社会承担流通和支付手段的货币存量，它由包括中央银行在内的金融机构供应的存款货币和现金货币两部分构成。流动性大小是划分货币存量多少的基本依据。所谓流动性，是指一种资产随时可以变为现金或商品，而对持款人又不带来任何损失，货币的流动性程度不同，在流通中的周转次数就不同，形成的货币购买力及其对整个社会经济活动的影响也不一样。一般说来，中央银行发行的钞票具有极强的流动性或货币性，随时都可以直接作为流通手段和支付手段进入流通过程，从而影响市场供求关系的变化。商业银行的活期存款，由于可以随时支取、随时签发支票而进入流通，因此其流动性也很强，也是影响市场供求变化的重要因素。有些资产，如定期存款、储蓄存款等，虽然也是购买力的组成部分，但必须转换为现金，或活期存款，或提前支取才能进入市场购买商品，因此其流动性相对较差，它们对市场的影响不如现金和活期存款来得迅速。

货币供应量有狭义与广义之分。我国从 1994 年第三季度起由中国人民银行按季向社会公布货币供应量统计监测指标。参照国际通用原则，根据我国实际情况，中国人民银行将我国货币供应量指标分为以下四个层次：

(1) M_0：流通中的现金；

(2) M_1：M_0＋企业活期存款＋机关团体部队存款＋农村存款＋个人持有的信用卡类存款；

(3) M_2：M_1＋城乡居民储蓄存款＋企业存款中具有定期性质的存款＋外币存款＋信托类存款；

(4) M_3：M_2＋金融债券＋商业票据＋大额可转让存单等。

其中，M_0是通常所说的狭义货币量，流动性较强；M_3是广义货币量，M_2与M_1的差额是准货币，流动性较弱；M_3是考虑到金融创新的现状而设立的，暂未测算。

（二）货币体系作用机制

西方国家的银行体系由中央银行与商业银行构成，从而产生了银行体系创造货币的机制。这一机制与法定准备金制度、商业银行的活期存款就是一种货币，以及银行的贷款转化为客户的活期存款等制度相关。

中央银行是由政府组建的金融机构，负责控制国家货币供给、信贷条件，监管金融体系，特别是商业银行和其他储蓄机构，是国家最高的货币金融管理组织机构，在各国金融体系中居于主导地位。国家赋予其制定和执行货币政策，对国民经济进行宏观调控，对其他金融机构乃至金融业拥有监督管理权限，地位非常特殊。中央银行具有三大职能。一是发行的银行，中央银行由国家以法律形式授予货币的发行权，因此也承担起对调节货币供应量、稳定币值的重要责任。独占货币发行权是其最先具有的职能，也是其区别于普通商业银行的根本标志。货币发行权一经国家法律形式授予，中央银行即对保证货币流通的正常与稳定负有责任。二是银行的银行。中央银行集中保管商业银行的准备金，并对它们发放贷款，充当最后贷款者；作为全国票据的清算中心，并对所有金融机构负有监督和管理的责任。我国自中国银监会成立以后，由于职能分拆，这一部分职能事实上已划归银监会负责，中国人民银行则主要负责与货币政策紧密相关的那一部分监管，具体做法还有待在实践中摸索。三是国家的银行。中央银行是国家货币政策的执行者和干预经济的工具，代表国家执行金融政策，代为管理国家财政收支以及为国家提供各种金融服务。主要表现为代理国库，代理发行政府债券，为政府筹集资金，代表政府参加国际金融组织和国际金融活动，制定和执行货币政策。中国的中央银行中国人民银行于 1948 年 12 月 1 日在石家庄成立。

商业银行是一个以营利为目的，以多种金融负债筹集资金，多种金融资产为经营对象，具有信用创造功能的金融机构。一般的商业银行没有货币的发行权，传统的商业银行的业务主要集中在经营存款和贷款（放款）业务上，即以较低的利率借入存款，以较高的利率放出贷款，存贷款之间的利差就是商业银行的主要利润。商业银行的主要业务范围包括吸收公众、企业及机构的存款、发放贷款、票据贴现及中间业务等。它是储蓄机构而不是投资机构。

法定准备率是中央银行以法律形式规定的商业银行在所吸收存款中必须保持的准备金的比例。商业银行在吸收存款后，必须按法定准备率保留准备金，其余的部分才可以作为贷款放出。银行的贷款经过流通后转化为客户的活期存款，而商业银行的活期存款依然能够发挥货币的支付等功能，从某种意义上来说，它就是一种货币。

商业银行的存款与贷款活动会创造货币，在中央银行货币发行量并未增加的情况下，使流通中的货币量增加。而商业银行所创造货币的多少，取决于法定准备率，与法定准备率呈反比，与最初存款呈正比。我们通过货币乘数就是表明中央银行发行的货币量所引起的实际货币供给量增加的倍数，它是货币供给量与货币发行量之比。

（三）货币政策工具

货币政策工具是中央银行为达到货币政策目标而采取的手段。货币政策工具分为常用工具及其他工具。常用工具通常包括以下三种。

1. 公开市场业务

公开市场业务，是指中央银行在金融市场上买进或卖出有价证券。中央银行买进或卖出有价证券或外汇意味着进行基础货币的吞吐，可以达到增加或减少货币供应量的目的。当金融市场上资金缺乏时，中央银行就通过公开市场业务买进有价证券，向社会投入一笔基础货币。这些基础货币如果是流入社会大众手中，则会直接地增加社会的货币供应量；如果是流入商业银行，则会引起信用的扩张和货币供应量的多倍增加。相反，当金融市场上游资泛滥、货币过多时，中央银行就可以通过公开市场业务卖出有价证券，无论这些证券是由商业银行购买，还是不定期由其他部门购买，总会有相应数量的基础货币流回，引起信用规模的收缩和货币供应量的减少。中央银行就是通过公开市场上的证券买卖活动，以达到扩张或收缩信用、调节货币供应量的目的。

公开市场政策已成为许多国家中央银行最重要的货币政策工具。其优点在于：① 中央银行能通过此项政策工具影响商业银行准备金的状况，从而直接影响市场货币供应量。② 运用公开市场业务的主要权掌握在中央银行手中，中央银行可以独立地选择在金融市场上买卖各种债券的时间、地点、种类及数量，而无须像再贴现政策那样，中央银行只能用变动贷款条件或贷款成本的间接方式鼓励或限制商业银行的信用行为，也无须考虑商业银行是否配合。③ 公开市场上中央银行买卖各种有价证券的规模可大可小，交易方法及步骤都可以根据需要安排，这样更能保证准备金比率调整的准确性，也能比较准确地调控货币供应量。④ 公开市场业务不像法定准备率及再贴现率手段那样，具有很大的行为惯性。在中央银行根据市场行情认为有必要调节方向时，转变业务有很大的灵活性。⑤ 中央银行可以运用公开市场政策，进行经常性、连续性的操作。⑥ 金融市场情况一旦发生变化，中央银行能迅速改变其操作，灵活地调节市场货币供应量。

2. 再贴现政策

再贴现政策，是贴现商业银行向中央银行贷款的方式。贴现是指票据持有人在票据到期日前，为融通资金而向银行或其他金融机构贴付一定利息的票据转让行为。通过贴现，持票人得到低于票面金额的资金，贴现银行及其他金融机构获得票据的所有权。再贴现是商业银行及其他金融机构将买入的未到期的贴现票据向中央银行办理的再次贴现。从形式上看，再贴现与贴现并无区别，都是一种票据和信用相结合的融资方式；但从职能上看，再贴现是中央银行执行货币政策的重要手段之一。

再贴现政策的作用过程实际上就是通过变更再贴现率来影响商业银行的准备金及社会的资金供求的过程。当中央银行提高再贴现率，使之高于市场利率时，商业银行向中央银行借款或再贴现的资金成本上升，这就必然减少向中央银行借款或再贴现，这使商业银行的准备金相应缩减。如果准备金不足，商业银行就只能收缩对客户的贷款和投资规模，从而也就缩减了市场的货币供应量。随着市场货币供应量的缩减，银根紧俏，市场利率也相应上升，社会对货币的需求也就相对减少。而当中央银行降低再贴现利率，使其低于市场利率时，商业银行向中央银行借款或再贴现的资金成本降低，这就必然增加其向中央银行的借款或再贴现，商业银行的准备金相应增加，这就必然会使其扩大对客户的贷款和投资规模，从而导致市场货币供给量的增加。随着市场货币供给量的增加，银根松动，筹资较易，市场利率相应降低，社会对货币的需求也会相应增加。

尽管再贴现政策从理论上来说，能够发挥很好的效果，但同时也存在着某些局限性，这主要表现在以下三方面：

(1) 从控制货币供应量来看，再贴现政策并不是一种理想的控制工具。首先，中央银行处于被动地位。商业银行是否愿意到中央银行申请再贴现，或再贴现多少，决定于商业银行自身。其次，如商业银行都依赖于中央银行再贴现，就会增加中央银行的压力，从而会削弱其控制货币供应量的能力。再次，再贴现率高低有限度。在经济繁荣或经济萧条时期，再贴现率无论高低，都无法限制或阻止商业银行向中央银行再贴现，这也使得中央银行难以有效地控制货币供应量。

(2) 从对利率的影响看，调整再贴现利率，通常并不能改变利率的结构，而只能影响利率水平。

(3) 就其弹性而言，再贴现政策是缺乏弹性的。一方面，再贴现率的随时调整，通常会引起市场利率的经常性波动，这会使企业和商业银行无所适从；另一方面，再贴现率不随时调整，又不利于中央银行灵活地调节市场货币供应量。因此，再贴现政策的弹性是很小的。

3. 准备率政策

准备率是指商业银行吸收的存款中用作准备金的比率。中央银行变动准备率可以通过对准备金的影响来调节货币供给量。

存款准备金制度由两部分组成：一是法定准备金；二是超额准备金。法定准备金是指以法律形式规定的缴存中央银行的存款准备金，其运作的原理是中国人民银行通过调整商业银行上缴的存款准备金的比率，借以扩张或收缩商业银行的信贷能力，从而达到既定的货币政策目标。比如提高法定准备金比率，由一定的货币基数所支持的存贷款规模就会减少，从而使流通中的货币供应量减少；反之，则会使货币供应量增加。超额准备金是银行为应付可能的提款所安排的除法定准备金之外的准备金，它是商业银行在中央银行的一部分资产。我国的超额准备金包括两个部分：一是存入中央银行的；二是商业银行营运资金中的。前者主要用于银行间的结算和清算，以及用于补充现金准备，而后者是用于满足客户的现金需要。

存款准备金政策是中央银行的一项重要的货币政策工具，在货币政策中占有重要地位，但这项政策工具也存在着明显的局限性，主要表现为以下几个方面。

(1) 存款准备金政策缺乏弹性。存款准备金比率的调整所带来的效果非常强烈，中央银行难以确定调整准备金率的时机和调整的幅度，因而法定存款准备金率不宜随时调整，不能作为中央银行每日控制货币供应状况的工具。而且在中央银行提高准备金比率时，没有足够超额准备金的商业银行必然会被迫出售其流动性资产，或增加向中央银行的借款，或者是立即收回放出的款项等，这些措施都会增加中央银行的工作压力。所以，中央银行一般不喜欢对存款准备金率经常予以变动，并且许多国家的中央银行在提高之前，会事先通知商业银行，这样会使得这项货币政策工具效果更平稳一些。

(2) 由于存款准备金政策对商业银行的超额准备金、货币乘数及社会的货币供应量均有较强烈的影响，对整个经济和社会大众的心理预期等产生显著的影响，因而存款准备金率有固定化倾向。

(3) 存款准备金政策对各类银行和地区银行的影响不一致。由于超额准备金并不是平均分布在各家银行，而且银行的规模大小有差别，地区经济发展程度不同，银行类别各异，因此，存款准备金率“一刀切”式的变动对各家银行的影响就不一致，有的银行往往陷入严重资金周转不灵的困境。

其他货币政策工具包括道义劝告(中央银行对商业银行的业务指导)、垫头规定、利息率上限、控制分期付款与抵押贷款条件等。

课外阅读

中国人民银行决定下调存款准备金率

2016 年 2 月 29 日

自 2016 年 3 月 1 日起，普遍下调金融机构人民币存款准备金率 0.5 个百分点，以保持金融体系流动性合理充裕，引导货币信贷平稳适度增长，为供给侧结构性改革营造适宜的货币金融环境。

21 世纪经济报道：[叶檀：可能有提前得知消息的资金抄底]央行降准 50 个基点。① 释放 6 500 亿左右。② 普遍下调，对股市楼市等都有利。③ 银行无风险收益率还将下行。

（资料来源：搜狐新闻）

（四）货币政策的运用

在经济萧条时，总需求小于总供给，为了刺激总需求，就要采用扩张性的货币政策。即在公开市场买进有价证券、降低贴现率并放松贴现条件、降低准备率等。扩张性货币政策可以提高货币供给量，降低利息率，刺激总需求增长。而在经济繁荣时，总需求大于总供给，为了抑制总需求，就要采用紧缩性的货币政策。即在公开市场卖出有价证券，提高贴现率并严格贴现条件，提高准备率等。紧缩性的货币政策可以减少货币供给量，提高利息率，抑制总需求增长。

（五）货币主义的政策主张

货币主义的代表人物是米尔顿·弗里德曼，他们反对凯恩斯主义的干预政策，认为政府干预只会导致极其有害的通货膨胀，政府在失业与通货膨胀左右为难的政策选择中，破坏了市场功能，主张把市场从政府干预中解脱出来。

货币主义的基础理论是现代货币数量论，即认为影响国民收入与价格水平的不是利息率而是货币量。货币量直接影响国民收入与价格水平。在这一假设之下，货币供给量的变动主要并不是影响利息率，而是影响各种形式的资产的相对价格。

课外阅读

2016 年第四季度中国货币政策执行报告内容摘要

2016 年以来，国际经济政治领域的不确定性因素进一步增多，中国经济运行出现积极变化，但结构性矛盾仍较突出，部分地区资产泡沫问题凸显。面对复杂多变的经济金融形势，中国人民银行按照党中央、国务院的统一部署，主动适应经济发展新常态，保持货币政策的审慎和稳健，尤其是注重根据形势变化把握好调控的节奏、力度和工具组合，加强预调微调，为供给侧结构性改革营造了适宜的货币金融环境。

一是优化货币政策工具组合和期限结构，保持适度流动性。在年初普降存款准备金率0.5个百分点补充长期流动性缺口的基础上，更多运用公开市场操作、中期借贷便利、常备借贷便利、抵押补充贷款等工具灵活提供不同期限流动性。同时，建立公开市场每日操作常态化机制，开展中期流动性常态化操作。

二是推动调控框架逐步转型。一方面继续强化价格型调控传导机制，探索构建利率走廊机制，另一方面注意在一定区间内保持利率弹性，与经济运行和金融市场变化相匹配，发挥价格调节和引导功能。连续在7天期逆回购利率进行操作，释放政策信号，并适时增加14天期和28天期逆回购品种，引导和优化货币市场交易期限结构。

三是进一步完善适合我国国情的宏观审慎政策框架。将差别准备金动态调整机制升级为宏观审慎评估(MPA)，对金融机构行为进行多维度引导；将全口径跨境融资宏观审慎管理扩大至全国范围的金融机构和企业；按照“因城施策”原则对房地产信贷市场实施调控，强化住房金融宏观审慎管理。

四是促进信贷结构优化，支持经济结构调整和转型升级。发挥好信贷政策支持再贷款、再贴现和抵押补充贷款、窗口指导等的作用，创设扶贫再贷款，将民营银行纳入支小再贷款的支持范围，引导金融机构加大对小微企业、“三农”和棚改等国民经济重点领域和薄弱环节的支持力度。

与此同时，坚定推动金融市场化改革，进一步完善货币政策调控框架，疏通传导渠道。继续深入推进利率市场化改革，着力培育以上海银行间同业拆借利率(Shibor)、国债收益率曲线和贷款基础利率(LPR)等为代表的金融市场基准利率体系，不断健全市场利率定价自律机制。继续完善人民币汇率市场化形成机制，初步形成“收盘汇率＋一篮子货币汇率变化”的人民币对美元汇率中间价形成机制，汇率政策的规则性、透明度和市场化水平进一步提高。圆满完成人民币加入SDR篮子的各项技术性准备，2016年10月1日人民币加入SDR货币篮子正式生效。

稳健货币政策取得了较好效果。银行体系流动性合理充裕，货币信贷和社会融资规模平稳较快增长，利率水平低位运行，人民币对一篮子货币汇率保持基本稳定，对美元双边汇率弹性进一步增强。2016年年末，广义货币供应量M_2余额同比增长11.3%；人民币贷款余额同比增长13.5%，比年初增加12.65万亿元，同比多增9 257亿元；社会融资规模存量同比增长12.8%。12月份非金融企业及其他部门贷款加权平均利率为5.27%。2016年年末，CFETS人民币汇率指数为94.83，人民币对美元汇率中间价为6.937 0元。

在一系列政策措施的共同推动下，中国经济运行总体平稳，供给侧结构性改革取得积极进展。消费贡献率继续提高，投资缓中趋稳，贸易顺差收窄。工业生产平稳增长，企业效益好转，就业形势总体稳定。2016年，国内生产总值(GDP)比上年增长6.7%，居民消费价格(CPI)比上年上涨2.0%。

展望2017年，全球经济总体呈现复苏态势，中国经济增长的潜力依然巨大，随着供给侧结构性改革、简政放权和创新驱动战略不断深化实施，中国经济新的动能正在增强，稳定经济的有利因素逐步增多。当然也须看到，全球经济强劲增长的动力依然不足，政治经济社会领域的“黑天鹅”事件还可能较多；中国经济内生增长动力仍待强化，稳定经济增长、防范资产泡沫与促进环境保护之间的平衡面临较多挑战，结构性矛盾仍较为突出。

下一阶段，中国人民银行将按照党中央和国务院的战略部署，坚持稳中求进工作总基调，实施好稳健中性的货币政策，更好地平衡稳增长、调结构、抑泡沫和防风险之间的关系，为供给侧结构性改革营造适宜的货币金融环境。保持流动性基本稳定，综合运用价、量工具和宏观审慎政策加强预调微调，调节好货币闸门，并促进结构优化。更加注重改革创新，寓改革于调控之中，把货币政策调控与深化改革紧密结合起来，更充分地发挥市场在资源配置中的决定性作用。针对金融深化和创新发展，进一步完善调控模式，强化价格型调节和传导，完善宏观审慎政策框架，畅通政策传导渠道和机制，抑制资产泡沫，防止“脱实向虚”，提高金融运行效率和服务实体经济的能力，同时牢牢守住不发生系统性金融风险的底线。

三、财政政策与货币政策的配合使用

所谓财政政策和货币政策的配合，是指政府将财政政策和货币政策按某种形式搭配组合起来，以调节总需求，最终实现宏观经济的内外平衡。财政政策与货币政策的配合使用，一般有四种模式。

（一）扩张性的财政政策和扩张性的货币政策，即“双松”政策

松的财政政策和松的货币政策能更有力地刺激经济。一方面通过减少税收或扩大支出规模等松的财政政策来增加社会总需求，增加国民收入，但也会引起利率水平的上升。另一方面通过降低法定准备金率、降低再贴现率、买进政府债券等松的货币政策增加商业银行的储备金，扩大信贷规模，增加货币供给，抑制利率的上升，以消除或减少松的财政政策的挤出效应，使总需求增加，其结果是可在利率不变的条件下，刺激经济，并通过投资乘数的作用使国民收入和就业机会增加。这样可以消除经济衰退和失业，比单独运用财政政策或货币政策更有缓和衰退、刺激经济的作用。扩张性的财政政策和扩张性的货币政策搭配所适用的经济初始状态是：① 存在比较高的失业率；② 大部分企业开工不足，设备闲置；③ 大量资源有待开发；④ 市场疲软，没有通胀现象；⑤ 国际收支盈余过多。在此状态下，这种搭配模式一方面会刺激对进口产品的需求，减少国际收支盈余；另一方面对推动生产和降低失业率有促进作用。这种模式能够短时间内提高社会总需求，见效迅速，但运用时应谨慎，如果掌握的尺度不好会造成通货膨胀的危险。

（二）紧缩性的财政政策和紧缩性的货币政策，即“双紧”政策

当经济过度繁荣，通货膨胀严重时，可以把紧的财政政策和紧的货币政策配合使用。这就是说通过增加税收和减少政府支出规模等紧的财政政策压缩总需求，从需求方面抑制通货膨胀。而利用提高法定存款准备金率等紧的货币政策减少商业银行的准备金，会使利率提高，投资下降，货币供给量减少，有利于抑制通货膨胀，同时，由于紧的财政政策在抑制总需求的同时会使利率下降，而通过紧的货币政策使利率上升，从而不使利率的下降起到刺激总需求的作用。其结果可在利率不变的情况下，抑制经济过度繁荣，使总需求和总产出下降。实施紧缩性的财政政策和紧缩性的货币政策搭配的初始状态是：① 经济处于高通货膨胀；② 不存在高失业率；③ 国际收支出现巨额赤字。削减总需求一方面有利于抑制通货膨

胀、保证货币和物价的稳定；另一方面有助于改善国际收支状况，减少国际收支赤字。但是，这一模式如果运用不当往往会造成经济停滞的后果。

（三）扩张性的财政政策和紧缩性的货币政策

这种政策组合的结果是利率上升，总产出的变化不确定。具体说来这种模式在刺激总需求的同时又能抑制通货膨胀，松的财政政策通过减税、增加支出，有助于克服总需求不足和经济萧条，而紧的货币政策会减少货币供给量，进而抑制由于松的财政政策引起的通货膨胀的压力。实施扩张性的财政政策和紧缩性的货币政策搭配适宜的条件是：① 经济停滞不前，甚至衰退；② 社会总需求不足；③ 物价稳定，没有通货膨胀迹象；④ 失业率高；⑤ 国际收支赤字。在这种条件下，用松的财政政策来拉动内需，对付经济衰退，用紧的货币政策来减少国际收支赤字，调节国际收支平衡，从而有助于促进宏观经济的内外均衡。

（四）紧缩性的财政政策和扩张性的货币政策

同扩张性的财政政策和紧缩性的货币政策相反，这种政策组合的结果是利率下降，总产出的变化不确定。一方面，通过增加税收，控制支出规模，压缩社会总需求，抑制通货膨胀；另一方面，采取松的货币政策增加货币供应，以保持经济适度增长。实施紧缩性的财政政策和扩张性的货币政策搭配的适宜条件是：① 经济过热；② 物价上涨、通货膨胀；③ 社会失业率低；④ 国际收支出现过多顺差。在此状态下，采取紧缩性的财政政策和扩张性的货币政策的配合是适宜的，前者可以用来对付通货膨胀，后者可用来减少过多的国际收支盈余（通过刺激进口和以低利率刺激资本流出），从而有助于促进宏观经济的内外均衡。

可以看出，上述四种组合各有特点，在现实生活中，这四种政策搭配与选择是一个很复杂的问题。采取哪种形式，应视当时的经济情况灵活、适当运用。

四、其他宏观经济管理政策

（一）供给管理

供给学派理论的核心是把注意力从需求转向供给。供给管理是通过对总供给的调节，来达到一定的政策目标。在短期内影响供给的主要因素是生产成本，特别是生产成本中的工资成本。在长期内影响供给的主要因素是生产能力，即经济潜力的增长。供给管理政策具体包括控制工资与物价的收入政策、指数化政策、人力政策和经济增长政策。

（1）收入政策。通过限制工资收入增长率从而限制物价上涨率的政策，因此，也叫工资和物价管理政策。之所以对收入进行管理，是因为通货膨胀有时是由成本（工资）推进所造成的（参见成本推进的通胀）。收入政策的目的就是制止通货膨胀。它有以下三种形式：一是工资—物价指导线。根据劳动生产率和其他因素的变动，规定工资和物价上涨的限度，其中主要是规定工资增长率。企业和工会都要根据这一指导线来确定工资增长率，企业也必须据此确定产品的价格变动幅度，如果违反，则以税收形式以示惩戒。二是工资—物价的冻结。即政府采用法律和行政手段禁止在一定时期内提高工资与物价，这些措施一般是在特殊时期采用，在严重通货膨胀时也被采用。三是税收刺激政策。即以税收来控制增长。

（2）指数化政策。定期地根据通货膨胀率来调整各种收入的名义价值，以使其实际价值保持不变，主要有工资指数化和税收指数化，即根据物价指数自动调整个人收入调节税等。

(3) 人力政策又称就业政策，是一种旨在改善劳动市场结构，以减少失业的政策。主要包括以下三点：一是人力资本投资。由政府或有关机构向劳动者投资，以提高劳动者的文化技术水平与身体素质，适应劳动力市场的需要。二是完善劳动市场。政府应该不断完善和增加各类就业介绍机构，为劳动的供求双方提供迅速、准确而完全的信息，使劳动者找到满意的工作，企业也能得到其所需的员工。三是协助工人进行流动。劳动者在地区、行业和部门之间的流动，有利于劳动的合理配置与劳动者人尽其才，也能减少由于劳动力的地区结构和劳动力的流动困难等原因而造成的失业。对工人流动的协助包括提供充分的信息、必要的物质帮助与鼓励。

(4) 经济增长政策。主要包括以下四点：一是增加劳动力的数量和质量。增加劳动力数量的方法包括提高人口出生率、鼓励移民入境等；提高劳动力质量的方法有增加人力资本投资。二是资本积累。资本的积累主要来源于储蓄，可以通过减少税收、提高利率等途径来鼓励人们储蓄。三是技术进步。技术进步在现代经济增长中起着越来越重要的作用。因此，促进技术进步成为各国经济政策的重点。四是计划化和平衡增长。现代经济中各部门之间协调的增长是经济本身所要求的，国家的计划与协调要通过间接的方式来实现。

(二) 国际经济政策

国际经济政策是对国际经济关系的调节。现实中每一个国家的经济都是开放的，各国经济之间存在着日益密切的往来与相互影响。一国的宏观经济政策目标中有国际经济关系的内容(即国际收支平衡)，其他目标的实现不仅有赖于国内经济政策，而且也有赖于国际经济政策。因此，在宏观经济政策中也应该包括国际经济政策。

同步练习

一、选择题

1. 以下各项的销售不包括在 2016 年的 GDP 中的是(　　)。

A. 2016 年在田纳西州生产的本田车

B. 理发

C. 房地产经纪人的劳务

D. 在 2015 年建成而在 2016 年第一次售出的房子

2. 国内生产总值可以用以下哪一项的总和来衡量？(　　)。

A. 消费、投资、政府购买和净出口

B. 消费、转移支付、工资和利润

C. 投资、工资、利润和中间生产

D. 国民生产净值、国民生产总值和个人可支配收入

3. 国内生产总值是以下哪一项市场价值之和？(　　)。

A. 中间物品　　B. 正常物品和劳务

C. 低档物品和劳务　　D. 最终物品和劳务

4. 如果2016年的名义GDP大于2015年的名义GDP，那么产量必定(　　)。
A. 增加
B. 减少
C. 保持不变
D. 增加或减少，因为没有充分的信息用以确定真实产量发生了什么变动
5. 应计入我国2016年GDP的是(　　)。
A. 2015年生产而在2016年销售出去的汽车
B. 2016年中国人投资于美国的厂商所生产汽车
C. 2016年美国人投资于中国的厂商所生产汽车
D. 某人2016年自制自用的汽车
6. GDP和NDP之间的差额是(　　)。
A. 直接税　　B. 间接税
C. 公司未分配利润　　D. 折旧
7. 已知一个经济体中的消费为6亿元，投资为1亿元，间接税为1亿元，政府购买为1.5亿元，进口为1.8亿元，出口2亿元，则(　　)。
A. NDP=5亿元　B. GDP=7.7亿元　C. GDP=8.7亿元　D. NDP=8.7亿元
8. 下列产品中应计入当年GDP的有(　　)。
A. 外国资本在本国所获得的利息　　B. 某人花50万元买了一套旧房
C. 女主人所做的家务劳动　　D. 某企业当年生产没有卖掉的20万元产品
9. GDP概念中最终产品包括(　　)。
A. 有形产品　　B. 无形产品
C. 自我服务产品　　D. 有形产品和无形产品
10. NDP和NI之间的差额是(　　)。
A. 公司利润　B. 工资　C. 间接税　D. 利息
11. 失业率是指(　　)。
A. 失业人口与全部人口之比
B. 失业人口与全部就业人口之比
C. 失业人口与全部劳动人口之比
D. 失业人口占就业人口与失业人口之和的百分比
12. 某人正在等待着某项工作，这种情况可归类于(　　)。
A. 就业　　B. 失业
C. 非劳动力　　D. 工作意愿不足
13. 由于经济衰退而形成的失业属于(　　)。
A. 摩擦性失业　B. 结构性失业　C. 周期性失业　D. 自然失业
14. 政府最关心的失业类型是(　　)。
A. 周期性失业　B. 季节性失业　C. 结构性失业　D. 摩擦性失业
15. 下列人员中，不属于失业人员的是(　　)。
A. 因病在家休养者　　B. 退休人员

C. 现在没有工作的季节工　　D. 对薪水不满意而待业在家的大学毕业生

16. 在充分就业状态下(　　)。

A. 可能存在失业　　B. 不可能存在失业

C. 不可能存在摩擦性失业　　D. 不可能存在结构性失业

17. 奥肯定理说明了(　　)。

A. 失业率和实际国民收入增长率之间反方向变动

B. 失业率和实际国民收入增长率之间同方向变动

C. 失业率和物价水平之间反方向变动的关系

D. 失业率和物价水平之间同方向变动的关系

18. 通货膨胀是(　　)。

A. 总物价水平普遍、持续的上涨　　B. 总物价水平普遍的上涨

C. 总物价水平持续上涨　　D. 以上都不是

19. 可以称为温和的通货膨胀的情况是指(　　)。

A. 通货膨胀率在10%以上

B. 通货膨胀率以每年5%的速度增长

C. 通货膨胀率一直保持在2%～3%的水平

D. 通货膨胀率每年50%以上

20. 下列表述中,正确的是(　　)。

A. 在任何情况下,通货膨胀对经济的影响都很小

B. 在通货膨胀可以预期的情况下,通货膨胀对经济的影响也很大

C. 在通货膨胀不能预期的情况下,通货膨胀有利于雇主而不利于工人

D. 在任何情况下,通货膨胀对经济的影响都很大

21. 当发生未预期通货膨胀时,受益者为(　　)。

A. 工薪阶层　　B. 债权人　　C. 房东　　D. 债务人

22. 一般认为,能够从通货膨胀中受益的人群是(　　)。

A. 以利润为收入者　　B. 以退休金为收入者

C. 以利息为收入者　　D. 以租金为收入者

23. 抑制需求拉动通货膨胀,应该(　　)。

A. 控制货币供应量　　B. 降低工资

C. 增加工资　　D. 减税

24. 菲利普斯曲线是一条描述(　　)。

A. 失业与就业之间关系的曲线　　B. 工资与就业之间关系的曲线

C. 工资与利润之间关系的曲线　　D. 失业与通货膨胀之间交替关系的曲线

25. 财政支出政策工具不包括(　　)。

A. 政府购买支出　　B. 转移支付　　C. 政府投资　　D. 发行国债

26. 财政收入政策工具包括(　　)。

A. 税收　　B. 政府购买支出　　C. 政府投资　　D. 转移支付

27. 实行扩张性财政政策时,(　　)。

A. 一般是一国经济复苏时期　　B. 总需求大于总供给
C. 政府大力推行“假日经济”　　D. 会引起通货紧缩

28. 中央银行经常以(　　)等形式投放货币。
A. 向商业银行提供贷款　　B. 减少再贴现率
C. 加息　　D. 减息

29. 中央银行的货币政策手段中对整个经济影响程度最大的是(　　)。
A. 公开市场业务　　B. 调整再贴现率
C. 调整法定准备金率　　D. 道义劝说

30. 面对经济萧条,政府最可能采取的宏观政策是(　　)。
A. 扩大支出、减税,以及实施从紧的货币政策
B. 扩大支出、减税,以及实施从宽的货币政策
C. 削减支出、增税,以及实施从宽的货币政策
D. 削减支出、增税,以及实施从紧的货币政策

31. 自动稳定器的作用表现在(　　)。
A. 经济繁荣时,税收减少　　B. 经济繁荣时,救济增加
C. 经济萧条时,税收增加　　D. 经济萧条时,税收减少

32. 下列属于商业银行职能的是(　　)。
A. 货币发行　　B. 最终贷款人　　C. 商业贷款　　D. 执行货币政策

二、分析思考题

1. 名义 GDP 一定比实际 GDP 大吗?

2. 中国的 GDP 中,消费、投资、政府购买、净出口,哪一项占比相对其他发达国家来说较小? 请查找相关资料说明。

3. 思考自己将来的就业方向,制订职业发展计划。

4. 你认为中国近几年在经历通货膨胀吗? 如果是,你觉得怎样能减少通货膨胀带来的损失?

5. 货币政策的三大工具是公开市场业务、存款准备金率、再贴现政策,请自行查找并选取三大工具的实际应用案例,并说明它们的目标是什么。

6. 探讨在我国当前经济形势下,宏观经济政策中的财政政策与货币政策的配合,针对这些政策,我们应当做出怎样的决策?

微信扫码查看

模块3　当代世界经济

教学目标

了解当代世界经济格局及发展趋势，了解各主要经济体的发展轨迹，了解中国经济发展取得的成就和面临的挑战。

教学重点

1. 当代世界经济的变化趋势；
2. 中国经济发展取得的成就；
3. 中国经济发展面临的挑战。

课前阅读

未来国际经济格局十大变化趋势

“放眼世界，我们面对的是百年未有之大变局。”未来15年是我国比较优势转换期，是中国作为新兴大国崛起的关键期，也是国际格局大调整期。这一时期，以信息技术为代表的新技术革命、大国竞争与博弈加剧、全球经济治理体系快速变革等，将深刻改变国际经济格局。认清形势、把握方向，做好对未来国际经济格局变化趋势及其对中国影响的研判，具有至关重要的意义。未来，国际经济格局将呈现“十大变化”趋势，外部环境的这些重大变化，将给中国发展带来前所未有的新机遇和新挑战。中国需顺应自身比较优势变化，把握好国际经济格局变化新趋势，在新一轮对外开放中趋利避害。

未来，在诸多因素的共同作用下，国际经济格局将产生重大变化。总体上，未来15年国际经济格局将呈现以下十大变化趋势。

一、全球经济将处于低速增长期

未来15年，部分发展中国家将延续城市化进程，新一轮技术革命、城市化仍将是部分发展中国家未来增长的潜力所在，到2035年全球的城市化率将达到61.7%，这将是未来全球经济增长的一个重要动力。但全球经济增长面临人口增速放缓、老龄化程度加剧和资源环境约束增强等。综合技术、城镇化、人口、环境等重大基础因素变化，课题组模型模拟结果显示,全球经济增长速度将呈现趋势性下降,2020 年至 2035 年,全球经济增长平均速度为 2.6%左右。

二、全球经济格局多极化将更明显

全球经济增长的重心将从欧美转移到亚洲,并外溢到其他发展中国家和地区,美国、日本和欧盟仍将是全球主要的经济强国,新兴经济体将持续崛起,发展中国家在全球经济中地位更加重要。到 2035 年,发展中国家 GDP 规模将超过发达经济体,在全球经济和投资中的比重接近 60%。以综合国力论,美国将保持全球超级大国地位。未来 15 年,欧洲、日本仍然是全球重要经济体,但地位将有所下降。

三、新技术革命将重塑产业格局

以信息技术和数字技术为代表的新一轮技术革命引发的产业革命,将呈现出生产方式智能化、产业组织平台化、技术创新开放化的特征,对全球分工也将带来全面而深刻的影响。预计未来 15 年,信息技术与新兴数字经济发展将为后发经济体赶超提供机遇。信息技术正在改变产业特性,一些劳动密集型产业将转变为资本、技术密集型产业,这不仅将会改变资本、技术密集型产业在全球布局,还会加速推动后发经济体转型发展。技术变革可能带来一些新的有全局性影响的小概率事件,如社会变革严重滞后于技术变革导致的社会动荡、工业信息安全重大事故导致的连锁反应等,必须高度重视、加以防范。

四、国际贸易将呈现数字化、服务化等新特点

未来,经济全球化深入发展,国际分工不断深化,仍将是国际贸易持续发展的重要推动力。国际贸易出现新趋势,数字产品贸易、服务贸易、产业内贸易占比将明显提高。在信息技术推动下,跨境电子商务等新业态新平台的快速发展,将催生新的监管模式。全球贸易格局将发生改变,新兴经济体在全球贸易中地位上升,国际分工价值链区域化特征进一步增强。国际贸易规则更加强调高标准、高水平的便利化与自由化,规则制定的重点倾向监管一致性等新议题。

五、跨境投资及规则制定出现新趋势

全球跨境投资金额将在波动中上升。跨境投资中,服务业占比上升,制造业占比下降;有形资产投资占比减少,无形资产投资占比上升。跨国公司将继续是全球跨境投资和价值链布局的主要力量。新兴经济体的跨国公司数量将持续上升。发展中经济体在跨境投资中的地位不断上升。制定跨境投资规则将是未来 20 年全球经济治理体系完善的重要内容,自由化、便利化水平将继续提升。

六、全球人口结构发生变化

全球人口发展正在经历深刻的调整。人口增长总体趋缓,全球的生育水平普遍下降,发展中国家的降幅更为明显,部分国家长期处于低生育率水平。健康状况明显改善,人口预期寿命提高。生育率仍将面临下滑的趋势;人口老龄化加快,发达国家进入深度老龄化阶段,发展中国家总体也在呈现老龄化趋势。从分布看,未来 20 年全球人口增长主要来自发展中国家;中等收入群体将会有所扩大。到 2020 年,全世界的中等收入群体将超过 32 亿人,2030 年将会大幅攀升到 48 亿人左右,2/3 会集中在亚洲国家和地区。

七、绿色发展成为各国发展重要取向

近年来,全球主要发达国家的碳生产率、能源生产率、原材料生产率等均有所提升,虽然

广大发展中国家仍然面临如何在发展经济与保护环境之间实现协调平衡的严峻挑战，国际社会对实现绿色发展、应对气候变化也有比较广泛的基础。展望 2035 年，要实现可持续发展目标和推动世界经济发展，控制污染、实现低碳转型的绿色发展正在成为各国经济发展的主流。绿色发展对国际经济格局产生重要的影响，将影响各国经济活动和跨国间投资和贸易；需要各国共同努力，寻找低成本发展的新路径；将对技术创新、产业发展、污染减排形成倒逼机制，促进绿色创新和绿色产业发展，形成新的经济增长点。

八、全球能源结构与格局将深刻变化

能源结构呈现清洁化、低碳化、电力化和数字化特征。非常规油气开采技术的重大突破大幅提升了油气资源的供应能力，预计 2040 年前全球天然气将增长 45%左右；可再生能源成本出现大幅下降，将在 2020 年前后与常规化石能源平价上网；电力在未来全球能源系统中的作用更加突出；数字技术在能源供给与需求中的广泛应用。

全球能源供求格局将发生深刻变化。从全球能源需求格局看，据国际机构预测，到 2035 年全球能源需求预期增长 30%左右，发展中国家特别是“一带一路”区域成为全球未来能源需求增长的中心，亚洲成为全球石油天然气的主要进口地。从全球能源供给格局看，除了欧佩克、俄罗斯等传统的能源出口大国，美国将成为全球能源新的供给国。

九、全球粮食安全总体有所改善

全球农业资源潜力巨大，有利于保证全球粮食安全。全球实际可利用开发的农业耕地达到 35 亿公顷，有 14.67 亿公顷的潜在耕地尚未得到有效利用。如果考虑到生产技术进步与作物适应性的不断改良，全球还有 26 亿公顷潜在农业耕地未得到有效开发利用。总的来看，2035 年全球粮食安全总体状况会有所改善，未来全球粮食消费仍将持续增长。同时，粮食供需格局有所调整，粮食国际贸易持续增长，但部分地区粮食安全形势仍然严峻，区域间不平衡问题更加突出。

十、国际金融中心将多元化

国际货币多元化。到 2035 年，美国仍是对全球综合影响力最大的国家，美元仍将处于国际货币体系的核心地位。随着经济全球化的深化，越来越多的经济体进入到国际货币体系当中，国际货币体系的覆盖范围也大大拓展，国际货币有逐渐多元化的趋势。

国际金融中心多元化。以上海为代表的新兴市场国家的金融中心城市在全球金融体系中排名缓慢上升，但伦敦和纽约仍将是国际主要金融中心城市。

（资料来源：国务院发展研究中心课题组. 未来 15 年国际经济格局变化和中国战略选择. 中国经济时报，2019. 3. 18）

任务 1　当代世界经济格局

近年来，在“逆全球化”思潮和保护主义行为的冲击下，世界经济正在进入一个格局深刻调整和经济治理规则改革升级的新阶段。当前世界经济格局中，发达国家依然占据主导，但自 21 世纪开端以来，其在全球经济中的版图在逐渐收缩；同期，发展中国家所占份额在逐步扩大，并且其扩大的份额主要是亚洲发展中国家贡献的，特别是中国的贡献较为突出。这表明世界经济的核心正逐渐重回亚洲。但在这种变革进程中，世界面临的不稳定性不确定性上升。

一、世界经济格局调整的趋势与方向

（一）世界经济增速放缓

世界经济增长下行风险明显加大，全球主要经济体普遍面临内部经济结构调整和发展转型的压力。近期，国际货币基金组织和世界银行都对世界经济增长预期予以下调。例如，国际货币基金组织2019年10月发布的《世界经济展望》显示，“全球经济目前陷入了同步放缓的境地，2019年经济增长率再次被下调并降至3%。这是自2008年全球经济危机以来的最低水平，也是对2017年以来全球经济同步回升、经济增长率达到3.8%之后的一次严重倒退。”受经济保护主义和政治民粹主义的影响，全球贸易增长低迷、财政赤字、失业率高企、人口老龄化以及气候变化等问题带来的挑战依然是影响世界经济增速的重要因素。其中，人口结构变化和气候环境变化带来的社会危机和环境危机尤其值得重视。2019财年，31%的世界银行/国际开发协会（IBRD/IDA）资金承诺包含气候协同收益，超过了世界银行到2020年使该比例达到28%的目标。2018年12月，世界银行宣布在未来五年动员2 000亿美元的目标，以帮助各国应对气候挑战，并将气候变化适应融资放在与减排行动同等重要的地位。全球人口数量上升和人口结构的变化，使得人与环境资源之间的矛盾持续加剧，给世界经济长期稳定增长蒙上阴影。无论是美欧等发达经济体还是新兴市场国家，都普遍面临内部经济结构调整和产业转型的发展压力，经济增长动力明显不足，加之数字经济快速发展和人口结构变化将加剧调整压力，世界经济增速趋于平缓甚至下滑的可能性在增大。

（二）多边贸易治理体系改革压力上升

全球贸易环境不确定性因素增多，多边贸易治理体系改革任务艰巨。全球贸易增速已连续多年低于世界经济平均增速。在当前贸易保护主义势头难以消减的背景下，在可预见的未来，贸易增速难以明显上升。市场普遍预期，中美之间的结构性矛盾难以在短期内解决，全球最大的两个经济体在双边贸易、地区贸易和全球贸易问题上的分歧能否在未来五年得以有效管控仍面临诸多不确定性。同时，以世贸组织（WTO）为代表的多边贸易治理机制改革面临诸多挑战。一是多边贸易治理规则和制度落后于全球贸易发展的现实需要，特别是数字经济发展及数字贸易领域的规制落后于技术的发展。二是美国对多边贸易治理的态度发生转变，特朗普政府采取的“美国优先”政策表明美国对于“二战”后建立起来的贸易自由化进程的态度发生实质性转变。三是在世贸组织改革陷入困境之时，二十国集团等全球多边经济治理平台对世贸组织改革的实际推动力有限。如何应对全球贸易治理面临领导力量缺失的危机，是当前全球治理面临的最为迫切的问题。四是世界经济增速下滑的预期将进一步助推“反全球化”浪潮，因此贸易保护主义趋势也会增强，完善全球贸易治理的政治意愿和行动都将会受到削弱。

（三）全球金融格局日趋多元

全球金融格局多元化趋势进一步增强，美元中心地位面临挑战增多。如果说欧元的创立和伴随2008年金融危机而来的人民币国际化提速开启了国际货币体系多元化的漫长进程，那么特朗普政府发动贸易战、美国财政赤字扩大、美国利用以美元为核心的SWIFT结算系统对全球经济金融活动进行监控并且滥施制裁，则增强了许多重要经济体摆脱对美元持续依赖的决心。国际储备货币去美元化趋势日益明显，各国外汇储备多元化和增加黄金储备意愿明显增强。俄罗斯抛售美债买进黄金，土耳其也自2018年起抛售美元资产，伊朗宣布其石油交易的计价和结算将用欧元取代美元，人民币国际化进程也进入加速发展阶段。同时，英、法、德联合建立与伊朗维持贸易往来的全新支付机制即“贸易交换支持工具”(NSTEX)以规避美国对欧洲公司的制裁，人民币跨境支付系统(CIPS)二期系统上线后，运作良好，对国际贸易结算的币种选择影响深远。此外，包括Libra在内的数字货币正跃跃欲试，国际货币去中心化将成为未来重要发展趋势。未来五年内，虽然美元仍将维持其作为国际金融格局核心的地位，但世界市场“去美元化”的发展势头不可逆转，并会进一步强化。

（四）国际投资分化趋势明显

国际资本一方面持续关注亚洲和非洲等具有增长潜力的地区，另一方面也开始更加重视对知识密集型产业的投资。与此同时，跨境投资规制调整带来的制度性壁垒也会随之增多。展望未来五年，国际投资分化趋势主要表现在以下两方面：一是亚洲和非洲依然是国际投资的热门潜力地区。联合国贸易和发展会议组织《2019年世界投资报告》显示，非洲和亚洲国家依然是全球主要资本流入区域，2018年非洲的国际直接投资(FDI)流入增长11%，亚洲增长4%，尤其是制造业等绿地投资领域增长明显。当前，亚非地区发展中国家正处于新一波工业化进程中，相关国家和地区积极出台各种引资政策，通过建立相关基础设施硬件配套和完善营商环境制度建设，创造经济发展的“硬核”环境。目前全世界大约有5 400个经济区，5年期间增长了1 400个，很多国家和地区出台了非常优惠的产业政策，国家间也签署了非常优惠的投资协定，仅2018年就新增了40个国家间投资协定，其中有24个于当年生效。二是在上一轮全球化进程中，寻找最廉价的劳动力是推动跨国公司投资的主要动力因素，并借此建立起全球供应链。然而，随着劳动力成本套利持续下滑，基础设施、劳动者技能和劳动生产率将成为决定吸引国际投资的重要因素。几乎所有行业的价值链都开始呈现出更多依赖于研发和创新、实际生产环节贡献的价值占比正在下降的特点。随着一系列新的制造工艺流程技术升级和物流体系的组织完善，传统成本型竞争优势将进一步消弭，国际资本将愈发倾向于对知识密集型产业的投入。与此相对应，发达国家为维护其产业链优势，必将会在规制性措施方面加大完善和调整力度，跨国投资面临的制度性和技术性壁垒将日趋复杂。

（五）数字经济竞争加剧

以5G和人工智能为代表的数字经济高速发展，带动经济发展进入数字时代。数字经济时代的全球产业分工所依赖的要素禀赋与传统国际分工范式存在根本区别。国家间数字经济鸿沟将成为新的全球性发展问题。数字经济具有技术和资本门槛，因此将催生国家间竞争合作的新范式。历史经验表明，每一次经济出现严重下行的时候，也是技术创新最密集的时候。可以预计，未来十年以5G和人工智能为特征的数字经济将获得突飞猛进的发展，数字化与产业的融合发展将成为国家间产业竞争的核心。越来越多的国家将数字经济视为未来产业发展的重要方向，并实质性加大相关基础设施和研发领域的投入。以二十国集团成员为代表的全球主要经济体都制定了各自的数字经济发展战略，这将推动数字经济迅速发展。值得关注的是，产业的数字化转型正在助力传统工业国重获竞争力，美国、德国、法国、意大利和英国等传统欧洲工业国正通过推动数字化工业战略争取重塑全球制造业领导者地位。因此，未来全球数字经济领域的竞争和博弈将会呈现进一步加剧的趋势。

二、欧美主导地位仍未根本动摇

近几年，虽然有些发达国家的全球经济总量所占份额有所下降，但是欧美占据经济主导地位的形势还没有根本改变。同时新兴经济体在全球经济化的结构当中的作用越发显著。随着经济结构的发展和不断完善，需要重视以下三种趋势：① 需要正视发达经济体的经济实力，特别是以美国为首的发达经济体，并且这种主导地位在未来的十年以内是无法发生改变的。通过美国经济发展的历史数据表明，美国近百年来是以百分之三左右的速度增长，并且一直以稳定的状态发展，还包括美国的金融市场、科技领域以及军事方面都是有较高的优势，因此在全球范围内有一定的主导作用。② 要有一定的耐性，毕竟全球经济结构的调整与形成需要一段过程，且该过程也相对来说比较漫长。③ 随着新兴经济体的不断发展，与发达国家之间的矛盾也日益凸显出来，同样也变得越来越复杂，在新兴经济体发展的过程中，如果出现的问题和矛盾不能得到有效的处理，会严重影响其更好的发展，在此基础上，也会不断出现新的问题和阻碍。目前来看，还很难动摇发达经济体的主导地位。

（一）美国为什么长期成为一极

美国是超级经济强国。第二次世界大战后，美国 GDP 总值占世界 GDP 总量曾经超过 50%。目前美国占世界 GDP 总量的比重虽然与其最强大的时期相比，已经大幅度下降，但始终保持在 20%～30%的水平。根据国际货币基金组织最新数据，2019 年美国 GDP 总量为 21.34 万亿美元，世界排名第一。

美国作为世界经济中最重要一极的地位是由多方面因素决定的。

一是领先的科技水平。借助第二次科技革命的推动，美国经济迅速发展，取代英国成为世界经济霸主。此后，美国长期保持了世界科技强国的地位。美国拥有 70%以上的诺贝尔奖得主。美国获得的国际专利(PCT)的数量一直遥遥领先于世界各国。多年以来，美国获得的国际专利的数量维持在全球国际专利申请量的 1/3 以上。美国保持科技优势的秘诀是从全世界吸引和争夺人才。美国国家科学院 2005 年年底曾经向国会提交一份报告，这份报告显示，目前在美国工作的拥有博士学位的科学家或工程师中，超过 38%是外国裔。

二是优越的产业结构。凭借科技领先优势，美国在战后进行了几轮产业结构调整，使美国的产业结构发生了巨大的变化。特别是 20 世纪 90 年代以来，美国的高新技术产业和金融服务业发展迅猛。服务业在美国 GDP 中所占的比重约 75%，从业人员的比重从 63%上升到 80%左右。在美国多年贸易逆差的情况下，服务贸易保持顺差，并且年均增长超过两位数。

三是两次世界大战中受益。两次世界大战中多数参战国受到重创，只有美国借助战争，地位得到提升。第一次世界大战使美国从战前的资本输入国变为资本输出国，由债务国变成债权国，掌握了世界黄金储存量的 1/2，控制了国际金融市场，世界金融中心也由英国移到美国。战后，美国与欧洲主要资本主义国家力量对比发生根本改变。第二次世界大战使美国占资本主义世界工业比重从 36%上升到 54.8%，美国确立了世界经济霸主地位。

四是在经济全球化中获得巨大利益。当今对世界经济全局影响最大的三个世界经济组织是世界贸易组织、国际货币基金组织、世界银行。其中国际货币基金组织、世界银行是1945年根据布雷顿森林协议建立的。虽然1973年布雷顿森林体系崩溃,美国的地位相对下降,但仍然在这些组织中保持核心地位。

五是创造了一套政府对市场经济进行有效调控的模式。从罗斯福新政开始,美国创造了一套行之有效的在现代市场经济政府对经济进行调控的模式,如通过法律提高市场竞争程度,保护竞争,健全市场制度,重视基础设施建设,谋求社会公正与建立社会保障体系等。进入21世纪后,政府为了促进美国经济结构的大调整和保持美国竞争活力,在产业组织政策上做了相应调整,大力削减国防开支,高度重视科学技术在产业结构调整中的作用,加大政府在研究与开发的投入特别是在民用方面的投入,积极干预对外贸易,为美国的高新技术产业开拓国际市场,注重利用高新技术改造传统制造业,对美国最近十几年经济的持续增长起了重要作用。

(二)欧盟在国际经济事务中发挥重要作用

欧盟始于1952年的欧洲煤钢共同体,1965年改造为欧洲共同体,1993年演化为欧洲联盟。经过7次扩大,2013年7月1日,欧盟成员国扩大到28个。伦敦时间2020年1月31日晚11时,英国正式"脱欧",结束其47年的欧盟成员国身份。英国"脱欧"后,欧盟还有27个成员国。欧盟是世界上经济最发达的地区之一,经济一体化的逐步深化又促进了该地区经济的进一步繁荣。经过60多年的发展,欧盟已先后建立了关税同盟,实行共同外贸、农业和渔业政策,统一了内部大市场,基本实现了商品、人员、资本和服务的自由流通,建立了经济与货币联盟。1979年3月,欧共体巴黎首脑会议决定建立欧洲货币体系。1988年6月,欧共体首脑会议提出建设经济货币联盟、发行统一货币。1993年11月"马约"正式生效后,经济货币联盟建设快速发展。1994年1月1日,欧洲货币局正式成立。1995年12月,马德里首脑会议决定于1999年1月1日正式启动单一货币,并将统一货币定名为欧元(EURO)。目前,欧元区有19个成员国,欧元是区内唯一法定货币。

欧盟是世界货物贸易第一大出口方和第二大进口方,服务贸易第一大供应方;是全球最不发达国家最大出口市场和最大援助者,多边贸易体系的倡导者和主要领导力量。欧元对美元汇率的持续走高,提升了欧元在国际金融市场上的地位。目前世界上已有40多个国家与欧元建立了货币联系。在世界各国央行的外汇储备中,欧元已由最初的17.9%上升到26.1%。

虽然英国"脱欧",但是欧盟在世界经济中的地位仍举足轻重。根据国际货币基金组织公布的数字,2019年,欧盟28个成员国国民生产总值达到18.41万亿美元,即使不算英国也有15.58万亿美元,仅次于美国。

三、新兴市场国家和发展中国家的群体性崛起

从全球范围看,新兴经济体、广大发展中国家与传统发达国家之间的差距不断缩小。如今,按汇率法计算,新兴经济体和发展中国家的经济总量在全世界所占比重接近40%,对世界经济增长的贡献率已经达到80%;如果保持现在的发展速度,10年后新兴经济体和发展中国家的经济总量将接近世界总量一半,这将使全球发展的版图变得更加全面均衡。以不

断增强的经济实力作为支撑，新兴经济体和发展中国家加强协调，推动提高自身在国际货币基金组织和世界银行中的投票权，在联合国、“金砖＋”、二十国集团峰会等多边框架下持续增大影响力，促进南南合作，扩大共同利益和发展空间。此外，东盟、非盟等地区合作机制的作用不断增强，也在推升新兴经济体和发展中国家的整体国际影响。这是近代以来国际力量对比中最具革命性的、历史性的甚至是难以逆转的变化。

从主要战略力量之间的对比看，冷战结束后的失衡态势明显改变。美国独自掌控地区和国际局势的意愿、决心和能力明显下降，“多强”之间国际地位变化的均衡化趋势日显突出。英、法、德、俄等国的经济总量不断提高，但在世界经济格局中的相对占比在下降；俄罗斯则在经济实力下降背景下，继续在军事力量上保持突出地位；中国和印度经济总量及其在世界经济格局中的相对占比均在上升。其中，中国处于近代以来最好的发展时期，综合国力和国际地位提高尤为显著。这不仅大大强化了世界多极化趋势，而且成为提高新兴经济体和发展中国家整体实力并使国际力量对比变得越发平衡的重要因素。

在世界经济发展和国际格局演变的关键时刻，金砖国家领导人第十一次会晤于2019年11月13日至14日在巴西首都巴西利亚举行。此次会晤中，金砖国家领导人重申了坚持多边主义的坚定立场，肯定了金砖国家互利务实合作成果，强调了建立一个和平、稳定与繁荣世界的共同目标。进入到金砖合作第二个“金色十年”，开放包容、合作共赢的金砖精神，仍将引领金砖各国在多边贸易体制下的深入合作。金砖国家是世界经济中的重要新兴力量，是近十年全球增长的主要引擎。巴西总统博索纳罗表示，国际金融危机爆发十多年来，新兴经济体稳定全球经济并为其提供活力的重要意义已不言而喻。金砖五国人口占全球总人口的比重超过40%，2018年五国经济总量约占世界经济总量的23.52%，贸易总额占世界的16.28%。印度代表、金砖国家工商理事会共同主席昂卡尔·坎沃尔表示，金砖国家之间的经济合作还在不断扩大，仍有很大潜力。拓展金砖成员国间贸易合作有利于加强国际贸易往来。墨西哥工业发展和经济增长研究所所长何塞·路易斯·德拉克鲁斯认为，金砖国家合作是对抗贸易保护主义的“砝码”。巴西里约热内卢州立大学教授毛里西奥·桑托罗认为，金砖国家在全球经济中举足轻重，未来也将在世界贸易组织和世界银行改革中发挥重要作用。过去十年中，金砖国家取得了令人瞩目的成绩，在世界范围赢得了良好声誉。在打造第二个“金色十年”征程中，金砖机制将助力谱写金砖合作、南南合作、世界各国互利合作的新篇章。

以中国为代表的发展中国家的崛起必将影响和改变世界经济格局。中国作为世界第二大经济体、第一大货物贸易国和130多个国家的主要贸易伙伴，长期以来是世界经济增长的稳定动力源，如今也是推进全球经济治理体系变革的关键力量。中国的稳定发展优化了世界经济格局。发展中国家的崛起对世界经济格局的影响表现在：第一，崛起的发展中国家，尤其是“金砖五国”属于幅员辽阔、经济规模庞大、经济体系完整和门类齐全的国家，且分布于亚、欧、美三大洲，影响遍及全球，加快了世界经济多极化进程；第二，发展中国家经济实力持续增强，在国际经济格局中的地位和影响不断上升，有助于促进国际经济秩序合理化；第三，随着经济实力及综合国力增强，发展中国家进一步提高在国际政治事务中的影响力，推动国际政治格局多极化。中国要把握世界新一轮科技革命和产业变革大势，深入实施创新驱动发展战略，加快创新型国家和世界科技强国建设，不断增强经济创新力和竞争力，进一步提升在国际经济体系中的地位，从而在推动全球经济治理体系变革中发挥更大作用。

任务2 中国经济发展

改革开放40年来，中国经济社会发展取得瞩目的历史性成就，实现前所未有的历史性变革。中国经济跃上新台阶，人均国内生产总值不断提高，财政实力显著增强，外汇储备大幅增长。共建“一带一路”为中国提供了更加畅通、便捷的贸易通道，也进一步促进了东北亚地区的互联互通。但是，当前我国经济发展长期积累的深层次结构性矛盾尚未得到根本性缓解，部分领域风险隐患仍在积聚。保持中国经济平稳健康发展，需要正确认识和高度重视经济运行中的矛盾和问题。

一、中国经济发展取得的成就

翻开中国经济的成绩单，放眼高质量发展新前景，中国经济呈现的坚实支撑、巨大韧性振奋人心。总的来说，中国经济发展驰而不息，势之所趋，势不可挡。

（一）我国人均及国内生产总值不断提高

1953—2013年，我国国内生产总值（GDP）按可比价计算增长了122倍，年均增长8.2%。1952年国内生产总值只有679亿元，1978年增加到3 645亿元，居世界第十位。改革开放以来，GDP年均增长9.8%，增长速度和高速增长持续的时间均超过经济起飞时期的日本和韩国。GDP连续跃上新台阶，1986年超过1万亿元；1991年超过2万亿元；2001年超过10万亿元；2010年达到40万亿元，超过日本成为世界第二大经济体；2013年达到568 845亿元，根据国家统计局公布数据，2016年全年GDP首次突破70万亿，达到744 127亿元，按2010年美元不变价计算，2016年中国经济增长对世界经济增长的贡献率达到33.2%，是世界经济增长的第一引擎。我国人均GDP由1952年的119元增加到2016年的53 817元。根据世界银行划分标准，已由低收入国家迈进上中等收入国家行列。数据显示，2017年，我国国内生产总值按不变价计算比1978年增长33.5倍，年均增长9.5%，远高于同期世界经济2.9%左右的年均增速。1978年，我国国内生产总值只有3 679亿元，2017年首次站上80万亿元的历史新台阶。

从增量角度看，2018年，全球经济新增量的30%来自中国，在各经济体中贡献最大。如果按美元计算，中国2018年比上一年新增了大约1.3万亿美元，这和澳大利亚一年的GDP大致相当。2019年GDP总量为99.086 5万亿元人民币，增长速度为6.1%，美国经济增长2.3%左右，日本和欧元区增速略高于1%。全年国内生产总值990 865亿元，比上年增长6.1%。

（二）农业基础地位不断强化

新中国成立以来，我国经济结构逐步优化，坚持农业农村优先发展总方针，以实施乡村振兴战略为总抓手，适应国内外复杂形势变化对农村改革发展提出的新要求，抓重点、补短板、强基础，围绕“巩固、增强、提升、畅通”深化农业供给侧结构性改革，坚决打赢脱贫攻坚战，全面推进乡村振兴，确保顺利完成到2020年承诺的农村改革发展目标任务。

粮食综合生产能力连跨新台阶，确保了国家粮食安全。2012年我国粮食总产量首次突破12 000亿斤大关，粮食综合生产能力跃上新台阶，2013—2014年持续站稳新台阶。2015年我国粮食总产量再上新台阶，首次突破13 000亿斤，之后的三年一直稳定在这一水平上。2017年全国粮食总产量为13 232亿斤，比2012年增产了987亿斤，增长8.1%。经济作物产量快速增长，保障了基本供给。近年来，我国谷物、肉类、花生、茶叶产量稳居世界第一位，油菜籽产量稳居世界第二位，甘蔗产量稳居世界第三位。

同时，农业产业结构发生深刻调整，区域布局进一步优化。近些年来，我国农业主要矛盾已由产品总量不足转化为结构性矛盾。改革开放以来，我国农业产业结构不断调整优化，由以粮食生产为主的种植业经济向多种经营和农林牧渔全面发展转变。从产值构成来看，1978年农业产值占农林牧渔四业产值的比重为80.0%，处于绝对主导地位，林业、畜牧业和渔业产值所占比重分别为3.4%、15.0%和1.6%。经过近40年的发展，农林牧渔四业结构日益协调合理。2012年农业产值占53.9%，比1978年下降26.1个百分点；林业占4.1%，提高0.7个百分点；畜牧业占31.9%，提高16.9个百分点；渔业占10.1%，提高8.5个百分点。农业物质技术装备水平显著提高，农业基础更加稳固，科技驱动作用不断增强。

（三）工业生产能力不断提升

工业是立国之本，强国之基。从新中国成立初期的“一辆汽车、一架飞机、一辆坦克、一辆拖拉机都不能造”，到如今建成门类齐全、独立完整的现代工业体系，工业经济规模跃居全球首位，新中国成立70年来，我国工业和信息化发展经历了翻天覆地的变化。

根据世界银行数据，2010年我国制造业增加值超过美国，标志着自十九世纪中叶以来，经过一个半世纪后我国重新取得世界第一制造业大国的地位。我国工业增加值从1952年的120亿元增加到2018年的30多万亿元，按不变价计算增长约971倍，年均增长11%。2018年，我国制造业增加值占全世界的份额达到28%以上，成为驱动全球工业增长的重要引擎。在世界500余种主要工业产品当中，有220余种工业产品中国的产量占居全球第一。

我国高度重视工业体系的建设，从第一个五年计划开始就把有限的资源重点投向了工业部门，为此后的工业化发展奠定了坚实的基础。经过70年的发展，目前我国已经拥有41个工业大类、207个工业中类、666个工业小类，形成了独立完整的现代工业体系，是全世界唯一拥有联合国产业分类中全部工业门类的国家。

企业作为我国创新的主体，不断加大研发投入。在此推动下，我国技术创新水平不断提高，成为促进我国持续快速发展的根本动力和源泉。2017年全国规模以上工业企业研发投入的强度由2004年的0.56%提高至2018年的1.06%，规模以上工业有效发明专利数达到93.4万件，较2004年增长了29.8倍。与此同时，一些技术由“跟跑”到“并跑”甚至向“领跑”迈进，如发电设备、输变电设备、轨道交通设备、通信设备等产业均已处于国际领先的地位。制造业数字化、网络化、智能化水平不断提升，截至2019年6月，企业数字化研发设计工具普及率达到69.3%；关键工序数控化率达到49.5%。同时，开展网络化协同、服务型制造、大规模个性化定制的企业比例，分别达35.3%、25.3%和8.1%。中小企业蓬勃发展，截至2018年年底，我国中小企业数量已超过3 000万家，个体工商户数量超过7 000万户，贡献了全国50%以上的税收、60%以上的GDP、70%以上的技术创新成果和80%以上的劳动力就业。

（四）商品和服务供给能力极大提高

近年来，服务业发展势头良好，产业发展呈现由工业主导型向服务业主导型转变的新趋势。2013 年，第三产业增加值占 GDP 的比重上升到 46.1%，首次超过第二产业成为国民经济第一大产业。2019 年，第三产业增加值占国内生产总值的比重为 53.9%，比上年提高 0.6 个百分点，高于第二产业 14.9 个百分点；对国内生产总值增长的贡献率为 59.4%。同时，我国所有制结构、收入分配结构、区域结构、城乡结构也发生了深刻变化，非公有制经济快速发展，居民收入来源日益多元化，中西部地区发展加快，城乡统筹协调发展趋势明显，城镇化水平不断提高。2018 年年末，我国常住人口城镇化率达到 59.58%，较 1949 年年末提高 48.94 个百分点，年均提高 0.71 个百分点。

新中国成立初期，商品短缺是我国面临的一个突出问题。经过 70 年快速发展，门类齐全、布局合理的产业体系基本建立，商品和服务供给能力大为增强。批发零售、交通运输等传统服务业日益繁荣，房地产、金融等新兴服务业方兴未艾。2019 年全年批发和零售业增加值 95 846 亿元，比上年增长 5.7%；交通运输、仓储和邮政业增加值 42 802 亿元，增长 7.1%；住宿和餐饮业增加值 18 040 亿元，增长 6.3%；金融业增加值 77 077 亿元，增长 7.2%；房地产业增加值 69 631 亿元，增长 3.0%；信息传输、软件和信息技术服务业增加值 32 690 亿元，增长 18.7%；租赁和商务服务业增加值 32 933 亿元，增长 8.7%。全年规模以上服务业企业营业收入比上年增长 9.4%，营业利润增长 5.4%。

（五）基础设施和基础产业跨越式发展

新中国成立初期，我国基础设施和基础产业薄弱，严重制约工农业生产发展和人民生活改善。新中国成立以来，我国基础设施和基础产业发展突飞猛进，农业、能源、交通、邮电通信等领域的瓶颈制约不断缓解并形成比较优势。农田水利建设成效显著，防洪、防涝、抵御自然灾害的能力明显增强。实现具备条件的建制村全部通硬化路，有条件的地区向自然村延伸；加强村内道路建设；全面实施乡村电气化提升工程，加快完成新一轮农村电网改造；完善县乡村物流基础设施网络，支持产地建设农产品贮藏保鲜、分级包装等设施，鼓励企业在县乡和具备条件的村建立物流配送网点；加快推进宽带网络向村庄延伸，推进提速降费；继续推进农村危房改造。

交通运输建设成效突出：2017 年年末，铁路营业里程达到 12.7 万公里，比 1978 年年末增长 1.5 倍，其中高速铁路达到 2.5 万公里，占世界高铁总量 60%以上；2017 年年末，公路里程 477 万公里，比 1978 年年末增长 4.4 倍。邮电通信业快速发展：2017 年年末，全国移动电话普及率达到 102.5 部/百人，建成了全球最大的移动宽带网，移动宽带用户达 11.3 亿户。

近年来，出现一个新名词叫作“新基建”。“新基建”指的是涵盖 5G、工业互联网、物联网等领域的新型基础设施备。既是稳投资、扩内需、拉动经济增长的重要途径，同时也是促升级、优结构、提升经济发展质量的重要环节。我国一直致力于抓住新一轮科技革命机遇，大力发展数字经济，推动产业优化升级。在此基础上，进一步加快新型基础设施建设，将会使得 5G 手机、车联网终端、智能家居等新产品更受市场青睐，“栖息在云端”的新技术更有用武之地，也将加速信息技术与实体经济深度融合，使我国产业的数字化、网络化、智能化转型步伐更加稳健。

（六）全方位开放新格局逐步形成

新中国成立到改革开放前，我国对外贸易规模小，贸易伙伴少，基本处于封闭半封闭状态。改革开放以来，我国融入世界经济的步伐不断加快，对外经贸合作的深度和广度不断拓展。对外贸易规模持续扩大，2019 年，我国货物贸易进出口总值 31.54 万亿元人民币，比 2018 年增长 3.4%。其中，出口 17.23 万亿元，增长 5%；进口 14.31 万亿元，增长 1.6%；贸易顺差 2.92 万亿元，扩大 25.4%。我国外贸发展呈现总体平稳、稳中提质的态势。进出口贸易总额保持世界第一位。

我国对外开放口岸从 1978 年的 51 个增至目前的 307 个。外商投资规模和领域不断扩大。2017 年，我国实际使用外商直接投资 1 310 亿美元，比 1984 年增长 91.3 倍，年均增长 14.7%。1979 年至 2017 年，我国累计吸引外商直接投资达 18 966 亿美元，是吸引外商直接投资最多的发展中国家。

对外投资合作快速发展。2017 年，我国对外直接投资额（不含银行、证券、保险）1 201 亿美元，比 2003 年增长 41.1 倍，年均增长 30.6%。2013—2017 年，我国对外直接投资总额为 6 928.6 亿美元，超过前 30 多年累计的对外直接投资总额。

（七）居民生活条件不断改善，我国就业规模稳步扩大

新中国成立初期，人民生活极度贫困。新中国成立以来，党和国家始终把改善民生作为根本出发点和落脚点，人民生活从基本消除贫困到解决温饱再到实现总体小康，正在向全面建成小康社会目标迈进。就业规模不断扩大，2017 年年末全国就业人员 77 640 万人，比上年年末增加 37 万人，其中城镇就业人员 42 462 万人，比上年年末增加 1 034 万人。全国就业人员中，第一产业就业人员占 27%；第二产业就业人员占 28.1%；第三产业就业人员占 44.9%。城乡居民收入成倍增加。2018 年，全国居民人均可支配收入 28 228 元，比上年名义增长 8.7%，扣除价格因素，实际增长 6.5%。其中，城镇居民人均可支配收入 39 251 元，增长 7.8%，扣除价格因素，实际增长 5.6%；农村居民人均可支配收入 14 617 元，增长 8.8%。2017 年，全国居民人均消费支出 18 322 元，扣除价格因素，比 1978 年实际增长 18 倍，年均增长 7.8%。居住条件显著改善。2017 年，城镇居民、农村居民人均住房建筑面积分别比 1978 年增加 30.2、38.6 平方米。居民预期寿命由 1981 年的 67.8 岁提高到 2017 年的 76.7 岁。

居民生活质量显著改善。城镇居民家庭恩格尔系数由 1956 年的 42.6%下降到 2013 年的 35.0%，农村居民家庭恩格尔系数由 1954 年的 68.6%下降到 2013 年的 37.7%。2018 年，恩格尔系数再创历史新低。2018 年全国居民恩格尔系数 28.4%，比上年下降 0.9 个百分点。2019 年，全国居民恩格尔系数为 28.2%，比上年下降 0.2 个百分点。其中城镇为 27.6%，农村为 30.0%。社会保障体系不断完善，基本实现全覆盖。

（八）社会事业取得长足进步，竞技体育和群众体育共同发展

新中国成立初期，我国社会事业基础薄弱、水平低下，难以满足人民群众的需要。经过 70 年的发展，社会事业取得长足进步，社会与经济发展协调性不断增强。教育事业取得巨大进步，实现了从“文盲”大国到人力资源大国的转变。2013 年，我国高等教育毛入学率达到 34.5%，全国普通本专科在校生达到 2 468 万人，比 1978 年增长 27.8 倍。15 岁及以上人口平均受教育年限由 1982 年的 5.3 年提高到 2013 年的 9.3 年。2019 年全年研究生教

育招生 91.7 万人，在学研究生 286.4 万人，毕业生 64.0 万人。普通本专科招生 914.9 万人，在校生 3 031.5 万人，毕业生 758.5 万人。九年义务教育巩固率为 94.8%，高中阶段毛入学率为 89.5%。

科技事业快速发展，我国成为举世公认的科技大国。2013 年，全社会研究与试验发展(R&D)经费支出 11 847 亿元，比 1995 年增长 33 倍，年均增长 21.6%；R&D 经费支出占 GDP 的比重为 2.08%，比 1995 年提高 1.51 个百分点。2019 年全年研究与试验发展经费支出 21 737 亿元，比上年增长 10.5%；全年境内外专利申请 438.0 万件，比上年增长 1.3%；授予专利权 259.2 万件，增长 5.9%。

随着载人航天与探月工程的实施，我国成为少数几个独立掌握空间先进技术的国家之一。2019 年，全年成功完成 32 次宇航发射。长征五号遥三运载火箭和高分七号卫星成功发射，长征系列运载火箭发射突破 300 次大关。嫦娥四号探测器世界上首次实现月球背面软着陆和巡视探测。固体运载火箭海上发射圆满完成。北斗三号全球系统核心星座完成部署，雪龙 2 号首航南极，首艘国产航母正式列装。

医疗卫生事业成绩斐然，人民健康水平显著提高。居民平均预期寿命由新中国成立前的 35 岁提高到 2010 年的 74.8 岁；婴儿死亡率由 200‰下降到 2013 年的 9.5‰。2018 年，我国居民人均预期寿命由 2017 年的 76.7 岁提高到 77.0 岁，孕产妇死亡率从 19.6/10 万下降到 18.3/10 万，婴儿死亡率从 6.8‰下降到 6.1‰。

1978 年至 2017 年，我国运动员共获得世界冠军 3 314 个。全民健身运动蓬勃发展，近 4 亿人经常参加体育锻炼。

此外，文化、环保等事业发展取得重大进步，极大提升了人民生活水平和我国国际影响力。

二、中国经济发展面临的主要问题

在看到成就的同时，也要注意存在的问题。当前世界经济复苏依然艰难曲折，需求动力减弱和成本推动共同作用，我国经济运行下行压力加大。

（一）实体经济面临的困难仍然较多

1. 成本上升压力依然较大

一些税费等外部交易成本还没降下来，资金、土地、能源、环保、交通物流、劳动力成本和部分内部管理成本也使企业感受到较大经营压力。

2. 融资难融资贵问题依然突出

一些企业应收账款增加且回收期拉长，出现资金周转困难。银行风险意识普遍提高，放贷愈加谨慎，部分小微企业融资比较困难。

3. 实体经济效益仍然偏低

由于实体经济利润率远低于虚拟经济，有的制造业企业开始向房地产、金融领域发展，以“辅业创收”弥补“主业歉收”。这种现象不利于产业升级和经济平稳健康发展。

（二）经济金融风险隐患不容忽视

当前系统性风险总体可控，但对不良资产、债券违约、影子银行、互联网金融等累积的风险要高度警惕。在金融领域，商业银行不良贷款率持续上升，企业债券违约现象明显增多，人民币汇率稳定压力依然较大，银行风险、信用风险和资本外流风险值得关注。在财政领域，地方财政明显减收，财政收支矛盾较大。在房地产领域，一二线城市房价快速上涨推动资产泡沫形成，三四线城市去库存压力仍然较大。而房地产波动会影响宏观经济稳定运行。近两年来，约20个城市紧急出台以抑制需求为主的严厉调控政策，新政作为一个突变性信号，必然会对短期经济增长造成明显冲击。

（三）农村、农业、农民等“三农”问题依然是我国最根本的问题

1. 城乡发展差距依然较大

我国是一个农业大国，在我国的678 589个村庄里居住着一个庞大的群体——农民。近些年来，由于政府对“三农”问题的高度重视，农民的收入得到显著的提高，生活质量也有了较大提升，但是对于大多数农村来说，与普通城市相比还是有较大的差距。只有将农村的问题解决好，才能更好地促进中国的经济发展。

2. 农业机械化较为落后且农产品价格低廉

农业机械化程度是降低农产品价格的关键。然而，中国农业机械化程度还是低于发达国家。美国、德国、法国、日本等国的农业机械化程度非常高，有些国家甚至已经完全是机械化了。

农产品差异化小导致农产品低廉，面对市场，只能比拼价格。中国农业同质化程度非常高，导致种养方法基本上没有差异化，部分人只能靠品牌赚钱，否则只有比拼价格。同时，农业经营者在种植品种上容易盲目跟风，导致产品大量同质，甚至滞销。这种情况几乎年年都会发生。

3. 农民的文化素养依然较低

农民文化程度决定中国农业现代化的步伐。目前我国农村人口素质低、范围广。从文化素质看，据国家统计局统计，在农村劳动力中，初中及以下文化程度的占87.8%，高中及中专文化程度的占11.7%，大专以上文化程度的只占0.52%。低质量的农村劳动力较多。

（四）我国生产力水平和经营方式依然偏向粗放型经济

1. 自然资源紧缺

我国是个人口大国、资源小国，这对矛盾将长期制约我国经济社会的发展。我国是缺水大国，人均拥有量仅占世界平均水平的1/4，全国600个城市有400个缺水，110个严重缺水。我国人均耕地只有世界人均耕地水平的40%。然而耕地是农业生产的红线。此外，石油人均储量只有世界人均储量的8.3%，天然气只有4.1%，铜是25.5%，铝是9.7%。

政府对自然资源的大量占有和行政干预，加重了我国经济增长的粗放规模。大力发展那些短期内能够提高经济增长速度、增加经济规模的工业项目，这种重复建设也加重了我国经济增长的粗放规模。

2. 产品的科技含量不高

产品的科技含量和科技贡献率都比较低，不仅低于发达国家，而且低于发展中国家。发达国家经济增长中的科技贡献率一般都在60%～80%左右，发展我国家平均水平也达到了35%，而我国只有30%。我国的社会劳动生产率只相当于世界先进水平的5%。

3. 人口多的特殊国情

我国人口多、就业压力大这一国情也限制了集约增长方式的发展。粗放型的经济增长

方式能够吸纳更多的劳动力，特别是文化、技术水平不高的人群，而这部分人在我国的就业压力最大。在这样的条件下，劳动密集型产业自然会作为优势产业得到很好的发展，这虽然是符合我国国情的合理选择，但是却限制了集约型经济增长方式的发展。

综上所述，中国经济发展有巨大的韧性、潜力和回旋余地。以经济建设为中心是兴国之要，发展仍是解决我国所有问题的关键。我国经济要坚持以人民为中心的发展思想，坚持以人为本，推进供给侧结构性改革，促进经济的平稳健康发展。只有推动经济持续、健康发展，才能筑牢国家繁荣富强、人民幸福安康、社会和谐稳定的物质基础。虽然现行国际经济错综复杂、充满变数，但是我国经济发展依然具备难得的机遇和有利条件，同时也依然面临不少风险和挑战，不平衡、不协调、不可持续等问题依旧突出甚至很尖锐。我们要保持清醒头脑，增强忧患意识，因势利导，顺势而为，紧紧抓住并切实用好我国经济发展的重要战略机遇。

微信扫码查看

参考文献

[1] 高鸿业. 西方经济学(第三版)[M]. 北京:中国人民大学出版社,2004.

[2] 黄亚钧. 微观经济学(第二版)[M]. 北京:高等教育出版社,2005.

[3] 黄亚钧,袁志刚. 宏观经济学[M]. 北京:高等教育出版社,2000.

[4] 厉以宁. 西方经济学[M]. 北京:高等教育出版社,2006.

[5] 梁小民. 西方经济学导论[M] . 北京:北京大学出版社,2005.

[6] 缪代文. 微观经济学与宏观经济学(第二版)[M]. 北京:高等教育出版社,2004.

[7] 黎诣远. 西方经济学(第二版)[M]. 北京:高等教育出版社,2005.

[8] 卢现祥. 西方新制度经济学(修订版)[M]. 北京:中国发展出版社,2005.

[9] 陆芳. 经济学原理[M]. 北京:北京大学出版社,2005.

[10] 章昌裕. 西方经济学原理[M]. 清华大学出版社,2007.

[11] 石良平. 宏观经济学(第二版)[M]. 北京:高等教育出版社,2004.

[12] 史忠建. 经济学基础[M] 高等教育出版社,2006.

[13] 辛宪. 经济学的第一堂课[M]. 北京:清华大学出版社,2006.

[14] 于跃龙. 你一定要知道的经济常识[M]. 中国纺织出版社,2010.

[15] 严国辉. 经济学基础[M] 对外经济贸易大学出版社,2006.

[16] 颜家水,黄贵新. 经济学基础[M]. 北京:中国传媒大学出版社,2009.

[17] 张维迎. 博弈论与信息经济学[M]. 上海:上海三联书店、上海人民出版社,1996.

[18] 张培刚. 新发展经济学[M]. 郑州:河南人民出版社,2001.

[19] 张培刚. 微观经济学的产生与发展[M]. 长沙:湖南人民出版社,1997.

[20] 刘志强,何育林,聂红隆. 经济学基础[M]. 南京:南京大学出版社,2010.

[21] 刘希. 基于工作过程系统化的高职经济学课程设计[J]. 当代教育实践与教学研究,2016,(06):169,170.

[22] 张运. 基于任务驱动的高职西方经济学教学设计[J]. 中国管理信息化,2015,(24):252－253.

[23] 纪军. 当代世界经济格局及其走势[J]. 中共中央党校学报,2008,(04):61－66.

[24] 姚景源. 解读当前中国经济形势[J]. 电气时代,2015,(01):41－44.

[25] 保罗·萨缪尔森,威廉·诺德豪斯. 经济学(第 17 版)[M]. 北京:人民邮电出版社,2004.

[26] 格里高利. 曼昆. 经济学原理(第三版)[M]. 北京:机械工业出版社,2005.

[27] 马克思. 资本论(第 1、3 卷)[M]. 北京:人民出版社,1975.

[28] 约瑟夫·E. 斯蒂格利茨. 经济学上下册(第二版)[M]. 北京:中国人民大学出版社,2001.

[29] 亚当·斯密. 国民财富的性质和原因研究[M]. 北京：商务印书馆，1972.

[30] 张海冰. 世界经济格局调整与金砖国家利益融合[J]. 当代世界，2019(12)：12-18.

[31] 张淑芹. 当前世界经济格局变化及趋势分析[J]. 中共青岛市委党校. 青岛行政学院学报，2018(05)：40-45.

图书在版编目(CIP)数据

经济学基础 / 刘希，沈月中，吴海波主编. —2 版.
—南京：南京大学出版社，2020.7(2024.1 重印)
ISBN 978-7-305-23355-5

Ⅰ.①经… Ⅱ.①刘… ②沈… ③吴… Ⅲ.①经济学—高等职业教育—教材 Ⅳ.①F0

中国版本图书馆 CIP 数据核字(2020)第 100714 号

出版发行 南京大学出版社
社　　址 南京市汉口路 22 号　　邮　　编 210093

书　　名 经济学基础
主　　编 刘　希　沈月中　吴海波
责任编辑 武　坦　　编辑热线 025-83592315

照　　排 南京开卷文化传媒有限公司
印　　刷 丹阳兴华印务有限公司
开　　本 787 mm×1092 mm 1/16 印张 15.75 字数 393 千
版　　次 2020 年 7 月第 2 版　2024 年 1 月第 6 次印刷
ISBN 978-7-305-23355-5
定　　价 39.80 元

网　　址：http://www.njupco.com
官方微博：http://weibo.com/njupco
官方微信号：njuyuexue
销售咨询热线：(025)83594756

* 版权所有，侵权必究
* 凡购买南大版图书，如有印装质量问题，请与所购图书销售部门联系调换